Roger Martin
AmeriKKKa

Roger Martin

AmeriKKKa

**Der Ku-Klux-Klan
und die Ultrarechte in den USA**

Aus dem Französischen
von Ilse Utz

Rotbuch Verlag

Die Deutsche Bibliothek – CIP-Einheitsaufnahme

Martin, Roger:
AmeriKKKa : der Ku-Klux-Klan und die Ultrarechte in den
USA / Roger Martin. Aus dem Franz. von Ilse Utz. – 1. Aufl.,
1. – 3. Tsd. – Hamburg : Rotbuch-Verl., 1996
Einheitssacht.: AmeriKKKa <dt.>
ISBN 3-88022-491-9

1. Auflage 1996
© der deutschsprachigen Ausgabe:
Rotbuch Verlag, Hamburg 1996
Originaltitel: AmériKKKa. Voyage dans l'internationale néofasciste
© 1989, 1995 der Originalausgabe:
Editions Calmann-Lévy, Paris
Umschlaggestaltung: MetaDesign, Berlin
unter Verwendung eines Fotos von Dan Winters, Hollywood
Herstellung: Das Herstellungsbüro, Hamburg
Satz, Druck und Bindung: Druckerei Wagner GmbH, Nördlingen
Printed in Germany 1996
ISBN 3-88022-491-9
Alle Rechte vorbehalten

Inhalt

Vorwort von Gilles Perrault   9
Einleitung   13

1. Drei exemplarische Fälle   15
Blutige Zahlen   15
Das Massaker von Greensboro 1979   18
Operation »Roter Hund«: Dominica 1981   27
Reise in den Abgrund des Schreckens:
Rulo, Nebraska, 1985   42

2. Rückblick: Hundert Jahre Ku-Klux-Klan 1865–1965   53
Der erste Klan   53
Wiederaufleben: 1915–1944   59
Der dritte Klan: 1944–1967   64
Nazi-Klan-Story 1957   69

3. Das Erwachen der Ultrarechten   71
Der vierte Klan   71
33-5 oder der fünfte Klan   75
Nazi-Klan-Story 1980   78

4. Im Sumpf der Ultrarechten   81
Die Klans   81
Nazi-Klan-Story 1981   106
Die Neonazis   108
Nazi-Klan-Story 1982   118
Der militärisch-religiöse Komplex   119
Nazi-Klan-Story 1983   154

5. Das Innenleben der Organisation   157
Eine Geheimorganisation   157
Die Liebe zum Griechischen   157

Das Unsichtbare Reich 158
Titans, Dragons und Wizards 160
Geheimhaltung, Jargon und
kabbalistische Formeln 162
Aufmachung, Symbole und Rituale 167
Nazi-Klan-Story 1984 178

6. V-Männer, Polizeispitzel, Provokateure 181
Stetson Kennedy 183
Gary Thomas Rowe 208
Ed Dawson 215
Jerry Thompson 220
Douglas Seymore 224
Nazi-Klan-Story 1985 239

7. Der Klan-Chef im Schafspelz: Dave Holland, Grand Dragon 241
Nazi-Klan-Story 1987 250

8. 1990–1995: Bilanz, Entwicklungen, Tendenzen 253
Neue Kampffelder: Abtreibung,
Homosexualität, Waffengesetz 253
Die ultrarechte Galaxie:
Tote Gestirne und neue Sterne 270
Auf dem Weg zur braunen Internationalen:
Kanada, Südafrika, Europa … 275
Nazi-Klan-Story 1988/89 295

Schluß 297
Nazi-Klan-Story 1992–95 300
Bücher, Platten, Filme 303
Nazi-Klan-Story 1990–? 309

Danksagung 311

Für alle diejenigen, die sich weder mit dem Haß noch mit der Barbarei abfinden und beschlossen haben, den Ungeist zu bekämpfen, weil sie mit Victor Hugo wissen, daß heute mehr denn je gilt: »Das Leben gehört denen, die kämpfen.«

Vorwort

Diese überarbeitete und erweiterte Neuauflage des Buches von Roger Martin wird man nicht mit den gleichen Augen lesen wie die erste Auflage, die 1989 erschienen ist. Ein auf seinen Seelenfrieden bedachter Leser konnte damals der Ansicht sein, der Autor führe ihm ein schockierendes, abstoßendes, besorgniserregendes, aber gottlob auf Randbereiche beschränktes Amerika vor. Eine Reise in eine Art »Reservat«, das von fanatischen Wirrköpfen bevölkert wird. Einblicke in ein bizarres, aber begrenztes Hinterwäldlertum. Praktizierten die Klans mit ihren grotesken Riten und ihren lächerlichen Bezeichnungen nicht eine Folklore, die allein schon durch ihre Exzesse diskreditiert war? Wie konnte man diese Erleuchteten ernst nehmen, die sich mit – hierarchisch abgestuften – Titeln wie *Grand Dragons of the Realm* (Großdrachen des Königreiches), *Grand Titans of the Dominion* (Großtitanen des Distrikts), *Great Giants of the Province* (Großriesen der Provinz) oder *Grand Cyclops of the Den* (Großzyklopen der Höhle) aufplusterten? Zwar hatten sie schon viel Unheil angerichtet. Die umfangreiche Liste der in den letzten Jahren von den Klans und ihren neonazistischen Helfershelfern begangenen Verbrechen mußte den Leser, der über diesen Aspekt des *American way of life* durch die Presse nur wenig erfahren hatte, sehr betroffen machen. Aber wer hätte auch nur zu denken gewagt, daß die ultrareaktionäre Ideologie eines Haufens durchgedrehter Fanatiker die Politik der Vereinigten Staaten insgesamt vergiften würde?

Wir wissen heute, daß das Buch von Roger Martin eine Vorwarnung war. Eine aufmerksame Lektüre legte den Schluß nahe, daß alles möglich war, auch das Schlimmste. In den Nachwehen des amerikanischen Bürgerkrieges entstanden, trieb der Klan zehn Jahre lang sein Unwesen, bis seine Gewaltexzesse (3500 ermordete Schwarze) die amerikanischen Bundesbehörden zu einem so scharfen Vorgehen gegen ihn veranlaßten, daß er zur Selbstauflösung gezwungen war. Diese erste Phase, die in eine bestimmte historische Situation fiel, war noch nicht der Höhepunkt des Klans. 1915 wiedererstanden, hatte er 1925 über fünf Millionen Anhänger. Interne Streitereien, wiederholte Finanzskandale und das Fehlen eines ernstzunehmenden politischen Programms machten ihn bald bedeutungslos. Erneuten Auftrieb bekam er Ende der fünfziger Jahre, als es darum ging, der starken Emanzipationsbewegung der Schwarzen entgegenzutreten, Dann folgte wiederum ein Niedergang, der die gleichen Ursachen hatte wie in den zwanziger Jahren. Eine wechselhafte Geschichte, in der sich triumphale Erfolge mit langen Phasen des Dahindämmerns abwechselten. Aber von Roger Martin konnten wir erfahren, daß die Klans immer nur mit einem Auge schlafen. Selbst in ihren Niedergangsphasen, wenn sie über keinen nennenswerten Einfluß zu verfügen scheinen, infizieren sie weiterhin die amerikanische Gesellschaft. Sollte diese Gesellschaft einmal geschwächt werden, sollte sie ihre Abwehrkräfte verlieren, dann könnte die Vergiftung auf den gesamten Gesellschaftskörper übergreifen.

Es ist soweit. Die letzten Wahlen im November 1994 haben im Senat und im Repräsentantenhaus zu einer republikanischen Mehrheit geführt, die aufgrund des reaktionärsten Programms gewählt wurde, das es seit sehr langer Zeit in den Vereinigten Staaten gegeben hat. Der Mann, der seinen politischen Aufstieg der Tatsache verdankt, daß er diese Tendenz symbolisiert, heißt Newt Gingrich und ist der neue Sprecher des Repräsentantenhauses. »Der nach dem Präsidenten mächtigste Politiker«, schrieb *L'Express*. Er hat zwar nie dem Klan angehört. Aber er machte eine Politikwissenschaftlerin namens Christina Jeffrey zu seiner Sprecherin, die einen Lehrplan für höhere Schulen kritisiert hatte, weil dieser nicht den Standpunkt der Nazis und ... des Klans dargestellt hatte!

Diese Enthüllung zwang die Sprecherin zum Rücktritt. Was bleibt, ist jedoch die wichtige Tatsache, daß Gingrich gerade sie ausgesucht hat. Es wäre sicherlich übertrieben, zu sagen, daß die Ideen des Klans schon die parlamentarischen Gremien der amerikanischen Gesellschaft erobert hätten. Festzuhalten ist indessen, daß Gingrich und viele seiner Kollegen Thesen vertreten, die sich in mehr als einem Punkt an die Vorstellungen des Klans anlehnen. Edward Behr, ein bedeutender Journalist, der früher eine leitende Stellung bei *Newsweek* hatte, veröffentlicht zeitgleich mit der Niederschrift dieser Zeilen ein Buch mit dem aufschlußreichen Titel: *Ein Amerika zum Fürchten*. Man versteht, warum.

Wie wäre es möglich, keine Parallele zu Europa zu ziehen? In Frankreich wurden Le Pen und seine Partei lange als unbedeutend abgetan. 1981 erreichten sie bei den Wahlen nicht einmal ein Prozent. Heute liegt ihr Stimmenanteil zwischen 12 und 14 Prozent. Man tröstet sich mit dem Gedanken, daß der Chef der Front national niemals in den Elysée-Palast einziehen wird. Aber in Wahrheit liegt die Gefahr woanders. Es hat wenig zu bedeuten, daß Le Pen nicht ins Elysée kommt, wenn seine Ideen dort hineingelangen. Wer sieht nicht, daß auch die französische Politik ihre Gingrichs hat? Die Vergiftung greift bei uns genauso um sich wie jenseits des Atlantik. Weniger abstoßend verpackt, sorgt sie für die Verbreitung der gleichen faschistischen und rassistischen Gegenwerte.

Indem uns das Buch von Roger Martin, ein faszinierender Bericht über eine schaurige Realität, Erkenntnisse über die Vergangenheit und Gegenwart vermittelt, wird es dazu beitragen, uns eine düstere Zukunft zu ersparen.

Gilles Perrault

Einleitung

Man glaubt im allgemeinen, daß der Ku-Klux-Klan (KKK) in den Vereinigten Staaten keine große Bedeutung mehr hat. Das ist ein gefährlicher Irrtum. Seit 1978 haben seine Aktivitäten trotz Höhen und Tiefen einen gewaltigen Aufschwung genommen. Die offizielle Bilanz von 1980 bis 1990 weist 4236 Zwischenfälle aus, vom einfachen Drohbrief über alle möglichen Übergriffe, Verwüstungen und Sprengstoffanschläge bis hin zum gezielten Mord.

Angriffe auf Farbige, Indianer, Kubaner, Vietnamesen, Jagd auf mexikanische Einwanderer entlang der 3400 Kilometer langen Grenze mit Mexiko, Strafexpeditionen gegen ehemalige amnestierte Deserteure, blutige Überfälle auf Juden, Kommunisten und Homosexuelle, Teilnahme an der antisandinistischen Guerilla in Nicaragua, Putschversuche auf Dominica oder Surinam, paramilitärische Überlebenscamps, mehrere Dutzend Tote im Süden der USA, aber auch in Chicago, Kalifornien, Colorada, Utah und Idaho – und das besonders beunruhigende Ergebnis einer Meinungsumfrage: Elf Prozent der Amerikaner finden sich in den »Idealen des Klan« wieder!

AmeriKKKa ist kein theoretisches Werk. Andere Autoren haben die Mechanismen und die Kehrseite der amerikanischen Politik und Gesellschaft dargestellt. Ich möchte dem Leser statt dessen eine lebendige und vielseitige Dokumentation bieten, die Einblicke in das Leben der Klans und die Mentalität ihrer Führer vermittelt, wobei die Klans ebenso zu Wort kommen sollen wie diejenigen, die sie couragiert bekämpfen. Ich möchte Fakten und Belege darstellen und undurchsichtige aktuelle Vorfälle beschreiben, die zeigen, daß dort, wo es um das Unsichtbare Reich und seine Anhänger geht, die Realität die Fiktion oft übertrifft!

AmeriKKKa gehört nicht zu der revisionistischen Strömung, die sich historisierende Theorien zu eigen macht, welche die Existenz eines Klans damit rechtfertigen, daß er eine »notwendige Geißel« ist, »nachdem er eine wahrhaft ritterliche, humanistische, wohltätige und patriotische Einrichtung war«.

AmeriKKKa gehört auch nicht zu der neokonservativen Strömung, die seit den achtziger Jahren aus den Stellungnahmen und der Politik der Regierungen Reagan und Bush sowie – seit den Wahlen im November 1994 – aus denen der republikanischen Mehrheit neue Kraft und Dynamik bezieht. Gemeint ist die Politik eines durch und durch chauvinistischen Amerikakultes und eines Wahns der Größe und Stärke, den das Zentrum für demokratische Erneuerung in Atlanta, das den Klan in den Vereinigten Staaten am entschlossensten bekämpft, »Ramboismus« genannt hat.

AmeriKKKa erhebt nicht den Anspruch, die Geschichte des Klans seit seiner Entstehung detailliert nachzuzeichnen. Es interessiert sich mehr für seinen erneuten Aufschwung und die Entwicklung in der Zeit nach 1965 als für die Periode zwischen 1865 bis 1965, die in den Arbeiten der amerikanischen Historiker David Chalmers und William Peirce Randel ausführlich dargestellt ist.

AmeriKKKa befaßt sich also eingehend mit der Renaissance des Ku-Klux-Klan – oder vielmehr der Ku-Klux-Klans – und der nazistischen bzw. militärisch-religiösen Bewegungen in einem Amerika, in dem nach Meinung unparteiischer Beobachter der Rassismus wieder auf dem Vormarsch ist, die Lebensbedingungen der Schwarzen schlechter werden und eine neue Rassentrennung begonnen hat.

KAPITEL 1
Drei exemplarische Fälle

Blutige Zahlen

Zwischen 1865 und 1965 bezifferten sich die Opfer des Klans und ähnlicher Organisationen auf mehrere zehntausend Menschen. Wenn auch nicht alle starben, so weiß man heute, daß 1871 in New Orleans in einem Monat 297 Schwarze gelyncht, 1874 im Mississippi-Gebiet in einer Woche 200 weitere ermordet und von 1900 bis 1914 im Süden der USA 1100 ihrer Brüder umgebracht wurden.

Man weiß auch, daß dem Rassenwahn zwar die Schwarzen den höchsten Tribut zahlen mußten, daß aber auch Juden, Katholiken, Gewerkschaftler, fortschrittliche Aktivisten, mexikanische und asiatische Einwanderer stark betroffen waren.

Von Richter Alexander Boyd, der am 31. März 1870 ermordet wurde, über den jüdischen Kaufmann Leo Frank, der 1915 in Atlanta gehängt wurde, bis hin zu Joseph Shoemaker, einem führenden Gewerkschaftler und Mitbegründer der modernen Demokraten, der 1935 vom Klan totgepeitscht wurde, nachdem er zuvor von der Polizei entführt worden war, gibt es eine lange Liste von Menschen, die mit ihrem Leben für die schlichte Tatsache bezahlten, daß sie nicht die gleiche Rasse, die gleiche Religion und die gleichen Ansichten hatten wie die Ritter des Ku-Klux-Klan.

Aber nach der Verabschiedung der Bürgerrechtsgesetze hat die Gewalttätigkeit der faschistischen Ultrarechten keineswegs nachgelassen, sondern in den achtziger Jahren im Gegenteil weiter zugenommen. Das Zentrum für demokratische Erneuerung in Atlanta (Georgia) hat allein für die Zeit von 1980 bis 1990 4236 Gewalttaten verschiedenster Art registriert, die der Ultrarechten bzw. denjenigen anzulasten sind, die von ihr beeinflußt werden. Es muß betont werden, daß diese Zahlen keineswegs übertrieben sind. Wenn man verschiedene Aspekte berücksichtigt, ist sogar das Gegenteil der Fall.

Zunächst ist zu sagen, daß das Zentrum für demokratische Erneuerung für seine Dokumentation Artikel und Zeitungen, Gerichts- und Polizeiakten, Regierungsberichte sowie Informationen anderer Organisationen verwendet hat.

Aber man kann Straftaten so oder so sehen. Das Aufstellen und anschließende Anzünden eines Kreuzes läßt sich in die Rubrik »Brand«, das Aufmalen von Hakenkreuzen in die Rubrik »Vandalismus« einordnen.

Außerdem gibt es zahlreiche amerikanische Staaten, die keine speziellen Gesetze zur Ahndung rassistisch motivierter Verbrechen haben, so daß diese in anderen Rubriken verschwinden. Hinzu kommt, daß die Isolation, das Gefühl des Fremdseins, die Furcht vor Repressalien oder einfach Angst die Opfer häufig daran hindert, Anzeige zu erstatten.

Und schließlich haben die Behörden und sogar die Organisationen, die gegen derartige Gewalttaten und Praktiken kämpfen, die Tendenz, die Dinge mit der Begründung herunterzuspielen, daß eine zu große Publizität genau das Gegenteil dessen bewirke, was eigentlich beabsichtigt sei. Alle diese Gründe erklären, warum die vom Zentrum für demokratische Erneuerung angegebenen Zahlen mit Sicherheit hinter der Realität zurückbleiben.

Von allen Vorfällen, an denen die extremistischen Rassisten – Anhänger des Klans, Neonazis, Survivalists – in den letzten Jahren in den Vereinigten Staaten beteiligt waren, sind drei besonders hervorzuheben. Der erste, eine kaltblütige Schießerei im Jahre 1979 in Greensboro, wegen seines exemplarischen Zynismus; der zweite, der Putschversuch auf der Antilleninsel Dominica im Jahre 1981, wegen seiner Absurdität und seiner politischen Implikationen; der dritte, die sadistischen Praktiken im Camp der Survivalists in Rulo, Nebraska, wegen seiner irrationalen und monströsen Aspekte.

Zahlreiche andere Fakten, die eine Art Saga des Schreckens darstellen, werden an verschiedenen Stellen des Buches in den Nazi-Klan-Stories geschildert.

Vorfälle, die auf das Konto der Ultrarechten gehen

	1980	1981	1982	1983	1984	1985	1986	Gesamt
Aufstellen und Anzünden von Kreuzen	36	64	59	41	32	23	46	301
Übergriffe, Gewalttaten	44	10	42	58	18	61	69	302
Morde	39	3	10	20	12	25	12	121
Brandstiftungen	11	10	9	9	28	17	14	98
Schießereien	41	11	17	23	22	10	21	145
Anschläge mit Dynamit und Plastiksprengstoff	11	14	4	10	31	32	36	138
Zwischenbilanz	182	112	141	161	143	168	198	1105
Weitere Delikte: Belästigungen, Vandalismus, Sprühaktionen								1814
Gesamtzahl 1980–1986								2919

Tabelle des Zentrums für demokratische Erneuerung (Center for Democratic Renewal, CDR). Es arbeitet derzeit an der Erstellung einer neuen Tabelle für die Jahre 1985–1995.

Das Massaker von Greensboro
3. November 1979

Der blutige Zwischenfall in Greensboro, North Carolina, im Jahre 1979 ist in vieler Hinsicht exemplarisch. Exemplarisch, weil er die Verwandlung der früheren amerikanischen Klans in nazistische Bewegungen zeigt, weil er belegt, daß diese Organisationen in manchen Südstaaten fast völlig sicher vor Strafverfolgung sind, und weil er die Unterwanderung dieser Gruppen durch Agenten des FBI oder des BATF (Behörde für Alkohol, Tabak und Schußwaffen) und die häufig zwielichtige Rolle dieser Agenten deutlich macht. Und schließlich, weil er beweist, daß man der neonazistischen Bedrohung nicht mit Gewalt und ohne breite öffentliche Unterstützung entgegentreten kann.

Die nackten Fakten

Greensboro, North Carolina, 3. November 1979, ein schwarzes Wohnviertel der Stadt. Etwa fünfzig Demonstranten, Mitglieder oder Sympathisanten der Kommunistischen Arbeiterpartei (CWP), Schwarze und Weiße, rufen antirassistische Parolen. Die Spruchbänder verkünden TOD DEM KLAN!

Eine Kolonne von sieben Autos mit vierzehn Mitgliedern des Klans und der Nazipartei fährt langsam vor. Gegenseitige Beleidigungen. Einige Demonstranten schlagen mit Stöcken auf das erste Auto.

Die Kolonne fährt weiter und hält dann in einiger Entfernung. Mitglieder des Kommandos holen Waffen aus zwei anderen Autos und eröffnen das Feuer. Das Ganze dauert 88 Sekunden.

Als die Polizei schließlich eintrifft, zählt sie drei Tote und zehn Verwundete. Die Bilanz verschlimmert sich noch, als zwei Verwundete in den nächsten Tagen sterben. Von den dreizehn Opfern sind bezeichnenderweise fast alle Mitglieder oder Sympathisanten der Kommunistischen Arbeiterpartei, mit Ausnahme eines Klanmitglieds, das von den Kugeln aus der Waffe eines seiner Freunde an den Beinen getroffen wurde, und eines verletzten Fernseh-Kameramanns.

Ein Jahr später, am 17. November 1980, spricht ein Geschworenengericht in Greensboro sechs Mitglieder des Klans und der Nazipartei in erster Instanz von der Anklage des Mordes frei.

Die Protagonisten

North Carolina gehört zu den am wenigsten entwickelten Bundesstaaten der USA. Dieser Staat, der viel auf die Traditionen hält, auch auf die weniger ansprechenden wie den Rassismus, ist gewissermaßen die Hochburg der extremistischen Gruppen, die häufig starke Unterstützung in der Bevölkerung finden und von seiten der Arbeitgeber heimliche, aber wirkungsvolle Hilfe erhalten. Diese benutzen sie als Knüppel gegen die gewerkschaftliche Interessenvertretung, um zu verhindern, daß die ideale Sozialordnung, sprich: die niedrigsten Löhne Amerikas und krankmachende Arbeitsbedingungen in der Baumwoll- oder Zigarettenindustrie, in Frage gestellt wird.

Kein Wunder, daß Klansleute und Neonazis in diesem Staat immer wohlgelitten waren.

1979 teilen sich hier mehrere Gruppen, deren Zusammenarbeit recht gut funktioniert, die Macht. Die wichtigsten sind die Ritter des Ku-Klux-Klan unter Führung von Joe Grady und die Ritter des Unsichtbaren Reiches unter der Führung von Virgil Griffin. Daneben gibt es die Nazis der Nationalen Partei mit Harold Covington an der Spitze. Ihr Wille zur Zusammenarbeit kommt darin zum Ausdruck, daß diese Organisationen einige Monate zuvor eine Vereinigte Rassistische Front gegründet haben.

Auf der anderen Seite gibt es 1979 nicht nur gesellschaftliche, politische und religiöse Organisationen, die der Tradition des legalen Kampfes gegen den Klan und die Neonazis verpflichtet sind, wie die protestantische oder katholische Kirche, den Nationalen Verband zur Förderung der Farbigen (NAACP), die orthodoxe Kommunistische Partei der USA (CPUSA), sondern auch zwei sehr aktive linksgerichtete Gruppen, die sich zeitweise ziemlich heftig befehden: die Revolutionäre Kommunistische Partei (RCP) und die Arbeiterorganisation (WVO), die sich im Oktober desselben Jahres den Namen Kommunistische Arbeiterpartei (CWP) zulegen wird.

Die beiden letztgenannten Bewegungen haben in der Region einen gewissen Aufschwung erlebt, weil sie sich bemüht haben, die alten Gewerkschaftssektionen in der Baumwoll- und Tabakindustrie aus ihrer Lethargie zu reißen, indem sie die Berufskrankheiten der Arbeiter in den Mittelpunkt ihrer Agitation gestellt haben. Und in diesem Jahr kommt es in den Textilfabriken von Cone Mills zum ersten Streik seit dem Krieg.

In dieser Situation beschließt die WVO, den Klan aktiv zu bekämpfen, der gerade viel von sich reden macht, weil er fast überall im Land das »Meisterwerk« von Griffith, den Film *Geburt einer Nation* zeigt.

Im Juli, als der Klan in der Kleinstadt China Grove wieder einmal eine Veranstaltung durchführt, greifen die Aktivisten der WVO ein, vernichten die Filmkopie und verbrennen die Südstaatenfahnen der Klanmitglieder, die schleunigst das Weite suchen müssen. Durch diesen Erfolg ermutigt, kündigen die Aktivisten der WVO, die sich jetzt CWP nennt, für den 3. November in Greensboro einen Marsch unter dem Motto »Tod dem Klan« an.

Das Massaker

Die Route der Demonstration wird den Polizeibehörden am 10. Oktober mitgeteilt und offiziell genehmigt.

Am 20. Oktober halten Virgil Griffin und seine Männer eine Versammlung ab, um eine Gegendemonstration vorzubereiten. Ed Dawson, Klanmitglied und seit 1970 Informant des FBI und der städtischen Polizei, der Greensboro gut kennt, wird aufgefordert, einen Plan und eine Strategie vorzulegen.

Er ist nicht der einzige Polizeispitzel. Es gibt mindestens noch einen in der CWP und in der Nazipartei. Dieser, Bernard Butkowitsch, hat sich im Frühjahr 1979 im Auftrag des BATF in die Nazigruppe eingeschlichen. Beunruhigend ist, daß er sich nicht mit einer passiven Teilnahme begnügt, sondern die Gruppe im Sommer mit automatischen Waffen und Sprengstoffen versorgt hat und an einem Vorbereitungstreffen für die Gegendemonstration am 3. November teilnimmt, bevor er die Gegend genau zum richtigen Zeitpunkt verläßt.

Wie dem auch sei, Ed Dawson teilt seinem Kontaktmann bei der Polizei, dem Kriminalbeamten Jerry Cooper, mit, daß es am 3. November in Greensboro Krawall geben wird. Cooper gibt die Information weiter, aber die Polizei tut nichts, um die vierzehn Klanmitglieder und Neonazis von den Demonstranten fernzuhalten. Dawson, der zusammen mit Griffin die Gruppe der vierzehn Extremisten anführt, schafft es um 8.30 Uhr immerhin, mit Cooper zu telephonieren und ihm zu sagen, daß das Kommando, das aus zwölf bis vierzehn Männern besteht, schwer bewaffnet ist.

Die Polizisten, die den Auftrag haben, die Demonstration und Gegendemonstration zu überwachen, sind um 10 Uhr zur Stelle. Man sagt ihnen, daß der Klan die Kommunisten mit Eiern bewerfen will und daß Zwischenfälle, wenn es denn zu ihnen kommen sollte, bestimmt erst am Ende der Demonstration zu erwarten seien. Folglich erhalten sie, nachdem sie ihre Einsatzplätze zugewiesen bekommen haben, die Erlaubnis, eine Kleinigkeit zu essen, und den Befehl, um 11.30 Uhr auf ihrem Posten zu sein, also eine halbe Stunde vor Abmarsch des Demonstrationszuges.

Die aufgezeichneten Funkgespräche der Polizisten zeigen, daß bei ihnen eine außerordentliche Verwirrung herrschte. Als Cooper versucht, seine Vorgesetzten zu erreichen, um ihnen die alarmierenden Informationen zu geben, ist Polizeihauptmann Hampton nicht da. Sein Stellvertreter, Leutnant Spoon, ist bis 11.21 Uhr, also ein bis zwei Minuten vor Beginn des Massakers, ebenfalls nicht zu erreichen.

Als Cooper um 11.16 Uhr Leutnant Daughtry in heller Aufregung mitteilt, daß sich die Autokolonne der Florida Street nähert, wendet sich dieser an seine Mannschaft, um festzustellen, ob sie, falls nötig, zum Eingreifen bereit ist. Der Polizeibeamte Burke antwortet, daß er das Nötige veranlassen werde, daß die meisten Männer aber ihren Posten verlassen hätten, um sich Sandwiches zu holen.

Da ist es schon zu spät. Die Autokolonne hat angehalten; nachdem die beiden Parteien mit Stöcken aufeinander losgegangen sind, holen die Neonazis ein halbautomatisches Gewehr der Marke AR-180, einen Colt 357 und verschiedene andere Waffen aus dem Kofferraum eines blauen Ford und eröffnen das Feuer.

Einige Minuten nach dem Drama nimmt die Polizei Nelson Johnson, den Anführer der Demonstranten von der Kommunistischen Arbeiterpartei fest. Es dauert mehrere Tage, bis die für das Massaker Verantwortlichen verhaftet werden: Jack Wilson Fowler, ein Nazi aus Winston-Salem, der Mike Nathan mit einem Schuß aus seiner AR-180 verletzte; David Whayne Matthews, Sicherheitschef und Night Hawk (Nachtfalke) des Unsichtbaren Reiches von Griffin, dessen Schüsse Jim Waller, Bill Sampson, Mike Nathan und Sandi Smith töteten; Laurence Gene Morgan, Mitglied des Unsichtbaren Reiches, der Nelson Johnson mit Messerstichen verletzte; Coleman Blair Pridmore, Exalted Cyclops (Stolzer Zyklop) des Unsichtbaren Reiches, der Frankie Powell, Don Pelles und Tom Clark verwundete; Jerry Paul Smith, Sicherheitsoffizier des Unsichtbaren Reiches, der Cesar Cauce tötete; Roland Wayne Wood, ein Nazi aus Winston-Salem, dessen Waffe mit Rehposten geladen war und Jim Waller verwundete, bevor Matthews ihn tötete. Die anderen – Virgil Griffin, Grand Dragon des Unsichtbaren Reiches, der seitdem zum Imperial Wizard (Imperialer Hexenmeister) der Christlichen Ritter des Ku-Klux-Klan avanciert ist, Harold Covington, Chef der Nationalen Partei und ehemaliger Rhodesien-Söldner, der seitdem untergetaucht ist, Raeford Caudle, der zwei Waffen und das Auto für ihren Transport stellte, Ed Dawson, Polizeispitzel – werden niemals behelligt oder auch nur vernommen.

Der Prozeß

Nach einer Kampagne der städtischen Behörden, die ihr Image wieder aufpolieren wollen, der lokalen und regionalen Presse und natürlich einer Polizei, für die Angriff die beste Verteidigung ist, wird der Prozeß in Wirklichkeit gegen die Mitglieder der Kommunistischen Arbeiterpartei geführt. Die »Linken« werden als ortsfremde Agitatoren dargestellt. Dabei besteht die CWP – wie sehr auch immer sie durch ihren idealistischen Spontaneismus, ihre Provokationslust und ihre theoretischen Analysen, die wenig mit der sozialen Realität in den USA zu tun haben, für das Geschehene mitverantwortlich sein mag – in Greensboro aus Aktivisten, die seit langem in der Region leben und arbeiten.

Man beruft sich auf anonyme Arbeiter, die Kontakt zu den führenden Leuten hatten und bezeugen können, daß die CWP »Märtyrer für die Sache« haben wollte. Und man stellt einige ihrer Aktivisten als gefährliche, stets gewaltbereite Agitatoren hin, die in den Textilfabriken und Krankenhäusern der Gegend Unruhe gestiftet und die Leute aufgewiegelt haben.

Außerdem wirft man der CWP Provokationen, vandalistische Ausschreitungen und Gewalttätigkeiten vor, die von ihren Aktivisten nie begangen wurden. Vor allem lastet man ihnen in einer bewußten Vermischung alle wirklichen oder angeblichen Untaten der internationalen kommunistischen Bewegung an, von den stalinistischen Säuberungen bis hin zu den Verbrechen der Roten Khmer!

Parallel dazu werden die Klanmitglieder und die Nazis als

Söhne des Landes präsentiert. Es wird verschwiegen, daß sie vor den ersten Schüssen riefen: »Nigger! Juden! Wir sind da«, und niemand geht auf ihren gegen Schwarze und Juden gerichteten Rassismus ein. Vielmehr kehrt man einen Antikommunismus heraus, der immer noch von der überwältigenden Mehrheit des amerikanischen Volkes geteilt wird.

Mehrere Nazis werden als naive Idealisten hingestellt, deren einzige Verfehlung darin bestehe, auf die linke Provokation hereingefallen zu sein. Eine Frau sagt aus, daß ihr Mann an der Aktion teilgenommen habe, aber keine Ahnung hatte, daß Waffen in den Autos waren, und ein gewählter Volksvertreter beschreibt seinen zum Klan gehörenden Neffen als einen Bewunderer George Washingtons und Abraham Lincolns!

Die fast überall bekannte Äußerung von Virgil Griffin, daß er nichts lieber täte, als mit der Waffe in der Hand zu sterben, nachdem er tausend Kommunisten umgelegt habe, findet wenig bzw. gar keine Beachtung.

Was die Geschworenen betrifft, die diese feine Gesellschaft im November 1980 freisprechen, so sind es ausschließlich Weiße. Von den zwölf Geschworenen hat nur einer studiert; als Kubaner und früherer Batista-Anhänger hat er zur sogenannten Gruppe »20. Mai« gehört, die an der amerikanischen Landung in der Schweinebucht beteiligt war: Er bekennt sich zu einem erbitterten Antikommunismus, der den Klan und die Nazis in seinen Augen zu »patriotischen Organisationen« macht. Andere Geschworene bringen offen ihre Sympathie für die Angeklagten und ihren Haß auf den Kommunismus zum Ausdruck, der »der amerikanischen Mentalität fremd« sei.

Der gesamte Prozeß beschränkt sich darauf, zu beweisen, daß der Klan und die Neonazis letztlich nur auf eine Provokation reagiert hätten, und niemand scheint schockiert zu sein, als Virgil Griffin öffentlich erklärt: »Wir glauben nicht, daß die Kommunisten das Recht haben, in den Straßen von Greensboro oder irgendeiner anderen amerikanischen Stadt aufzumarschieren, und ich sehe keinen Unterschied darin, Kommunisten in Vietnam oder hier zu töten. In beiden Fällen ist es eine patriotische Tat.«

Wichtig sei einzig und allein, daß in Greensboro wieder Ordnung einkehre. Und wenn dies fünf Menschenleben koste, dann sei es besser, wenn es das Leben von Kommunisten sei.

Rückschläge

Nach dem Freispruch schließen sich mehrere Gruppen zusammen, gründen den Rechtsfonds von Greensboro und erstellen unabhängig von den offiziellen Stellen – Stadt, Polizei und Justiz in Greensboro – ein Dossier über den Klan und die CWP. Diese Organisation legt im Namen der Opfer Berufung ein, und nach fast zweijährigen Bemühungen und Auseinandersetzungen erreicht sie die Bildung eines Geschworenengerichts auf Bundesstaatsebene.

Am 23. April 1983 tritt dieses Gericht in Winston-Salem zusammen und erhebt in vierzehn Punkten Anklage gegen sechs Klanmitglieder und drei Nazis, die beschuldigt werden, die Demonstranten mit konspirativen Mitteln an der freien Ausübung ihrer Rechte gehindert zu haben.

Obwohl die Anklage die Polizei und die Bundesbehörden völlig außen vor läßt, betrachten die Organisatoren der Kampagne für eine Wiederaufnahme des Verfahrens diese Entscheidung als einen Sieg, der aufgrund intensiver Bemühungen und einer starken Mobilisierung der Öffentlichkeit errungen worden ist.

Daß die Anklage auf drei weitere Personen ausgedehnt wird, nämlich auf den Nazi Raeford Caudle, das Klanmitglied Ray Toney und vor allem auf den Polizeispitzel Ed Dawson, weckt bei ihnen außerdem die Hoffnung, daß die neuen Geschworenen über die neuesten Entwicklungen der Angelegenheit informiert sind, zumal sich die Anklage nicht nur auf das Massaker, sondern auch auf die Vorbereitung der Gegendemonstration und die Rolle erstreckt, die Dawson dabei gespielt hat. Bis zum Ausgang des neuen Prozesses vermeiden sie jedoch jeglichen Triumph.

Das ist auch gut so, denn nach einem vierzehnwöchigen Prozeß und nach Anhörung von über 120 Zeugen fällt das neue Geschworenengericht in Winston-Salem, das ebenfalls ausschließlich aus Weißen besteht, ein Urteil, das dem ersten vergleichbar ist.

Die Angeklagten werden für nicht schuldig erklärt.

Eine schwerwiegende Entscheidung, weil sie die Ermordung von Menschen wegen ihrer Rasse oder ihrer politischen Ansichten zu legitimieren scheint, und vor allem, weil diese Freisprüche von den Klanmitgliedern und den Neonazis als eine Ermunterung zu weiteren Ausschreitungen interpretiert werden können.

Virgil Griffin kann am Ende des Prozesses völlig zu Recht mit strahlender Miene verkünden: »Ich fühle mich, als wäre ich tot und würde in den Himmel aufsteigen. Dieses Urteil hilft mir, und da ich ein Mitglied des Klans bin, hilft es auch dem Klan.«

Schwerwiegend ist auch der juristische Aspekt. Die freigesprochenen Klanmitglieder und die Neonazis können nach amerikanischem Recht nicht noch einmal strafrechtlich belangt werden.

Aber der Kampf geht weiter: Es geht darum, Entschädigungen für die Familien der Opfer zu erreichen und die faktische Beteiligung aller offiziellen Stellen – der Polizei, der Justiz, der Stadtverwaltung – deutlich zu machen, die von dem bevorstehenden Massaker wußten und nichts dagegen unternommen haben.

Das letzte Wort hat vorerst Roy Hall, der Anwalt des Neonazis Roland Wayne Wood, dessen Plädoyer manche Geschworenen anscheinend zu Tränen rührt: »Sie werden viele gemeine Lügen über Roland Wayne Wood hören, nur weil er die hiesige Sektion der Naziparteigeleitet hat ... In Wirklichkeit ist er ein Patriot, so wie es die Deutschen waren ... Die Deutschen haben in ihrem Kampf gegen den Kommunismus alles gegeben und alles verloren ... Diese Angeklagten sind Patrioten, genau wie die Deutschen. Wenn sie nach Greensboro gekommen sind, dann auch, um den Kommunismus zu stoppen ...«

Operation »Roter Hund«
Dominica 1981

Große Hoffnungen

Alles beginnt im April 1979. Ein amerikanischer Fernfahrer namens Michael Perdue, neunundzwanzig Jahre alt, seines Berufes überdrüssig und ein großer Bewunderer von »war dogs« aller Art, beschließt, als Söldner nach Rhodesien oder Angola zu gehen, um gegen die kommunistische Subversion zu kämpfen. Aber trotz der glorreichen Vergangenheit, die er sich zurechtgebastelt hat – er stellt sich als Vietnam-Veteran und Berufssöldner vor –, blitzt er überall ab.

Dann hat er eine geniale Idee. Er wird selbst Männer für ein solches Unternehmen rekrutieren. Nach einigen geopolitischen Nachforschungen beschließt Perdue, die Kubaner aus Grenada zu vertreiben und »den von dem marxistischen Despoten Maurice Bishop unterdrückten Bewohnern Grenadas die Freiheit wiederzugeben«.

Sehr schnell nimmt Perdue dank eines »einflußreichen« Freundes Kontakt zu Sir Eric Gairy auf, dem 1979 gestürzten Premierminister, der ihm seine volle Unterstützung zusichert und ihm für den Fall des Gelingens Berge von Gold verspricht. Ein alter Bekannter von Perdue, der Imperial Wizard der Ritter des Ku-Klux-Klan, David Duke, bringt ihn mit dem Neonazi Donald Andrews zusammen, der als sehr erfahren gilt, was derartige Interventionen betrifft.

Andrews schickt einen seiner Männer nach Grenada, um sich an Ort und Stelle ein Bild von der Lage zu machen. Das

Geld für diese Vorbereitungen hat Perdue von James C. White, einem Geschäftsmann aus Longview, Texas, bekommen, der erheblichen Anteil an den rechtsextremistischen Aktivitäten in diesem Bundesstaat hat.

Während sich Andrews' Abgesandter vor Ort umtut, knüpft Perdue weitere Kontakte. Der Jurist J.W. Kirkpatrick aus Memphis, Tennessee, stellt 10 000 Dollar zur Verfügung, und Perdue kommt mit einem bekannten Nazi-Aktivisten, dem Kanadier Wolfgang Droege, zusammen, der sehr schnell seine rechte Hand wird.

Als jedoch der Abgesandte von Andrews aus Grenada zurückkommt, müssen die Drahtzieher einer zukünftigen Invasion ihre Erwartungen herunterschrauben. Die Regierung von Maurice Bishop ist beliebt. Polizei und Armee unterstützen den Staatschef, und sollte das nicht reichen, stehen genügend kubanische Berater bereit, um dafür zu sorgen, daß einer regulären Armee und erst recht einem Söldnerkommando die Kampfeslust vergeht. Hinzu kommt, daß der Name Eric Gairy nur Wut und Verachtung hervorruft!

Die Enttäuschung Perdues und seiner Freunde währt nicht lange. Wenn sie in Grenada nichts ausrichten können, so eignet sich eine andere Karibik-Insel hervorragend für ihre Pläne. Das teilt Perdue jedenfalls dem »einflußreichen« Freund mit, der den Kontakt zu Sir Eric Gairy hergestellt hat.

Diesmal wird Perdue, rassistischer Söldner und ehemaliges Klanmitglied in Tennessee, mit Patrick John zusammengebracht, dem ehemaligen Premierminister der Insel Dominica, und der ist ... schwarz!

Eine befreite Insel zu sein, ist gar nicht so einfach ...

Die Insel Dominica, 750 Quadratkilometer groß, 80 000 Einwohner, liegt zwischen den zwei französischen Inseln Martinique und Guadeloupe. Als ehemalige englische Besitzung erlangt sie am 3. November 1978 ihre Unabhängigkeit, und ihr ehemaliger Gouverneur Patrick John kommt mit der Unabhängigkeit an die Macht.

Der einzige Reichtum der Insel sind Bananen. Die hohen Berge, die einen Großteil ihres Territoriums ausmachen, behindern die Entwicklung einer noch rudimentären Industrie und Landwirtschaft. Sie hat außerdem mit den schrecklichen Folgen der Hurrikans zu kämpfen, die sie regelmäßig verwüsten. Nach dem sechs Stunden dauernden Durchzug von »David« am 20. August 1979, mit einer Windgeschwindigkeit von 240 Kilometern pro Stunde, befindet sich die Insel in einem katastrophalen Zustand.

37 Tote, 5000 Verletzte, drei Viertel der Bevölkerung obdachlos und in Notunterkünften im Freien untergebracht, Straßen und Brücken zerstört, weder Strom noch Trinkwasser, die Wirtschaft des Landes am Boden: Das alles geht jedoch nicht allein auf das Konto des Hurrikans. Es hätten bestimmte Bedingungen vorhanden sein müssen, um die Auswirkungen einer solchen Katastrophe wenigstens teilweise zu mildern. Aber es hat weder Aktivitäten in dieser Richtung noch irgendwelche vorbeugenden Maßnahmen von seiten der Regierung gegeben. Der Hurrikan David ist der Tropfen, der das Faß zum Überlaufen bringt.

Seit mehreren Monaten hat die Unzufriedenheit mit der Regierung, insbesondere mit Premierminister Patrick John, ständig zugenommen. John läßt sich nacheinander mit Genosse, Doktor (in Metaphysik!) und Oberst anreden. Er ist ein skrupelloser Karrierist, der es immer verstanden hat, seine Interessen auf Kosten des Landes zu wahren. Während seiner Amtszeit ist er an vielen dubiosen Geschäften beteiligt. Er bereichert sich, während Dominica verarmt und den dringend notwendigen wirtschaftlichen Aufschwung nicht schafft.

Aber 1979 ist ein schlechtes Jahr für Patrick John. Mitglieder seines eigenen Kabinetts, die die wachsende Unzufriedenheit kennen, zögern nicht, ein Geheimabkommen publik zu machen, das der Premierminister mit Don Pierson und dessen Sohn Grey Pierson, ihres Zeichens Präsident bzw. juristischer Berater einer nicht registrierten texanischen Firma, geschlossen hat. Diesem Abkommen zufolge verpachtet Dominica 75 Quadratkilometer Land im Norden der Insel an eine neue Gesellschaft namens Caribbean Southern Corporation mit dem Ziel der Schaffung einer Freihandelszone. Der Pachtvertrag läuft 99 Jahre, und die symbolische Pacht beträgt ganze hundert Dollar pro Jahr!

Wenn in Dominica dieser Staat im Staat entsteht – denn die angestrebte Zone, die nicht der Kontrolle der Regierung untersteht, umfaßt 40 Prozent des bebauten Landes und ein Drittel der Bevölkerung –, wird die Familie Pierson der größte Nutznießer sein und sich Patrick John gegenüber bestimmt mehr als erkenntlich zeigen.

Aber es kommt noch schlimmer: Als diese geheimen Abmachungen durch gezielte Indiskretion an die Öffentlichkeit gelangen, werden noch weitere Machenschaften bekannt. Die BBC berichtet von der Existenz einer Abmachung mit Südafrika, derzufolge der Premierminister Dominicas Südafrika den Kauf von Land und die Errichtung von Ölraffinerien auf der Insel gestattet.

Öffentlicher Protest, große Demonstrationen, die von der linken und der rechten Opposition organisiert werden, die Niederschlagung dieses Protestes durch die Polizei, die einen Toten und zahlreiche Verwundete fordert – all das genügt, um die Stimmung zu einem regelrechten Aufruhr zu steigern und John zum Rücktritt zu zwingen. Die Wahlen von 1980 bringen Eugenia Charles an die Macht, die schon bald die »Eiserne Lady« der Karibik genannt wird.

Die Folgezeit ist durch politische Instabilität gekennzeichnet, die bis 1983 andauert. Der ehemalige Premierminister Patrick John, der die Unterstützung eines Teils der von ihm geschaffenen »Kraft der nationalen Verteidigung« hat, will zurück an die Macht, sobald die Euphorie nach der Wahl verflogen ist.

Im Dezember 1980 macht eine Gruppe von Soldaten einen ersten Versuch, die »Alte« zu stürzen. Das Unternehmen scheitert, und Eugenia Charles setzt mehrere Offiziere ab, denen Waffen- und Drogenhandel vorgeworfen wird. Man hat tatsächlich festgestellt, daß Waffen und Uniformen von Mitgliedern der »Kraft der nationalen Verteidigung« gegen Marihuana getauscht wurden, das von Rastafaris stammte.

Mehrere Monate lang kommt es zu Zusammenstößen zwischen Anhängern der amtierenden Premierministerin und Rastafaris, wobei es auf beiden Seite Tote gibt. Derweil spinnt John sein Netz. Ihm schweben mehrere Szenarien für die Wiedererlangung der Macht vor, und jedesmal setzt er auf Gewalt.

Er entscheidet sich schließlich für zwei. Wenn das erste scheitert, wird das zweite gelingen. Und vorausschauend wie er ist, bereitet er beide gleichzeitig vor. Der erste Coup soll während des Karnevals am 14. März 1981 stattfinden, und sein Gelingen hängt einzig und allein von Gruppen ab, die John wohlgesonnen sind, nämlich ehemaligen, von Eugenia Charles ausgebooteten Mitgliedern der »Kraft der nationalen Verteidigung«, und Rastafari-Gruppen, denen man die Erlaubnis zum Anbau von Marihuana versprochen hat.

Das zweite Szenario sieht eine Intervention von außen vor, und im September 1980 hat John bereits den Mann getroffen, der sie herbeiführen würde, nämlich einen gewissen Michael Perdue – der von einem mit der Karibik sehr vertrauten Amerikaner empfohlen wurde.

Der Vertrag

Als sich die Situation im Februar zuspitzt, erkennt John die Notwendigkeit, die Vorbereitungen für den Putsch am 14. März und die eventuelle Intervention von außen zu beschleunigen. Zu Beginn des Monats findet auf der Insel ein geheimes Treffen statt, bei dem Patrick John und Michael Perdue das Abkommen vom September in Form eines maschinengeschriebenen Vertrags erneuern, der von beiden unterzeichnet und mit dem Siegel des Premierministers des Staates Dominica versehen wird.

Der Vertrag sieht folgendes vor: Perdue und zehn »Freiheitskämpfer«, die den Wunsch haben, einem mit den Vereinigten Staaten befreundeten Staat zu helfen, seine Freiheit wiederzuerlangen und sich der kubanischen Einflußsphäre zu entziehen, werden zusammen mit Soldaten und Kämpfern der von der tyrannischen Eugenia Charles aufgelösten »Kraft der nationalen Verteidigung« Patrick John, den Vorkämpfer für die Unabhängigkeit der Insel, wieder zum Premierminister machen. Als Gegenleistung wird besagter Premierminister Michael Perdue 150 000 Dollar und jedem seiner Männer 3000 Dollar zahlen. Er wird einer Firma mit dem Namen Nortic Enterprises, deren Leiter niemand anderer als Michael Perdue sein wird, das Monopol für Tourismus und Spielkasinos sowie für die Holzgewinnung und den Holzexport übertragen. Darüber hinaus erhält diese Firma den Auftrag, die Landwirtschaft zu entwickeln. Außerdem kann jedes Mitglied der Interventionstruppe auf Wunsch als »Ausbildungsspezialist und Kämpfer der nationalen Verteidigung« in die Streitkräfte aufgenommen werden, welche die von Eugenia Charles ersetzen werden. Und schließlich soll Michael Perdue zum Oberkommandierenden der neuen Streitkräfte, der Caribbean Island Military Force, und dazu noch zum Kabinettsmitglied ernannt werden.

Die Aufgabe von Perdue und seinen Leuten ist einfach. Von zwei Gruppen unterstützt, nämlich den ehemaligen Kämpfern der »Kraft der nationalen Verteidigung« und einem Teil der Rastafaris, sollen sie die Hauptstadt Roseau einnehmen und den Sitz der Regierung, der Militärpolizei, des Radios sowie den Polizeiposten von Portsmouth im Norden der Insel besetzen.

Rekrutierung und Finanzierung

Nach seiner Rückkehr in die Vereinigten Staaten entwickelt Perdue eine fieberhafte Aktivität. Er kann sofort Wolfgang Droege, Mitglied des kanadischen Klans und der Nazi-Gruppe »Westliche Garde«, sowie dessen Landsmann Larry Lloyd Jacklin für seinen Plan gewinnen. Er nimmt auch den Ex-Leutnant von David Duke, Don Black, mit offenen Armen auf, der seinen Platz an der Spitze der Ritter des Ku-Klux-Klan eingenommen hat, sowie Joe Daniel Hawkins, Bauarbeiter und Klavalier der Weißen Ritter des Mississippi, der schon einmal wegen Verstoßes gegen das Waffengesetz verurteilt worden ist.

Unterdessen hat er Anzeigen in Soldiers of Fortune und Le Mercenaire (ein kleines Anzeigenblatt mit französischem Titel) aufgegeben, durch die er fünf weitere Teilnehmer an dem zukünftigen Kommandounternehmen gewinnt. Christopher Billy Anderson, Busfahrer, 41 Jahre alt, ehemaliger Polizeikommissar in Kiowa, Kansas, der aus dem Dienst entlassen wurde, nachdem er einen – schwarzen – Verdächtigen getötet hatte, schwarzer Karategürtel, Meisterschütze, in Vietnam dreimal ausgezeichnet; Michael Stanley Norris aus Tuscaloosa, Alabama, 21 Jahre alt, Leibwächter, auch er ein guter Schütze und Karatekämpfer, seit dem dreizehnten Lebensjahr Mitglied der Vereinigten Klans von Amerika von Robert Shelton, die er verlassen hat, um sich dem Klan von Black und der Nationalen Allianz anzuschließen; William Burnett Waldrop, 33 Jahre alt, aus Braxton, Mississippi, Klavalier der Ritter des Ku-Klux-Klan von Black, wärmstens vom Exalted Cyclops seines Klaverns empfohlen; Robert William Pritchard, 30 Jahre alt, aus Raleigh, North Carolina, Waffen- und Sprengstoffspezialist, zweimal unter Mordanklage gestellt und wegen Mangels an Beweisen freigesprochen und, was Perdue besonders für ihn einnimmt, Mitglied der Parteiführung der Weißen Nationalsozialistischen Partei; George Taylor Malvaney, 21 Jahre alt, aus Jackson, Mississippi, der deswegen mitmachen darf, weil er dem Unsichtbaren Reich von Bill Wilkinson angehört, einem Klan, der mit dem von Black rivalisiert, und weil Black glaubt, Malvaney beweisen zu müssen, daß Zukunft und Wagemut auf seiner und nicht auf Wilkinsons Seite sind.

Jetzt sind sie zehn, und es werden noch zwei weitere Kämpfer hinzukommen, die im richtigen Augenblick auf die Insel geschickt werden sollen: Alexander McQuirter von den Rittern des kanadischen Ku-Klux-Klan und Mary Ann McGuire von derselben Organisation, die zur IRA gehört haben soll.

Perdue, Droege und Black, die Köpfe der Gruppe, heuern keine weiteren Leute an, sondern widmen sich anderen Aufgaben. Sie brauchen unbedingt Geld, Waffen und ein Schiff.

Die 42 000 Dollar von James C. White und die 10 000 Dollar von J.W. Kirkpatrick sind zwar noch nicht ganz aufgebraucht, aber sie reichen nicht. Durch die Vermittlung von Hawkins erhält Perdue von dem Besitzer eines Elektrizitätswerks in Florence, Mississippi, namens L.E. Mathews ein Darlehen in Höhe von 15 000 Dollar. Der Chef der Westlichen Garde, Don Andrews, hat sich außerdem von einem der stillen Teilhaber seiner Gruppe, dem Kanadier Martin Winch, 10 000 Dollar beschafft.

Mit diesem Geld ist es nicht schwer, an Waffen zu kommen. Durch die Vermittlung von James Ferguson, einem Freund von Louis Beam, damals Grand Dragon der Ritter des Ku-Klux-Klan von Texas, und mit dem Geld von James C. Smith, einem Geschäftsmann aus Houston, decken sich die Söldner bei dem Waffenhändler Victor Mullen mit mehreren Kisten Waffen und Munition ein; unter anderem mit Präzisionsgewehren, Maschinenpistolen und hochexplosiven Sprengstoffen.

Bis es richtig losgeht, werden sie bei dem bekannten Neonazi Chuck Kessling gelagert.

Zur gleichen Zeit arrangiert Anderson, der noch Kontakte zur Polizei und zum Milieu hat, ein Treffen mit Charles

Yanover, einem bekannten, der Mafia nahestehenden Gangster. Dieser besorgt ihnen ebenfalls Waffen und Munition, die nachts in unbenutzte Schuppen in Slidell, am Ufer des Pontchartrain-Sees, geschafft werden.

Ran an den Feind!

Auch Perdue ist derweil nicht untätig geblieben und hat sich auf die Suche nach einem Schiff gemacht, das sie nach Dominica bringen kann. Bald hat er ein Auge auf die *Mañana* geworfen, ein achtzehn Meter langes robustes Schiff, das eine unerläßliche Eigenschaft hat: Es ist in Slidell das einzige Schiff, das die 3200 Kilometer von New Orleans bis nach Dominica zurücklegen kann, ohne sich zwischendurch mit neuem Treibstoff versorgen zu müssen.

Am 22. Februar handelt Perdue für die Hin- und Rückfahrt einen Tagessatz von 1000 Dollar aus, was insgesamt 22 000 Dollar ausmacht. Offiziell will man ozeanographische Studien betreiben.

Mike Howell, der Kapitän des Schiffes, argwöhnt sofort, daß die Sache einen Haken hat. Der Mann, der das Schiff mieten will, weiß weder, wann er aufbrechen, noch, wieviel Tonnen Material er an Bord nehmen wird. Hier muß etwas faul sein. Howell, der fürchtet, in eine Drogengeschichte verwickelt zu werden, äußert sofort seine Bedenken.

Der in die Enge getriebene Perdue behauptet, daß die CIA hinter ihm stehe, und bittet Howell, einem Vietnam-Veteranen wie ihm zu vertrauen. Er schlägt patriotische Töne an: Die Expedition wird mit dem Einfluß der Roten in der Karibik Schluß machen!

Howell ist einverstanden, aber sobald Perdue sein Schiff verlassen hat, telephoniert er mit einem gewissen John Osburg, seines Zeichens FBI-Beamter. Denn seit ungefähr fünf Jahren ist Mike Howell, der Kapitän der *Mañana*, der in Vietnam gekämpft und dort einen Arm verloren hat, Informant des FBI.

Als Perdue am 5. März kommt, um die erste Rate von 5000

Dollar zu bezahlen, wird er von John Osburg empfangen, der sehr überzeugend als Matrose auftritt und sich als Mitglied des zweiköpfigen Teams von Mike Howell ausgibt.

Unterdessen gehen die Vorbereitungen weiter. Malvaney und Waldrop werden nach Texas geschickt, um im Lager Puller, einem privaten Ausbildungslager, das Robert Sisente und Louis Beam gehört und im Kreis Chambers liegt, gründlich auf das Unternehmen vorbereitet zu werden.

Rififi in der Karibik

Nachdem man in Dominica mit unglaublicher Ungeschicklichkeit zu Werke gegangen ist, erfährt Eugenia Charles von dem für den Karneval geplanten Komplott und läßt Major Fred Newton wie auch Patrick John ins Gefängnis werfen, der allerdings mangels Beweisen wieder freigelassen werden muß.

Mitte März kann sie davon ausgehen, daß sie das Schlimmste hinter sich hat, daß Dominica aufatmen und seinen Wiederaufbau und seine Entwicklung in Angriff nehmen kann.

Fast zur gleichen Zeit wandelt ein Mann, dessen Name in der Öffentlichkeit nie bekannt wurde, auf den Spuren Hemingways. Aber anstatt sich Sporen in Kuba zu verdienen, fischt er in Grenada im Trüben, indem er großzügig Geld an Leute verteilt, die in Opposition zur Regierung Bishop und zu den Kubanern stehen. Das Dumme ist nur, daß der besagte Widerstand einzig und allein auf dem Papier vorhanden ist, und nach seiner Rückkehr in die Vereinigten Staaten erklärt der Mann in seinem Bericht, daß er nur zwei Möglichkeiten sieht, Bishop und die Kubaner aus Grenada zu verjagen: Zwietracht in der Gruppe zu säen, die an der Macht ist, insbesondere zwischen Bishop und Bernard Coard, dem marxistischen Führer der New Jewel-Bewegung; wenn das nicht reicht, militärisch einzugreifen, aber dafür zu sorgen, daß aus der Region zuvor ein Hilferuf kommt.

Seine Gesprächspartner pflichten ihm voll und ganz bei,

und schon hält man Ausschau nach Staatschefs, die diesen Hilferuf aussenden könnten. Der weiße Rabe will erst einmal gefunden werden. Jemand, der moralisch unanfechtbar ist und der kubanischen Politik in der Karibik absolut feindlich gegenübersteht. Die Wahl fällt auf Eugenia Charles. Sie hat eine Unterstützung Kubas durch Lehrer und Ärzte abgelehnt und geißelt Castro in der Organisation der östlichen Karibikstaaten, deren Vorsitzende sie gerade geworden ist.

Und jetzt verrät der Agent in Grenada, daß sie demnächst gestürzt werden soll. Die CIA kommt ins Spiel. Einige Stunden später erhalten FBI und BATF die Anweisung, die Operation »Roter Hund« scheitern zu lassen. Denn das ist der Deckname für die Expedition von Perdue.

Im Laufe des April erhält dieser eine Botschaft von John. Der ehemalige Premierminister sendet einen SOS-Ruf. Die Leute, auf die er sich noch stützen kann, reichen nicht aus, um den Putsch durchzuführen, so daß Hilfe von außen dringend notwendig ist.

Perdue beschließt also, die Operation »Roter Hund« in Gang zu setzen.

Operation »Roter Hund«

Am 25. April um 10 Uhr vormittags treffen im Frühstückssaal eines Motels in Crystal Springs, Mississippi, sieben Männer zusammen, die tags zuvor oder in der Nacht angekommen sind: Black, Norris und Droege mit dem Auto aus Alabama; Pritchard mit dem Auto aus North Carolina; Anderson mit dem Flugzeug aus Oklahoma City, Michael Perdue und Larry Jacklin aus New Orleans.

In drei getrennten Gruppen verlassen sie Crystal Springs in drei Autos und werden in Brookhaven von einem hellgrünen Chevrolet überholt, in dem sich Malvaney, Waldrop und Hawkins befinden. Die Nacht verbringen sie in Baton Rouge, Louisiana, etwa hundert Kilometer von ihrem Zielort entfernt.

Am 26. April erreichen Perdue und Norris New Orleans, treffen John Osburg auf dem Deich, der diese Stadt vor dem Hochwasser des Mississippi schützt, und besprechen die letzten Einzelheiten der Fahrt, nachdem Osburg 9800 Dollar erhalten hat. Zwei Stunden später besprechen John Osburg und zwei Beamte des BATF, Lloyd Grafton und Mike Hall, die letzten Details.

Um 22 Uhr kommen ein Dodge und ein Van mit zehn Männern im Yachthafen von Slidell an. Auf einem fast verlassenen Parkplatz parken die beiden Autos in der Nähe von zwei Lastwagen mit eingeschalteten Rücklichtern. Osburg und Grafton empfangen die Söldner und lassen sie in einen der Lastwagen einsteigen, mit Ausnahme von Perdue, der in den anderen steigt, an dessen Steuer Osburg sitzt und in dem sich die Waffen und die Munition befinden.

Die Fahrzeuge setzen sich in Bewegung und erreichen um 22.15 Uhr den Lake Ponchartrain Causeway, eine Art befahrbaren Deich, der nach Marina führt, wo die *Mañana* vor Anker liegt. Plötzlich hält John Osburg mitten im See den Lastwagen an, zieht einen Revolver und legt Perdue Handschellen an. Draußen öffnen zwanzig FBI-Beamte, die aus ihrem Versteck in einem Lastwagen gekommen sind, den anderen Lastwagen, in dem sich die anderen neun Söldner befinden.

Einige Minuten später werden die Männer in Handschellen in das Bundesgefängnis von New Orleans gebracht und in sieben Punkten unter Anklage gestellt.

Der Prozeß

Sieben von ihnen erklären sich in einem Punkt für schuldig, treten als Zeugen der Anklage auf und entgehen dadurch der Gefahr, für fünfzig Jahre ins Gefängnis zu wandern.

Zu ihnen gehört Perdue; Black, Michael Norris und Joe Hawkins erklären sich für nicht schuldig.

Im Gefängnis erfahren sie, daß Mary Ann McGuire in Dominica und Alexander McQuirter in Toronto festgenommen wurden. Letzterer war nach einer Radiosendung gefaßt worden, in der er ein »Exklusivinterview« gegeben hatte, um seine Rolle bei der Operation »Roter Hund« darzustellen. Sie hören auch, daß James W. Kirkpatrick, der Anwalt aus Memphis, der ihnen 10 000 Dollar gegeben hatte, Selbstmord begangen hat. Man hat ihn in seinem Auto auf einem Autobahnrastplatz in der Nähe von Earle, Arkansas, mit einer Kugel im Kopf gefunden.

Aus der Presse erfahren sie, daß die 42 000 Dollar, die White ihnen vorgeschossen hat, für ihn kein allzu großer Verlust waren. Mindestens 25 000 stammten aus einer Versicherungssumme, die ihm nach einem Einbruch in seine Wohnung und nach dem Diebstahl seines Autos im Februar ausgezahlt wurde, wobei der Cadillac zwei Monate später auf einem Parkplatz neben Perdues Haus gefunden wurde!

Sie lesen fassungslos, daß Droege im März Kontakt zu einem Rundfunksender in Toronto aufgenommen hatte, um ihn von dem Putschversuch zu informieren, und daß er dem Redakteur versprochen hatte, ihm sämtliche Informationen und sogar die Möglichkeit zu geben, an Ort und Stelle ausführlich über alles zu berichten. Als Gegenleistung verlangten McQuirter, Jacklin und er selbst Exklusivinterviews.

Was die neun Söldner am meisten erschüttert, ist die Enthüllung, daß Michael Perdue, der Chef der ganzen Operation, niemals in Vietnam gewesen ist, niemals Söldner war und von Angola, Mosambik und Rhodesien nur die Klischees kennt, die er den Kampfberichten von *Soldiers of Fortune* entnommen hat.

Perdue, Waldrop, Droege, Pritchard und Anderson werden zu drei Jahren Gefängnis verurteilt, wobei es für die ersten drei Jahre keine Verkürzung der Strafe geben kann, während bei Pritchard und Anderson die Möglichkeit einer vorzeitigen Entlassung eingeräumt wird; bei Pritchard, weil dessen Verdienste in Vietnam beeindruckend sind, und bei Anderson, weil er wegen der von seiner Frau eingereichten

Scheidung und des Herzinfarktes seines Vaters ein gebrochener Mann ist.

Jacklin und Malvaney haben das Glück, unter das Jugendstrafrecht zu fallen, das vor allem auf die Rehabilitierung jugendlicher Straftäter ausgerichtet ist.

Black, Norris und Hawkins, die sich für nicht schuldig erklären, werden später verurteilt, und ihr Prozeß scheint eine sensationelle Wendung zu nehmen, als ihre Anwälte, Patrick McGinesty und David Craig, die öffentliche Anhörung von John Connally, des Ex-Gouverneurs von Texas, und Ronald E. Paul, eines republikanischen Abgeordneten desselben Staates, fordern. Sie behaupten, daß die beiden von dem Komplott gewußt, es unterstützt und sogar als Vermittler zwischen den Verschwörern und der CIA fungiert haben. Die beiden Anwälte erklären, daß man ihre Klienten, wenn eine solche Mitwirkung bewiesen werde, nicht mehr wegen Verschwörung, Verletzung des Neutralitätsvertrags und Waffenexports anklagen könne.

Doch seltsamerweise lehnt der Richter diesen Antrag ab, und am Samstagmorgen findet die Urteilsverkündung für die letzten drei Angeklagten statt. Norris wird freigesprochen, Joe Hawkins und Don Black werden zu drei Jahren Gefängnis und 15 000 Dollar Geldstrafe verurteilt. Ein Jahr lang folgt ein Berufungsverfahren (samt Ablehnung) auf das andere.

Am 15. November 1984, als zwei Drittel der Strafe verbüßt sind, wird der Imperial Wizard Black schließlich auf Ehrenwort entlassen. Vor dem Gefängnis wartet ein Auto auf ihn, das ihn zu einem kleinen privaten Flughafen bringt. Ein Flugzeug fliegt ihn nach Hause, nach Birmingham, Alabama. Das Flugzeug gehört Rex Cauble, einem Kokainhändler, der sein Zellengenosse war. Black findet wieder Verwendung, wie übrigens auch Droege und Norris.

1985 werden die drei Männer, die im Verdacht stehen, eine neue terroristische Organisation mit dem Namen »Order« gegründet zu haben, zunächst überwacht und dann beschuldigt, den nach einem Überfall in Utah flüchtigen Neonazi

Robert Mathews aufgenommen zu haben. Black wird wegen Mangels an Beweisen wieder freigelassen. Droege taucht unter, und Norris muß ins Gefängnis, weil er am 19. Juli 1984 in Ukiah, Kalifornien, an einem Überfall auf einen Geldtransport beteiligt war.

Die Operation »Wüstensturm«

Was Dominica betrifft, so gibt es dort noch einige Turbulenzen. Am 19. Dezember 1981 überfallen bewaffnete Männer das Gefängnis, um Patrick John zu befreien. Französische Bürger aus Martinique haben zwar ihre logistische Unterstützung zugesagt, aber das Unternehmen schlägt fehl, und Eugenia Charles läßt die Anhänger von John und mit ihnen gleich einige Regimegegner, denen sonst nichts zur Last gelegt werden kann, ins Gefängnis werfen. Gleichzeitig versichert sie, daß die Ruhe auf Dominica nur dadurch zu gewährleistet sei, daß wir »deutlich machen, daß wir mächtige Freunde haben, die beim ersten Alarmzeichen zum Eingreifen bereit sind«.

Am 22. Oktober tritt die Organisation der Staaten der Kleinen Antillen unter ihrer Leitung zusammen, um »die durch den Staatsstreich in Grenada entstandene Situation zu analysieren«. Von den Vertretern Jamaikas und Barbados' unterstützt, tritt sie für eine amerikanische Intervention ein, die unter dem Namen Operation »Wüstensturm« bekannt werden soll.

Am nächsten Tag fliegt sie in einem Flugzeug, das ihr von dem französischen Verteidigungsminister Charles Hernu zur Verfügung gestellt wird, nach Washington, und in einer Pressekonferenz mit Ronald Reagan fordert sie vor den Medienvertretern der ganzen Welt im Namen der Staaten der Kleinen Antillen eine amerikanische Intervention, »um eine Destabilisierung der Karibik zu verhindern«!

Wie geht es weiter?

Die am 25. Oktober um 5.30 Uhr begonnene Operation »Wüstensturm« ist am 27. Oktober um 19 Uhr beendet. An der Intervention nehmen 6000 Mann teil, auf amerikanischer Seite gibt es leichte Verluste: 18 Tote, 113 Verwundete.

Auf der gegnerischen Seite sieht die Bilanz schlechter aus: 1110 grenadische oder kubanische Gefangene, mehrere hundert Tote und Verwundete.

In den folgenden zwei Jahren erhält Dominica beträchtliche Hilfe sowohl von den USA als auch vom Internationalen Währungsfonds, von der UNO und sogar der EG. Und auf einer kleinen Insel, die 1981 noch kein Fernsehen hatte, gibt es mittlerweile mehr als zwanzig Programme. Letztlich verdankt die Eiserne Lady der Karibik dem Klan und den Nazis vielleicht mehr, als man denkt!

Reise in den Abgrund des Schreckens
Rulo, Nebraska, 1985

Ein ausgefallener Besuch

Als Denny Whelan, Privatdetektiv in Omaha, Nebraska, von einem völlig niedergeschmetterten Mann namens Lester Gibson aufgesucht wird, ahnt er nicht, daß der Auftrag, den er annimmt, einen der schauderhaftesten Kriminalfälle beenden wird, die die Vereinigten Staaten in den achtziger Jahren erlebt haben.

Lester Gibson ist ein Farmer, der mit seiner Frau Cheryl und seinen fünf Kindern in Highland, Kansas, ein Leben geführt hat, das von der Krise der Landwirtschaft hart getroffen war: mühselig, entbehrungsreich und zermürbend. Wie viele andere Farmer, hat auch er ein offenes Ohr für die Leute von der Posse Comitatus, die die jüdischen Bankiers beschuldigen, die Farmer und die gesamte amerikanische Wirtschaft zu ruinieren, aber weiter ist er nie gegangen.

Seine Frau, die in einem nahegelegenen Getreidesilo arbeitet, und er sind Katholiken und haben den Predigern der Christlichen Identität bisher nur wenig Beachtung geschenkt; diese vertreten eine religiöse Lehre, die unter dem Deckmantel einer fundamentalistischen Interpretation der Bibel behauptet, daß allein die Weißen, Abkömmlinge der verlorenen Stämme Israels, Kinder Gottes seien.

Familientreffen

Weihnachten 1983 beginnt das Unheil. Gibson und seine Familie sind bei den Eltern von Cheryl, den Haverkamps, eingeladen, die in Mercier, Kansas, leben. Dort treffen sie auch Norbert Haverkamp, seine Frau und ihren Sohn James, Cheryls Bruder. An diesem Abend überrascht James alle damit, daß er mit einer Bibel und einem Kampfgewehr, einer Ruger Mini-14, an den Tisch kommt, mit dem er »die amerikanischen Farmer vom zionistischen Joch« befreien will. Nach dem Essen legt er Videokassetten ein. Auf diesen verkündet der Führer der Posse Comitatus, James Wickstrom, das Ende der Welt und das Überleben der Auserwählten.

Lester stellt verwundert fest, daß seine Frau vom Inhalt der Kassetten und von allem, was ihr Bruder über die Bewegung, die Christliche Identität, die Theorien vom Überleben nach der nuklearen Katastrophe oder nach dem Weltkrieg sagt, anscheinend fasziniert ist. Seine Verwunderung schlägt in Besorgnis um, als sie ihm ankündigt, daß sie den katholischen Glauben aufgeben, sich der Christlichen Identität anschließen und sich auf Armaggedon vorbereiten werde.

Sie beginnt, Schachteln mit Vitamintabletten zu horten und nächtelang die Bibel, das Buch der Offenbarung, zu lesen. Dann erzählt sie ihrem Mann, daß sie Michael Ryan getroffen habe, daß er den »Arm-Test« gemacht und sie gewarnt habe, da sie in den Augen Jahwes nicht verheiratet sei.

Die obskuren Anfänge eines Propheten

Dieser Michael Ryan arbeitet für Norbert Haverkamp als Lebensmittelvertreter. Nach einer unauffälligen Jugend, einem mäßigen Schulabschluß und einem Aufenthalt in Vietnam, bei dem er nicht an Kampfeinsätzen teilgenommen hat, ist er nacheinander Arbeiter, Fernfahrer und dann wieder einfacher Arbeiter in Whitting, Kansas. Er ist verheiratet und Vater von drei Kindern.

Schnell kommt er zu dem Schluß, daß seine Vorzüge nie richtig zur Geltung gekommen seien, und wenn er auf die Rolle eines einfachen Arbeiters beschränkt sei, dann aus dem gleichen Grund, aus dem die vielen Farmer der Region so sehr ums Überleben kämpfen müßten: Alles sei schlicht und einfach das Resultat der jüdischen Verschwörung.

Schon bald befaßt er sich eingehend mit den Theorien der Survivalists, die in Kansas, Nebraska und natürlich Wisconsin stark verbreitet sind, wo ihr eifrigster Propagandist lebt, nämlich James Wickstrom, Anführer der Posse Comitatus.

Die Erleuchtung kommt über Ryan, als er Wickstrom 1982 trifft und von seinem neuen Mentor lernt, daß Gott Jahwe genannt werden muß, daß die wahren, von Gott geliebten Juden nicht diejenigen seien, die sich unberechtigterweise Juden nennen, sondern die Arier, und daß man sich auf Armaggedon, die Endzeitschlacht, vorbereiten müsse.

Der Arm-Test

Wickstrom hat Ryan auch den »Arm-Test« beigebracht. Man läßt jemanden den Arm so ausstrecken, daß er in einem Winkel von 45 Grad zur Schulter steht. Dann ergreift man das Handgelenk und die Schulter des anderen und stellt die rituelle Frage: »Jahwe, hat der Bruder (oder die Schwester) X die Kraft?« Wenn der Betreffende seinen Arm fallen läßt, hat Jahwe nein geantwortet, wenn der Arm gespannt bleibt, ja. Dabei hängt es in Wirklichkeit von dem Willen desjenigen ab, der den Arm hält, ob der Arm fällt oder nicht.

Ryan wird von Jahwe für fähig befunden, den »Arm-Test« durchzuführen. Mit dieser »göttlichen Macht« und den philosophischen Gewißheiten der Posse Comitatus und der Survivalists ausgestattet, fängt Ryan an, seine Talente im Kreis der Farmer zu betätigen, für die er gearbeitet hat.

Seine Überzeugungskraft muß wirklich groß sein, denn er schafft es, Cheryl Gibson zu überreden, ihren Mann zu verlassen und mit ihren Kindern zu ihm nach Whiting in das Haus zu ziehen, in dem er mit seiner eigenen Familie wohnt.

Schon bald folgen andere Jünger, unter ihnen Rick Stice, ein Schweinezüchter, dessen Frau gerade an Krebs gestorben ist – er konnte die lange, kostspielige Behandlung nicht bezahlen, die sie hätte retten können –, die Familie Haverkamp und andere.

Rick Stice züchtet also Schweine auf einem Hof von fünfunddreißig Hektar in Rulo, Nebraska, am Ufer des Missouri, ganz in der Nähe der Grenze zu Kansas und Missouri. 1983 macht Ryan mit ihm den »Arm-Test« und kommt zu dem Schluß, daß Jahwe nicht wünscht, daß er weiterhin Schweine züchtet. Schweinefleisch sei unrein, das Tier widerwärtig. Stice beugt sich der Entscheidung Jahwes und gibt seine Schweinezucht auf. Er geht bankrott. In dem Moment beschließt Ryan, dort eine Gemeinde zu gründen.

Nach kaum drei Monaten leben fünfundzwanzig Menschen auf dem Anwesen: Ryan, seine Frau und seine drei Kinder; Rice mit seinen drei Kindern und seinem Vater; Cheryl Gibson, ihre fünf Kinder, ihr Bruder James Haverkamp, sein Vater, seine Mutter, seine Schwester und sein Vetter Timothy; Timothys Schwester von Timothy, Debra, und ihr Mann Lynn Thiele verlassen ihre eigene Gemeinde in Norton, Kansas, um sich ihnen anzuschließen; zwei Mitglieder einer mennonitischen Gemeinde, James Thimm und John Andrew, vervollständigen die kleine Gruppe.

Jetzt sind alle Bedingungen gegeben, damit die Tragödie ihren Lauf nehmen kann.

Apocalypse now

Ryan geht sehr schnell daran, bei den Mitgliedern der Gemeinde jede Anwandlung von Eigenständigkeit zu ersticken. Jeden Tag müssen sie lange Sitzungen über sich ergehen lassen, bei denen sie bis zum Überdruß die Videokassetten von

James Wickstrom und eine antikommunistische Sendereihe mit dem Namen »Roter Morgen« anschauen müssen, die eine Invasion der Vereinigten Staaten durch die Sowjetunion schildert. Ryan selbst hält lange Vorträge über Religion, Überlebensstrategien, Politik und Kriegskunst.

Die zwei- bis dreimalige Krönung des Tages ist die Deklamation eines Abschnitts aus der Offenbarung, in dem Johannes von den Worten Jesu Christi, von der Offenbarung berichtet, die ihm von Gott gemacht worden sei, um seinen Dienern zu zeigen, was in naher Zukunft geschehen werde: das Jüngste Gericht, das an einem Ort stattfinde, der auf Hebräisch Armaggedon heiße, und nur die 144 000 Mitglieder der zwölf Stämme Israels verschonen werde.

Für Ryan muß Armaggedon an einem Ort stattfinden, der von Maisfeldern umgeben ist, genau wie die Farm in Rulo. Von dieser Erkenntnis bis zu der Schlußfolgerung, daß das Jüngste Gericht nirgendwo anders als in Rulo stattfinden wird, ist es nur ein kleiner Schritt, den Ryan bedenkenlos macht. Das letzte Gefecht steht unmittelbar bevor, und seine Gemeinde wird an der Spitze eines der zwölf Stämme Israels stehen.

Mehrere Male pro Woche versinkt die Gruppe in Trance. Man befragt Gott mit Hilfe des »Arm-Tests« und der Herr rät ihnen, ein bißchen Marihuana zu rauchen. Die Abende beginnen und enden sehr spät mit einer Art Orgie. Am Rande des Anwesens werden Feuer angezündet, und die Stille der Nacht wird regelmäßig durch Salven aus automatischen Waffen zerrissen.

Ein polygamer Erzengel

Der »Arm-Test« wird zur Regel. In der Gemeinde ist allein Ryan fähig, ihn durchzuführen. Und er macht weiß Gott reichlich Gebrauch davon. Will er Kartoffeln anstatt Bohnen essen, entscheidet Jahwe, daß die Gemeinde Kartoffeln essen muß.

Seine Wünsche sind jedoch nicht immer so harmlos, denn

Jahwe entscheidet bald, daß allein Ryan, der Erzengel, rein genug ist, die Frauen der Gemeinde zu berühren, und so legt er sich neben seiner Ehefrau Ruth Debra Thiele, Cheryl Gibson und ihre junge Schwester Lisa Haverkamp als Konkubinen zu.

Als die anderen Männer einige schüchterne Proteste wagen, führt Ryan abermals den »Arm-Test« durch. Das Resultat ist eindeutig. Jahwe wünscht, daß die Männer miteinander oder mit der Ziege geschlechtlich verkehren, die bislang nur dazu da war, Milch zu liefern.

Horrorszenen in Nebraska

Im März befiehlt Ryan denjenigen, die zuviel Angst vor ihm haben, um sich ihm zu widersetzen, James Thimm zu fesseln, der sich geweigert hat, mit einem seiner Freunde oder mit der Ziege sexuell zu verkehren. Zuerst zwingt man ihn zum sexuellen Kontakt mit dem Tier. Dann führt man den zuvor eingefetteten Stiel einer Hacke in seinen After ein. Dann verbrennt man ihm die Finger. Ein Mann bricht ihm mit einem schweren Brett den rechten Arm und beide Beine.

Das Schlimmste kommt noch: Mit ihren in Gummihandschuhen steckenden Händen ziehen sie ihm mit einem Rasiermesser und einer Zange die Haut an den Beinen ab, bevor sie ihn in den alten Schweinestall werfen, wo er bald unter Anrufung Jahwes stirbt. Nach seinem Tod schießt man ihm eine Kugel in den Kopf, packt ihn in einen Schlafsack und vergräbt ihn tief in der Erde.

Die Zahl des Tieres

Kurz vor diesem Vorfall hat sich Rick Stice ebenfalls gegen die sexuellen Praktiken von Ryan zur Wehr gesetzt. Da Ryan an diesem Tag jedoch gut aufgelegt ist, begnügt er sich damit, Stice nur zu oralen sexuellen Praktiken mit seinem eigenen Sohn, dem kleinen fünfjährigen Luke, zu zwingen. Denn nach dem Tod von Thimm richtet sich Ryans Haß gegen das Kind von Stice. Er legt ihm eine Leine an und zwingt ihn, in seiner baumwollenen Unterwäsche auf allen vieren zu laufen. Er führt ihn in diesem Aufzug herum und ruft laut: »Hier ist der Bastard, die Teufelsbrut!« Regelmäßig schlägt er das Kind und verpaßt ihm eiskalte Duschen.

Eines Tages zieht er es völlig aus und malt mit roter Farbe die Zahl 666 auf seinen Rücken. 666, die Zahl des Tieres, Verkörperung des Teufels.*

Dann hängt er das Kind auf. Niemand aus der Gruppe traut sich, aufzumucken, sei es, daß das Schicksal von Thimm alle in Angst und Schrecken versetzt hat, sei es, daß die Unterwerfung unter den Willen Jahwes total ist oder daß die meisten denken, eine polizeiliche Untersuchung könnte auch für sie selbst unangenehme Folgen haben.

Der Wille der meisten ist durch die Gewöhnung an ein Leben außerhalb der Normalität und durch die Ideen gebrochen worden, die ihnen fast täglich durch die Kassetten von Wickstrom, von den Predigern der Christlichen Identität, die Predigten von Bob Miles, Richard Butler und anderen fanatischen Extremisten eingeimpft wurden.

In den zwei Jahren, die die Gruppe besteht, mußten auch Möglichkeiten gefunden werden, den Lebensunterhalt zu bestreiten und Waffen sowie Lebensmittel für das Überleben nach dem Dritten Weltkrieg, der Nuklearkatastrophe oder Armaggedon zu kaufen. Nachdem die recht mageren Ersparnisse der Mitglieder der Gemeinde aufgebraucht sind, bleibt als einzige Lösung die Kriminalität. Eine Kriminalität, die der Gegend angepaßt ist: das Stehlen von Vieh oder landwirtschaftlichem Gerät in den angrenzenden Staaten Iowa und Kansas.

Damit ist das Ende der Gemeinde von Rulo abzusehen.

---

* Die Offenbarung des Johannes 13, 1-18: »... Wer Verstand hat, der überlege die Zahl des Tieres; denn es ist die Zahl eines Menschen, und seine Zahl ist sechshundertundsechsundsechzig.« Warum 666? Man kann einem Namen ein zahlenmäßiges Äquivalent geben, indem man die Zahlen zusammenzählt, die jedem Buchstaben entsprechen; so erhält man eine »Zahl des Menschen«. Im Hebräischen ist die Summe der Buchstaben für Kaiser Nero 666.

Ein Privatdetektiv in Aktion

Als Denny Whelan, der Privatdetektiv aus Omaha, von Lester Gibson den Auftrag angenommen hat, dessen Frau und Kinder zu suchen, ahnt er nicht, welche Kreise dieser Fall ziehen wird.

Nachdem er einen Monat lang Nachforschungen angestellt hat, ist er zu der Erkenntnis gelangt, daß die ganze Sache viel schwerwiegender ist, als er anfangs angenommen hatte.

Es ist ihm gelungen, die Spur von Cheryl Gibson zu finden, und seit mehreren Tagen beobachtet er das Anwesen mit dem Fernglas.

Seine Beobachtungen und die Aussagen der nächsten Nachbarn des Hofes von Rice bringen ihn schnell zu der Überzeugung, daß sich dort seltsame und beunruhigende Dinge abspielen.

Er wendet sich sogleich an die Polizei, die zuerst skeptisch ist und ihn das auch deutlich spüren läßt. Man muß wissen, daß die Polizeibehörden in diesen Gegenden den Survivalists nicht grundsätzlich ablehnend gegenüberstehen, daß sie für Nazis oder Sadisten allerdings nicht soviel Verständnis haben. Als die Informationen, die Whelan ihnen gibt, von Bauern der Umgebung und von Kinderschutzverbänden bestätigt werden, fangen die Bundesbehörden an, den Privatdetektiv aus Omaha ernster zu nehmen.

Letztes Gefecht

Im Juni 1985 dringen einige Dutzend Vollzugsbeamte und Polizisten überraschend in das Anwesen ein, mit der offiziellen Begründung, daß sie nach illegalen Waffen suchen.

Die Polizisten entdecken ein Waffenarsenal im Wert von 50 000 Dollar: 30 halbautomatische Gewehre, 13 Maschinenpistolen, Gewehre mit abgesägtem Lauf und mehr als 150 000 Patronen. In den Schuppen befindet sich gestohlenes landwirtschaftliches Gerät im Wert von 250 000 Dollar.

Das Verhör des bärtigen Michael Ryan, der mit der Sicherheit eines Propheten auftritt, bringt nichts, aber die Aussagen von mehreren seiner Getreuen veranlassen die Polizisten zur sofortigen Durchsuchung des Geländes.

Als die Leichen von James Thimm, siebenundzwanzig Jahre alt, und Luke Stice, fünf Jahre alt, ausgegraben werden, wird Michael Ryan offiziell mehrerer Vergehen angeklagt: Mord, Folter und Diebstahl, zahlreiche Verstöße gegen Bundesgesetze über Waffen und Sprengstoff nicht mitgezählt.

Die Pressekampagne, die darauf in den Zeitungen Nebraskas in Gang gesetzt wird, insbesondere im *Star* von Lincoln und im *World Herald* von Omaha, macht deutlich, daß es in Nebraska, Iowa und Kansas noch zahlreiche andere Kolonien von Survivalists gibt. Die meisten begnügen sich zwar damit, Thunfischkonserven und Vitamintabletten für das Überleben zu horten, aber ein nicht unbeträchtlicher Prozentsatz hat sich Lebensregeln gegeben, die voll und ganz auf der Linie der Neonazis liegen.

Das gilt für die Gemeinde von Partridge in Kansas, die von Tim Bishop geleitet wird, schwer bewaffnet ist und deren Mitglieder alle eine khakifarbene, mit Hakenkreuzen verzierte Uniform tragen; für die von Amana in Iowa, wo sich die Survivalists mit den Mennoniten zusammengetan haben, die noch im Zeitalter des Pfluges leben; und natürlich für die größte neonazistische Gemeinde in Arkansas, die berühmte Gruppe The Covenant, the Sword and the Arm of the Lord (CSA), die nahe der Grenze zu Missouri die Kolonie Zrepath-Horeb gegründet hat und auf die wir später noch zu sprechen kommen werden.

Hoffnung?

Zum Schluß dieser unglaublichen Geschichte ein kleiner Hoffnungsschimmer: Während der zum Tode verurteilte Michael Ryan im Todestrakt sitzt und noch mit allen Rechtsmitteln gegen seine Hinrichtung kämpft, hat Cheryl Gibson mit ihren Kindern zu Lester, dem Ehemann und Vater, zurückgefunden. Seitdem sind Cheryl und Lester unermüdlich in den landwirtschaftlich geprägten Staaten unterwegs, um die von der Krise gebeutelten Kleinbauern vor der »Christlichen Identität«, der »Posse Comitatus« und den Sektierern der Survivalists zu warnen.

KAPITEL 2
Rückblick: Hundert Jahre Ku-Klux-Klan 1865–1965

Yesterday, to-day, forever!, das ist die Parole der Klans seit ihrem Bestehen. Sie unterzeichnen damit ihre Rundbriefe, schmücken damit Aufkleber, Plakate und Transparente, rufen sie bei den offiziellen Zeremonien aus.

Diese Parole ist nicht nur eine eingängige Formulierung, sondern drückt auch eine unbestreitbare Tatsache aus: Die amerikanische Ultrarechte ist kein neues Phänomen. Sie ist einem jahrhundertealten Nährboden entsprossen, und auch wenn sich die Verhältnisse spürbar weiterentwickelt und verändert haben, kann man sie heute in ihrer Gesamtheit nicht verstehen, ohne bis zu den Anfängen und Ursprüngen zurückzugehen.

Alles beginnt vor mehr als einhundertdreißig Jahren.

Der erste Klan

Nachkriegszeit und Rekonstruktion

Am 9. April 1865 geht der Sezessionskrieg zu Ende. Die Sklaverei, die »natürliche und normale Daseinsweise des Negers« wird abgeschafft. Aber hat sich die Situation der Schwarzen dadurch verändert? Ohne Schulbildung, ohne Arbeit, ohne Bürgerrechte bleibt die Freiheit ein leeres Wort. Zumal die Bourgeoisie der Südstaaten und die Demokratische Partei die Macht behalten und »Black Codes« (Sondergesetze für Schwarze) einführen, die die abgeschafften Privilegien wiederherstellen und eine neue Form der Sklaverei begründen. Außerdem versuchen sie, diesen Gesetzen durch illegale Aktivitäten Nachdruck zu verleihen, die das Ziel haben, die Schwarzen an der Ausübung ihrer neuen Rechte, insbesondere des Wahlrechts, zu hindern, das, wenn es massenhaft ausgeübt würde, die radikalen Republikaner an die Macht bringen würde.

Die Anfänge des Ku-Klux-Klan

Wer illegale Aktivitäten sagt, der sagt Geheimbewegung. In den alten konföderierten Staaten wird die Bildung von Geheimgesellschaften gefördert, die eine bewaffnete Revanche ermöglichen und ein wirksames Druckinstrument sein sollen, falls die Wiedereroberung der Macht über die Institutionen nicht gelingen sollte.

Die Bedingungen sind günstig. Die erste Geheimgesellschaft, die Ritter des goldenen Kreises, wurde schon vor der Niederlage des Südens gegründet. Ihre Mitglieder, die in den Nicht-Sklavenstaaten lebten, führten Sabotageakte gegen den Norden durch.

Ab 1865 entstanden weitere: die Ritter der Weißen Kamelie in Louisiana, die Weiße Liga und die Rothemden in North Carolina und South Carolina und natürlich der Ku-Klux-Klan.

Er entstand am 6. Mai 1866*, weil eine Gruppe von beschäftigungslosen konföderierten Offizieren den Drang verspürte, gegen die Monotonie des zivilen Lebens zu kämpfen. Mit einem Namen ausgestattet, der die Verführungskraft einer magischen Formel besitzt, ersetzt der Klan die meisten anderen Geheimgesellschaften, aber seine Ausbreitung wird paradoxerweise durch die Existenz der »Black Codes« be-

---

* Manche datieren sein Entstehen auf den 24. Dezember 1865, ein sehr symbolträchtiges Datum, das auf der Gedenktafel am Haus eines seiner Gründer in Pulaski, Tennessee, steht; aber auch wenn die Idee zu der Gesellschaft an diesem Tag geboren wurde, so konnte sie doch erst im nächsten Jahr verwirklicht werden.

hindert. Solange sie angewendet werden und die Schwarzen um ihre neuen Rechte bringen, kann er nicht voll in Aktion treten.

Das Büro für die Freigelassenen, »Carpetbeggars« und »Scallawags«

Die »Black Codes« sind jedoch nur von kurzer Dauer. Während die Menschen im Norden entsprechend dem Wunsch Abraham Lincolns auf Versöhnung drängen, führt die Ermordung des Präsidenten durch fanatische Südstaatler im Jahre 1865 zum Wiederaufleben von Ideen, die gegen die Sklavenstaaten im Süden gerichtet sind. In dieser Situation wird 1866 der Wahlsieg der Radikalen, des linken Flügels der Republikaner, möglich.

Gegen den Willen Johnsons, des Nachfolgers von Lincoln, gelingt es ihnen, den 14. Zusatzartikel zur Verfassung durchzubringen, der das Ende der »Black Codes« bedeutet, »allen in den Vereinigten Staaten geborenen oder eingebürgerten Personen« die amerikanische Staatsbürgerschaft gewährt und »alle Teilnehmer an einer Rebellion oder einem anderen Verbrechen« von der Wahl ausschließt. Spätere Verfügungen aus den Jahren 1867 und 1869 stellen den Süden unter Militärverwaltung und bestimmen, daß »keinem Bürger der USA das Wahlrecht wegen seiner Rasse, Hautfarbe oder früherer Unfreiheit verweigert oder geschmälert werden darf«.

Neben diesem politischen Kampf entwickeln die Radikalen eine intensive Aktivität vor Ort, indem sie die Gründung des Büros für die Freigelassenen unterstützen, das in bezug auf Hilfe für die Freigelassenen sieben Jahre lang eine unersetzliche Rolle spielt, »damit diese ihren Herren und der Sklaverei nicht nachtrauern und die Freiheit ihnen keine Bürde und ihr Leben kein Leiden ist«. In weniger als fünf Jahren eröffnet das Büro 46 Krankenhäuser, stellt Ärzte, trägt dazu bei, daß die Sterblichkeitsrate der Freigelassenen drastisch sinkt. Es macht sich die Ausbreitung der Schulbildung zur Aufgabe und unterhält 4026 kostenlose öffentliche Schulen mit 2295 Lehrern und fast 250 000 Schülern.

Die meisten seiner Mitarbeiter sind Abolitionisten aus dem Norden. Zusammen mit Geschäftsleuten, Anwälten und Politikern gehören sie zu denjenigen, die in der geschichtlichen Erinnerung unter der herabsetzenden Bezeichnung »Carpetbaggers« (Menschen mit Gepäcktasche) weiterleben, womit gesagt werden soll, daß diese Leute bereit sind, sofort nach Hause zurückzukehren, wenn sie ihr Glück gemacht haben. In Wirklichkeit sind die meisten »Carpetbaggers« Idealisten, wie übrigens auch Gleichgesinnte im Süden, die »Scallawags«, also Lumpen, genannt und von der offiziellen Geschichtsschreibung immer geschmäht wurden.

In Anbetracht des 14. und 15. Zusatzartikels, der Aktivitäten des Büros für die Freigelassenen, des entschlossenen Handelns der Republikaner, die das Wahlrecht der Schwarzen und dadurch die Wahl neuer progressiver Regierungen im Süden ermöglichen, und der Schaffung der Loyal League durch schwarze und weiße Radikale hat das Großbürgertum in den Südstaaten keine andere Wahl mehr, als zur letzten Waffe, zum Terrorismus, zu greifen.

Der Ku-Klux-Klan kann in Aktion treten.

Der weiße Terror

Der erste Kongreß im Jahre 1867 legt die Linie der Geheimbewegung fest: Es geht darum, eine entschlossene Gruppe von alten Südstaatenkämpfern zu einer Massenbewegung zu machen, die systematisch den Terror und die Konterrevolution organisiert. Die nächtlichen Aufmärsche zu Pferde und in unheimlicher Verkleidung, die die schwarze Bevölkerung beeindrucken, reichen nicht mehr aus; Waffen und Gewalt kommen ins Spiel, und der ehemalige Südstaaten-General Nathan Bedford Forrest wird Imperial Wizard. Mit Auspeitschen, Federn und Teeren, Aufhängen und Erschießen übt der Klan einen blindwütigen Terror aus, während er immer stärker wird und sich unter Einverleibung aller möglichen anderen rassistischen Gruppen nach und nach auf alle Südstaaten ausdehnt.

Es ist schwer, genaue Zahlen vorzulegen, aber die Bilanz ist so schlimm, daß sich das ganze Land empört und der Imperial Wizard 1869 gezwungen ist, die Auflösung des Klans zu verkünden. Die Zahl seiner Opfer ist kaum mehr zu zählen: Hunderte von Schwarzen, erschlagene, gefolterte, getötete Lehrer aus dem Norden, republikanische Funktionsträger, denen das gleiche Schicksal widerfährt. Vor allem die Umstände, unter denen diese Menschen umgebracht werden, rufen nacktes Entsetzen hervor.

Kastrationen, sadistische Folterungen, Aufschlitzen von schwangeren Frauen, Aufhängen, Vierteilen durch Pferde, Verbrennung auf Scheiterhaufen oder in Zuckerkesseln – die Liste der barbarischen Morde, die von den Anhängern der neuen Ritterschaft begangen wurden, ließe sich noch fortsetzen.

Auflösung und Untergrund

Die vom Imperial Wizard verordnete Auflösung – sei es, daß sie rein taktischer Natur ist, sei es, daß er seine Leute nicht mehr unter Kontrolle hat – ist eine rein formale Angelegenheit. North und South Carolina, Alabama und Georgia liefern dafür makabre Beispiele. Auch Louisiana, wo 1871 in weniger als einem Monat 297 Schwarze gelyncht werden. Insgesamt zählt man zwischen 1866 und 1875 in den USA 3500 vom Klan ermordete Schwarze.

Zwar geht die amerikanische Regierung 1871 überall im Süden energisch gegen den Klan vor, indem sie das sogenannte »Ku-Klux-Gesetz« verabschiedet, zwar schickt sie im folgenden Jahr Truppen in neun Landkreise von South Carolina, die sich ihrer Auffassung nach in einem »Zustand der Rebellion« befinden, und es finden Prozesse statt, doch fehlt die feste Entschlossenheit, ein für allemal mit dem Klan aufzuräumen.

Obwohl der Klan geächtet ist, gründen seine Mitglieder zahlreiche Tarnorganisationen wie z.B. die Liga der Weißen, Schützenvereine und andere Freiheitsmilizen. Wieder brennt es im Süden, wieder fließt Blut. Die Schulen brennen, Wähler werden bedroht, so daß die Schwarzen die ihnen endlich gewährten Rechte schon bald nicht mehr wahrnehmen können.

Tod des Klans?

Das Jahr 1877 bedeutet das Ende der Hoffnungen und der Versuche, im Süden eine neue Gesellschaft aufzubauen, in der Schwarze und Weiße harmonisch zusammenleben könnten.

Der neue Präsident, Rutherford B. Hayes, zieht die letzten Bundestruppen ab und erhält als Gegenleistung die Unterstützung der Demokraten der Südstaaten bei den Präsidentschaftswahlen.

Wird der Klan nicht überflüssig, jetzt, da die rassistischen Demokraten und mit ihnen die alten Herren überall wieder die Macht an sich reißen und die Schwarzen durch neue »Black Codes« gnadenlos ausgeschaltet werden? So führt man etwa das sogenannte »Großvater-Gesetz« ein, demzufolge nur derjenige wählen darf, dessen Vater und Großvater 1861 gewählt haben ... wodurch von vornherein alle ehemaligen Sklaven ausgeschlossen werden.

Nach und nach setzt sich die Rassentrennung durch. Man wohnt in getrennten Vierteln, geht in verschiedene Kirchen, benutzt unterschiedliche Verkehrsmittel. Diese Situation dauert bis über den Tod hinaus, denn man begräbt die Menschen auch je nach ihrer Rasse auf verschiedenen Friedhöfen. Und die allgegenwärtige Gewalt der amerikanischen Gesellschaft überlebt das offizielle Verschwinden des Klans: der Terror hört nicht auf, auch nicht die Lynchmorde, die zu einer amerikanischen Spezialität geworden sind. Es wird noch mehr als achtzig Jahre dauern, bis neue Gesetze den Schwarzen endlich und offiziell den Gang zur Urne ermöglichen.

Der Klan ist als Organisation verschwunden, doch bedarf es lediglich günstiger Umstände, um ihn wieder zum Leben zu erwecken.

Wiederaufleben: 1915-1944

Nächtliche Zeremonie

Am Tag vor dem Erntedankfest, am letzten Donnerstag des November 1915, meldet sich der Klan zurück. An diesem Tag zündet William Joseph Simmons, ein methodistischer Pastor, der Handelsvertreter geworden ist, in Gegenwart einiger alter Mitglieder des ursprünglichen Klans und fünfzehn zukünftiger Anhänger ein großes petroleumgetränktes Kreuz auf dem Stone Mountain an, dem gewaltigen Granitmassiv, das die Gegend um Atlanta in Georgia überragt.

Die Geburt einer Nation

Zwei Ereignisse, die zwischen 1878 und 1915 stattfinden, ermöglichen dieses Wiederaufleben. Einerseits kommen zwei starke Einwanderungswellen auf die Vereinigten Staaten zu: neun Millionen Angelsachsen und Deutsche zwischen 1878 und 1897, dann, zwischen 1898 und 1914, vierzehn Millionen Menschen aus anderen Ländern – Italiener, Russen, Slawen.

Angesichts dieser »Invasion« gründen die »alteingesessenen« Amerikaner 1897 die »Organisation zum Schutze Amerikas«, die schnell zwei Millionen Mitglieder hat und gegen die italienischen, irischen und polnischen »Papisten« wütet.

Andererseits ist es den Historikern in den Südstaaten gelungen, ihre Auffassung von der Rekonstruktion zu popularisieren, und die im Land vorherrschende Meinung ist die, daß der Süden zu Unrecht gelitten hat und der Ku-Klux-Klan eine patriotische Organisation war. *Birth of a Nation*, die Verfilmung eines mittelmäßigen Romans von Thomas

Dixon mit dem Titel *The Clansman* durch David Ward Griffith im Jahre 1915, verbreitet diese Theorien und spielt bei der Wiederbelebung des Klans eine große Rolle. Technisch für damalige Verhältnisse bemerkenswert gut gemacht, propagiert der Film einen primitiven Rassismus und ist gleichzeitig eine Hymne an den KKK. Von Präsident Wilson gelobt – »So schreibt man Geschichte mit einem Blitz in Gestalt einer Feder« – versetzt er ein an die Komödien und Melodramen der damaligen Zeit gewöhntes Publikum durch seine Länge – 165 Minuten –, seine epische Breite, die Qualität der Bilder und die interessante Musik in Erstaunen und spielt achtzehn Millionen Dollar ein.

Mehrere Millionen weiße Zuschauer nehmen ihn begeistert auf. Simmons benutzt die günstige Gelegenheit, um seinen Klan zu gründen, während überall in Amerika dieser Film gezeigt wird. Hundertprozentig amerikatreu, gegen Katholiken und Neger eingestellt, zieht der neue Klan auch gegen Juden, Rote, Alkoholiker, unmoralische Frauen und die Freunde des Tanzes ins Feld, ohne daß seine Mitgliederzahl 1919 7000 überschreitet.

Das Unsichtbare Reich

Erst 1920/21, im Zuge der Umbrüche der Nachkriegszeit, erhält der Klan massiven Zulauf aus den Mittelschichten, die aufgeschreckt werden durch den Sieg der bolschewistischen Revolution, die Forderungen der Schwarzen, von denen 360 000 Kriegsveteranen sind und in Europa die Freiheit kennengelernt haben, und die Frauen, die das Wahlrecht verlangen. 1921 hat er über 100 000 Mitglieder und wird zu einer gewaltigen Geldvermehrungsmaschine. Der Klan hat seine eigene Zeitung, *The Projector*, einen Verlag, die *Searchlight Publishing Company*, der das gesamte Propagandamaterial herausgibt, besitzt eine eigene Textilfabrik, die *Gate City Manufacturing Company*, die die Kutten und Kapuzen herstellt, sowie Immobiliengesellschaften in Atlanta, seiner Hochburg. Er lenkt die Lanier-Universität und wird zur aktivsten politischen Kraft des Landes. Seine Aktivitäten reichen weit über den Süden hinaus und dringen bis in die entferntesten Winkel vor. In den Staaten Texas, Oklahoma, Colorado, Oregon, Arkansas und Indiana sowie in allen Südstaaten läßt er Senatoren und Gouverneure wählen, Richter und Sheriffs nicht mitgezählt.

1925 hat er mit fünf Millionen Mitgliedern seinen Höhepunkt erreicht!

Ein Riese auf tönernen Füßen

Trotz seiner Stärke und seines Einflusses gibt es jedoch auch Schwachstellen. Denn der Klan ist eine Organisation, die kein anderes Programm als systematische Opposition hat. Von Lösungsvorschlägen für die großen gesellschaftlichen Probleme der Vereinigten Staaten weit und breit keine Spur. Und man kann nicht fünf Millionen Menschen für längere Zeit verführen, wenn man nur die Vertreibung der Fremden und das Aufhängen der Schwarzbrenner fordert.

Außerdem ist der Klan aufgrund seiner beträchtlichen Finanzmittel ständig ein Objekt der Begierde. Das entdeckt sein Gründer Simmons schnell. Er wird Opfer einer Verschwörung, muß den hochtrabenden Ehrentitel »Emperor« annehmen und den des »Imperial Wizard« einem Zahnarzt aus Dallas namens Hiram W. Evans überlassen, was nichts anderes bedeutet, als daß er in Wirklichkeit die Macht an diesen abtritt.

Auch wenn das Jahr 1924 den Triumph von Evans besiegelt, der mit einem Sonderzug durch das ganze Land reist, auch wenn es in Washington riesige Demonstrationen mit über 40 000 Klananhängern in ihrem üblichen Aufzug gibt und der jährliche Umsatz in die Millionen geht, wird der Klan durch Fraktionskämpfe, Geldgeschichten, Skandale und Gewalttätigkeiten unterminiert, die zahlreiche Prozesse nach sich ziehen und selbst die wohlwollendsten Sympathisanten empören. In drei Jahren, zwischen 1925 und 1928, verliert das Unsichtbare Reich Millionen von Mitgliedern.

Paradoxerweise gibt die große Krise von 1929 der Organisation den Rest. Denn die Wirtschaftskrise verschont auch die Mitglieder des Klans nicht, und dieser verprellt die Opfer der Rezession, indem er ihnen verbietet, »das Gesetz zu mißachten« und zusammen mit »Negern, Nichtsnutzen, Mestizen und dem Abschaum aus Europa« an den Demonstrationen teilzunehmen.

Was der Klan nicht vorausgesehen hat, ist die Tatsache, daß die große Depression sozialistischen Ideen zum Durchbruch verholfen hat; aber auch, daß seine Aktionen, die immer größere Teile der amerikanischen Bevölkerung abstoßen, die Politiker und die Behörden zwingen, sich von ihm zu distanzieren und Maßnahmen zu seiner Ächtung zu ergreifen.

Die dreißiger Jahre sind durch einen drastischen Rückgang seiner Mitglieder und seines Einflusses gekennzeichnet.

Die Ratten verlassen das sinkende Schiff

Der umsichtige Evans verkauft den Imperial Palace in Atlanta und verzichtet auf seine Funktion als Imperial Wizard, um sich seinen eigenen Angelegenheiten zu widmen. Im Juni 1939 macht er seinem Generalstabschef James Colescott Platz, allerdings nicht ohne vorher 220 000 Dollar als »Abfindung und Altersrente« einzukassieren.

Colescott gibt dem Klan neue Energie, indem er ihm ein neues Feindbild, den Kommunismus, vermittelt. Er knüpft enge Kontakte zu Organisationen, die mit Nazi-Deutschland sympathisieren, wie dem »Deutsch-amerikanischen Bund«. Ein ehrliches, aber unzweckmäßiges Bündnis, da die Vereinigten Staaten bald in den Krieg gegen Nazi-Deutschland eintreten. Zum ersten Mal sieht sich die Geheimorganisation einer Regierung gegenüber, die entschlossen ist, sie in ihre Schranken zu weisen. Roosevelt, der den Faschismus im Ausland bekämpft, hat nicht vor, ihn im eigenen Land hochkommen zu lassen. 1944 fordert die Staatskasse vom Klan 685 305 Dollar Steuerrückstände aus den vergangenen zwanzig Jahren.

Da der Klan 1944 nicht in der Lage ist, eine solche Summe aufzubringen, die er zwischen 1921 und 1927, als jährlich 7 bis 9 Millionen in seine Kassen flossen, mit Leichtigkeit hätte zahlen können, verkündet Colescott nach einem Sonderkongreß am 23. April 1944 die offizielle Auflösung des Unsichtbaren Reiches.

Gründe für den Niedergang

Louis Beam, heute ein hohes Klanmitglied, hat 1983 in seinen *Essays of a Klansman* die Hauptfaktoren für den Niedergang des zweiten Klans wohl am besten dargelegt: »Die Mitgliederzahl des Klans geht seit der Depression von 1929 zurück. Aus vielen Gründen. Nicht, weil der Klan sich in viele Dinge eingemischt hat, die nichts mit dem Rassenproblem zu tun haben, und weil die Führer das Risiko eingegangen sind, die Mitgliederwerbung zu einer finanzielle Angelegenheit zu machen, indem sie den Aktivisten einen bestimmten Prozentsatz der Beiträge haben zukommen lassen. Der entscheidende Grund ist die Führungskrise und das fehlende Programm. Hätte der Klan klare Ziele und ein klares politisches Programm gehabt, hätte sich die Lage in den Vereinigten Staaten völlig anders entwickelt. Denn trotz des beträchtlichen Einflusses des Klans, trotz seiner neun Millionen Anhänger und Millionen von Sympathisanten erzielt er nur lokale und regionale Erfolge. Und für dieses Scheitern ist eine unpolitische, unqualifizierte und ineffektive Führung verantwortlich.«

Der dritte Klan: Von der Nachkriegszeit bis zu den Bürgerrechtsgesetzen, 1944–1967

Wiederbelebung und erneuter Niedergang

Die von Colescott verordnete Auflösung findet nicht den Beifall aller Mitglieder. Um den Arzt Samuel Green geschart, gründen Klanmitglieder das »Bündnis der Klans von Georgia«. Durch die Namensänderung entgehen sie der Verfolgung durch das Finanzamt.

Die neue Organisation hat sehr schnell Rückenwind. Die Einwanderung von Zehntausenden, darunter viele Juden aus Europa, gibt der Fremdenfeindlichkeit Nahrung, und die Forderungen vieler Schwarzer, die zur Niederkämpfung des Rassismus im Ausland beigetragen haben und die Gleichstellung in ihrem eigenen Land erreichen wollen, heizen den Rassismus an; und dies um so mehr, als die Gewerkschaften Aktivisten in den Süden schicken, die helfen sollen, die unterbezahlten Arbeiter gewerkschaftlich zu organisieren.

Indem sich der Klan die Feindschaft gegenüber Negern, Juden und Gewerkschaftern zunutze macht, erhält er schnell Zulauf. Es brennen wieder Kreuze, Lynchmorde sind an der Tagesordnung.

Es wäre jedoch falsch, daraus zu schließen, daß sich nichts geändert hat. Die Einstellung hat sich verändert. Die schwarzen und jüdischen Organisationen, die Gewerkschaften, ein Teil des Klerus und zahlreiche Journalisten engagieren sich im Kampf um Gleichstellung. Immer mehr Schwarze tragen sich in die Wählerlisten ein und beteiligen sich an den Wahlen, wodurch sie zu einem neuen Faktor werden, auf den die Politiker Rücksicht nehmen müssen.

1949 werden nach einem rapiden Anstieg der Gewalttaten, der Empörung auslöst, Gesetze erlassen, wonach das Tragen der Kutten und das Anzünden von Kreuzen strafbar ist. Der Tod des Grand Dragon, Samuel Green, der in diese Zeit fällt, führt zu einem erbitterten Krieg um die Nachfolge, aus dem ein ebenso gewalttätiger wie unfähiger Polizist aus Atlanta namens Sam Roper als Sieger hervorgeht. Seine geringen Fähigkeiten und die unkontrollierten Aktionen zahlreicher Klanmitglieder, die sie in ernsthaften Konflikt mit der Justiz bringen, führen zum Zerfall des »Bündnisses der Klans von Georgia« und fördern das Entstehen rivalisierender Gruppen in Florida sowie in North und South Carolina.

Die große Organisation ist nur noch ein Schatten ihrer selbst. Zum ersten Mal hat der Klan die Initiative verloren.

Der Aufschwung

Noch andere Faktoren haben zu diesem erneuten Niedergang des Klans beigetragen. Die Situation zu Beginn der fünfziger Jahre ist für ihn nicht günstig: Die Vereinigten Staaten haben die Krise überstanden; die Industrie geht zur Massenproduktion von Konsumgütern über; die Arbeitslosigkeit war niemals so niedrig, und die überschüssige Produktion will in einem Europa abgesetzt werden, dem in weiser Voraussicht durch den Marshall-Plan auf die Beine geholfen wurde. Der Lebensstandard steigt, Optimismus ist angesagt, und der Isolationismus wäre selbstmörderisch für ein Land, das weitaus mehr exportiert als importiert.

Doch paradoxerweise ist es dieser Weg zu größerem Wohlstand, zum amerikanischen Traum, der dem Klan wieder Aktualität verleiht. Denn auch die schwarze Minderheit will an den Früchten des Wirtschaftswachstums teilhaben. Das setzt allerdings eine deutliche Verbesserung der sozialen, menschlichen und rassischen Beziehungen voraus. In den fünfziger Jahren werden im Süden Forderungen nach wirklicher Gleichberechtigung gestellt, die es in diesem Umfang noch nie gegeben hat, und die schwarze Bewegung, an deren Spitze der Nationale Verband zur Förderung der Farbigen (*National Association for the Advancement of Coloured People*, NAACP) steht, kann beträchtliche Erfolge erzielen.

Der größte Erfolg ist die am 17. Mai 1954 verkündete Entscheidung des Obersten Gerichtshofes der Vereinigten Staaten, die die Rassentrennung an den öffentlichen Schulen verbietet. Zwischen 1954 und 1966 folgen weitere wichtige Entscheidungen, die zeigen, daß es in der amerikanischen Regierung Kräfte gibt, die entschlossen sind, die ebenso offenkundigen wie skandalösen Anachronismen zu beseitigen. Vor allem aber wird deutlich, daß die schwarze Bevölkerung die ungleichen Lebensbedingungen nicht länger hinnehmen will.

1955 findet ein historisches Ereignis statt: Eine Schwarze namens Rosa Parks weigert sich, in einem Bus einem Weißen ihren Platz zu überlassen, wie es traditionell üblich ist. Und diese Szene spielt sich ausgerechnet in Montgomery, Alabama, ab! Darauf folgt der neunmonatige Boykott der Busse der Stadt, der die ganze Welt auf einen schwarzen Führer namens Martin Luther King aufmerksam macht. Höhepunkt des engagierten Kampfes im Jahre 1963 ist der große Marsch nach Washington, an dem 300 000 Menschen teilnehmen.

Präsident Kennedy kündigt öffentlich ein umfangreiches Gesetzespaket an, das eine unumkehrbare Situation schaffen soll. Gleichzeitig ziehen Hunderte von Bürgerrechtskämpfern durch den Süden, wo sich Zehntausende von Schwarzen in die Wählerlisten eintragen, während immer mehr Protestmärsche und Sit-ins für die Gleichberechtigung stattfinden. Langsam, aber unaufhaltsam wird die Rassentrennung aufgehoben: in Bibliotheken, Bussen, Restaurants, Schwimmbädern, öffentlichen Gebäuden – die Große Weiße Bastion fällt.

Gewalttaten und Verfolgung

Alle diese Ereignisse stärken die extremistische Bewegung. Seit hundert Jahren zum ersten Mal direkt bedroht, lehnen die Bundesbehörden im Süden die Hilfe der Klans diesmal nicht ab. Gouverneur Wallace in Alabama verkündet 1963 seine Parole »Rassentrennung gestern, Rassentrennung heute, Rassentrennung für immer!«, und sein Kollege Lester

Maddox in Georgia läßt mehrere tausend Hacken an seine Anhänger verteilen.

Durch solche Verhaltensweisen ermutigt, bekommen die Klans Oberwasser und steigern ihren Terror zwischen 1954 und 1966 in erschreckender Weise. Ob es sich um die 1955 von Eldon Lee Edwards gegründeten US-Klans, um kleine Gruppen wie die »Konföderierten Ritter« von Alabama oder die »Weißen Ritter des Mississippi« oder später um die »Vereinigten Klans von Amerika« (UKA) von Robert Sheldon handelt, alle praktizieren eine blindwütige Gewalt, die ihren Höhepunkt erreicht, nachdem der amerikanische Senat 1964 das Dekret über die Bürgerrechte und ein Jahr später das Gesetz über das Wahlrecht angenommen hat.

Da diese Maßnahmen des Gesetzgebers die Niederlage der Befürworter der weißen Vorherrschaft im Süden bedeuten, sind sie der Tropfen, der das Faß zum Überlaufen bringt. Schlag auf Schlag folgt zwei Jahre lang ein Terrorakt auf den anderen: eine Bombenexplosion in einer Kirche in Birmingham, der vier Kinder zum Opfer fallen, die Ermordung von Teilnehmern des Freiheitsmarsches in Mississippi, dann von Leutnant Penn in Georgia, danach von Viola Liuzzo und Vernon Dahmer, dem Vorsitzenden der NAACP in Mississippi.

Aber der Klan gräbt sich sein eigenes Grab. Im Frühjahr 1965 kündigt Präsident Lyndon B. Johnson angesichts der allgemeinen Empörung die Einsetzung einer Untersuchungskommission des Kongresses über die Klans und die paramilitärischen Organisationen an. Im Februar 1966 billigt das Repräsentantenhaus mit 344 gegen 28 Stimmen die Vorladung von Robert Shelton, des Imperial Wizard der Vereinigten Klans, und von sechs anderen führenden Klanmitgliedern vor den »Ausschuß für unamerikanische Aktivitäten«. Parallel dazu beauftragt die Regierung das FBI, alles zu tun, um die Organisation zu zerschlagen.

Zu Beginn der Untersuchung des Kongresses im Oktober 1965 auf 55 000 geschätzt, beträgt die Mitgliederzahl der Klans ein Jahr später nur noch 30 000. Nachdem sie »dank«

des heißen Sommers von 1967, in dem es in allen großen Schwarzenghettos im Norden und Westen zum Aufruhr kommt, noch einmal auf 50 000 ansteigt, geht sie in den folgenden zehn Jahren ständig zurück.

Dieser Niedergang wird dadurch rasant beschleunigt, daß die Führer des Klans – und sei es auch nur vorübergehend – im Gefängnis sitzen, daß sich die Probleme vom Süden in die Staaten verlagern, in denen der Klan kaum oder gar nicht organisiert ist, und daß es ständig interne Querelen und finanzielle Unregelmäßigkeiten gibt.

Der Hauptgrund für diesen Niedergang ist jedoch, daß der Klan in seiner traditionellen Form ein Anachronismus geworden ist. Es ist nicht mehr die Stunde der Massenbewegungen, der Kutten und Kapuzen, der Rassentrennung, des institutionalisierten Rassismus.

Aber das wissen die Klanmitglieder noch nicht.

Nazi-Klan-Story
1957

Die Bewährung
Birmingham, Alabama

Am Montag, dem 2. September 1957, treffen sich die sechs »Offiziere« des Klaverns East Lake von Birmingham um 21 Uhr in ihrem Büro, um die für den folgenden Mittwoch vorgesehene offizielle Versammlung vorzubereiten.

Die Tagesordnung ist kurz. Der Klavern hat noch keinen Klaliff, deshalb muß so schnell wie möglich einer der fünf Offiziere für dieses Amt bestimmt werden. Er soll dem Exalted Cyclops Joe Pritchett zur Seite stehen. Der Klavalier Bart Floyd meldet seine Kandidatur an. Er verfügt – so sagt er – über die erforderlichen Fähigkeiten und ist außerdem »bereit, Negerblut an seinen Händen zu haben«.

Die sechs Männer steigen in zwei Autos. Der jüngste ist achtundzwanzig Jahre, der älteste fünfundvierzig Jahre alt. Alle sind berufstätig. Die meisten sind unbescholtene Familienväter. Zwei von ihnen sind schon einmal mit der Justiz in Konflikt geraten, aber wegen einer »Kleinigkeit«: Einen Monat zuvor sind sie auf die Bühne geklettert, auf der Nat King Cole auftrat, und haben den schwarzen Musiker belästigt, was ihnen eine Geldstrafe wegen »ungebührlichen Verhaltens« eingetragen hat.

Jetzt fahren sie in Richtung Schwarzenviertel. Da zu viele Leute auf der Straße sind, steuern sie das ländliche Umland an. Auf einer kleinen Straße geht Edward Aaron, ein fünfunddreißigjähriger Schwarzer, in Begleitung einer Freundin namens Cora Parker. Die Autos halten, und zwei Klansmänner zwingen Aaron, einzusteigen. Er erhält einen Schlag mit einem Revolvergriff und fällt auf den Boden des Wagens. Floyd setzt sich auf ihn, damit er sich nicht wehren kann.

Das Büro der Klaverne befindet sich etwa zehn Kilometer von Birmingham entfernt. Man bringt Aaron dorthin und zwingt ihn, vom Auto in den Versammlungsraum zu kriechen, wo er sich hinknieen muß. Die Klansmänner ziehen Kutten und Kapuzen an. Fast eine

Stunde lang schlagen und beleidigen sie ihn. Dann stellen sie den »dreckigen Hundesohn« vor die Wahl: »Das Leben oder die Eier, entscheide dich!«

Aaron weint und fleht. Vergebens. Floyd versetzt ihm wieder einen Schlag mit dem Revolver. Die anderen ziehen ihm seine Hose aus. Floyd drückt seine Beine auseinander, schneidet ihm mit einer Rasierklinge die Hoden ab und legt diese in einen Pappbecher, den ihm der Exalted Cyclops reicht. Dann besprizt er die Wunde mit Terpentin, während Aaron sich vor Schmerzen windet und gellend schreit.

Pritchett läßt den Pappbecher samt Inhalt herumgehen, und jeder gibt durch ein Nicken mit dem Kopf zu verstehen, daß Bart Floyd sowohl den Titel als auch die Funktion des Klaliff absolut verdient.

Aaron wird wieder angezogen, in einen Kofferraum gezwängt und halbtot an einer Straße, dreizehn Kilometer entfernt, aus dem Auto geworfen. In derselben Nacht noch gefunden und operiert, schwebt er vier Tage lang zwischen Tod und Leben, bevor er wieder gesundet, für den Rest seines Lebens verstümmelt.

Die sechs Klansleute werden festgenommen und verurteilt. Zwei von ihnen erklären sich für schuldig und erhalten eine Gefängnisstrafe auf Bewährung, da sie sich als Zeugen der Anklage zur Verfügung gestellt haben. Die anderen, darunter der neue Klaliff, erklären sich für nicht schuldig und werden zu zwanzig Jahren Zuchthaus verurteilt. Sie bleiben allerdings noch achtzehn Monate in Freiheit, nachdem sie Berufung eingelegt haben – so lange braucht der Oberste Gerichtshof von Alabama, um das Urteil zu bestätigen.

Im Januar 1963 wird George Wallace mit Unterstützung des Klans zum Gouverneur von Alabama gewählt.

Im Februar 1964 wird Jesse Mabry unter Auflagen auf freien Fuß gesetzt, im Januar 1965 gefolgt von Bart Floyd und einige Monate später von McCullough und Pritchett.

Keiner der sechs Folterer war länger als sechs Jahre im Gefängnis.

KAPITEL 3
Das Erwachen der Ultrarechten

Der vierte Klan

Ende der siebziger und zu Beginn der achtziger Jahre kommt es zu einer Wiederbelebung des suprematistischen weißen Extremismus und insbesondere der Klans. Die Mitgliederzahl, die zwischen 1970 und 1975 mit drei- bis viertausend für sämtliche Organisationen den tiefsten Stand in der ganzen Geschichte der Bewegung erreicht hat, verdoppelt sich in kurzer Zeit und steigt 1982 auf 12–15 000.

Die »Vereinigten Klans von Amerika«, die »Ritter des KKK« von Duke und Black, das »Unsichtbare Reich« von Wilkinson und andere weniger bedeutende Organisationen werden in alle Richtungen aktiv. Auch wenn sie nicht vereint kämpfen und es in ihren Beziehungen Unstimmigkeiten und tiefgreifende Störungen gibt, auch wenn sie regelmäßig durch persönliche Querelen, Rivalitäten und Ambitionen erschüttert werden, finden diese Klans den Nährboden für ihr Wiederaufleben in den dramatischen Veränderungen, die sich in den Vereinigten Staaten vollziehen und zu einer weitgehenden Übereinstimmung in der Beurteilung der Lage und den Organisations- und Aktionsformen führen. Außerdem unterscheiden sie sich nur unwesentlich von den nazistischen Organisationen oder den paramilitärischen Gruppen und Survivalists, die in Erwartung der nuklearen Katastrophe das Überleben der weißen Rasse in Ausbildungslagern vorbereiten, die über das ganze Land verstreut sind.

Die Vereinigten Staaten erleben tiefgreifende gesellschaftliche und politische Veränderungen, die in ihrer Bedeutung denen vergleichbar sind, die sich nach dem Sezessionskrieg und dem Ersten Weltkrieg vollzogen haben. Amerika macht eine tiefgreifende Wertekrise durch. Der Vietnamkrieg ist eine schlecht verheilte Wunde, zu sehr hat er das Selbstwertgefühl beschädigt; die Unabhängigkeit der OPEC-Länder läßt die USA eine schwer erträgliche Rohstoffabhängigkeit spüren. Eine hohe Inflationsrate, die Gefangennahme von amerikanischen Geiseln im Iran, der Kalte Krieg und eine beispiellose Steigerung der Militarisierung und der nuklearen Aufrüstung; die Einwanderung von Millionen Menschen aus Mexiko, Haiti, Mittelamerika, Kuba und den südostasiatischen Ländern in einer Zeit, als es im Land noch Millionen von Arbeitslosen gibt; die zahlreichen Forderungen von seiten der Minderheiten: Schwarze, Amerikaner mexikanischer Abstammung, Puertorikaner, Asiaten, Frauen, Homosexuelle – all das hat einen Teil Amerikas destabilisiert, und dieser ist wild entschlossen, das Rad der Geschichte zurückzudrehen.

Eine enttäuschte, verunsicherte moralische Mehrheit steht auf und verlangt lautstark die Rückkehr zu den ureigensten amerikanischen Werten. Das ist das Rambo-Syndrom. Wenn man schon nicht den äußeren Feind besiegen konnte, dann wird man ihn auf der Leinwand und im eigenen Land zur Strecke bringen. Mit dem Machtantritt Ronald Reagans, eines Mannes, der diese revanchistische und chauvinistische Geisteshaltung perfekt verkörpert, werden Einwanderer, Gewerkschaftler, fortschrittlich eingestellte Menschen, Frauen und Homosexuelle zu den Opfern der neuen Rechten und der schweigenden Mehrheit.

Die Ära des vierten Klans kann in einem Amerika beginnen, das vermeintlich wieder zu sich selbst gefunden und jeglichen Glauben an eine andere, offenere und tolerantere Gesellschaft über Bord geworfen hat. Ist es also ein Zufall, wenn der scheidende Präsident 1984 die offizielle Unterstützung der beiden Klans erhält?

In diesem Amerika, das seinen Stolz wiederfindet, das, vom Ramboismus infiziert, den Kult der Gewalt zelebriert, in den Schulen das Gebet wieder einführt und auf allen öffentlichen Gebäuden die amerikanische Fahne wehen läßt, wollen die Klans die Avantgarde der »Großen Weißen Revolution« sein.

Ihre Ideologie beschränkt sich auf den Glauben, daß die weiße Rasse allen anderen überlegen ist und daß der Niedergang von Gesellschaften immer mit der Vermischung der Rassen begonnen habe. Ihr Kampf wird also gegen diejenigen geführt, die die rassische Reinheit gefährden: Schwarze, Hispanoamerikaner, Orientalen und natürlich die Juden, die von den Klans besonders gehaßt werden, weil man sie als eine »Teufelsbrut« betrachtet. Dann kommen die »Verderber der westlichen Gesellschaften«, Kommunisten und Homosexuelle.

Angesichts der Gefahr, die sie vermeintlich darstellen, gibt der Klan vor, an die großen revolutionären Traditionen Amerikas anzuknüpfen. Und über die klassischen Aktivitäten einer jeden Bewegung hinaus – Veröffentlichungen, Plakataktionen, Herausgabe von Broschüren und Flugblättern, Mitgliederwerbung – entfaltet er im ganzen Land eine paramilitärische Aktivität. Fast überall entstehen offizielle oder geheime Ausbildungslager. Hier lernt man den Gebrauch verschiedenster Waffen, den Guerillakampf und Überlebenstechniken. Die Lager werden in Alabama, Connecticut, Texas und Kalifornien errichtet. Eines der bekanntesten, das sich in der Nähe von Culman in Alabama befindet, heißt My Lai, zu Ehren von Leutnant Calley, der aus dem Dorf gleichen Namens ein vietnamesisches Oradour gemacht hatte.

Parallel dazu bemüht man sich besonders um die Armee. Durchaus mit Erfolg, denn auf den amerikanischen Armeestützpunkten werden Klavernen, die Grundeinheiten der Organisation, gegründet. Das gilt für die Marines in Camp Pendleton in Kalifornien, Fort Hood in Texas, Yuma Proving Grounds in Arizona, Camp Lejeune in Carolina und Schiffe wie die USS *Concord* ebenso wie für Militärbasen im Ausland, Bitburg in Deutschland beispielsweise. Auch die Polizei ist vor den Einflüssen des Klans nicht sicher, und zahlreiche Beispiele beweisen, daß er nicht nur im Süden, sondern auch in Kansas, Kalifornien und den landwirtschaftlich geprägten Staaten einen starken Rückhalt in der Polizei hat.

Die Jugend ist eine bevorzugte Zielgruppe der Klans. Die wichtigsten von ihnen haben ihre eigene Jugendorganisation, die Klan Youth Corps heißt und junge Leute, mitunter sogar Kinder aufnimmt, denn das Mindestalter für die Mitgliedschaft ist zehn Jahre!

»Habt ihr nicht genug von Negern, Mexikanern und Gelben, die eure Schränke aufbrechen und eure Sachen klauen? Die euch ständig provozieren?«, fragt der Aufnahmeschein für das Klan Youth Corps der Ritter des Klans, wobei der des Unsichtbaren Reiches in die gleiche Kerbe haut: »Habt ihr nicht genug von den Privilegien und den ungerechten Bevorzugungen? Von der Anmache der weißen Mädchen durch die Neger, diese affenähnlichen Scheißkerle?«

Dieses Interesse für die Jugend veranlaßt viele Klanmitglieder, Betreuer bei den Pfadfindern zu werden, um dort Mitglieder zu gewinnen. 1980 entdecken Journalisten, daß etwa dreißig Pfadfinder in Ausbildungslagern in Texas und Alabama »den Umgang mit Waffen sowie Erdrosselungs- und Enthauptungstechniken« lernen.

Der Militarisierung des Klans entspricht ein anderes Phänomen, nämliche seine Nazifizierung. Zwar haben sich manche Klanmitglieder schon seit den dreißiger Jahren von den mehr gewaltbetonten Lehren der Nazis angesprochen gefühlt, aber der Klan blieb im wesentlichen eine Südstaaten-Bewegung, die jedem nicht-amerikanischen »-ismus«, also auch dem Nazismus, ablehnend gegenüberstand.

Bisher haben die Klans immer der Verfassung und der Fahne der USA Treue geschworen. Aber trotz der Erklärungen der Vereinigten Klans von Amerika und des Unsichtbaren Reiches, die sich offiziell von Nazigruppen distanzieren, nazifizieren sich die Klans zunehmend. Äußerlich, indem sie immer häufiger nazistische Uniformen und Zeichen verwenden – die Abzeichen des Klans von Dave Holland zum Beispiel mit ihrer Aufschrift »Klavaliers-SS, we fight« –, und innerlich, indem sie fast völlig das Vermächtnis des Dritten Reiches übernehmen.

Aber nicht alle Klans haben die Nabelschnur zum ursprünglichen Klan durchtrennt. Nur auf Drängen der aktivsten und politischsten Mitglieder – gleichgültig zu welcher Fraktion der Bewegung sie gehören – kommt es zum Übergang vom vierten Klan der Jahre 1978–1985 zum fünften Klan.

33-5 oder der fünfte Klan

Der fünfte Klan ersetzt den vierten Klan nicht, sondern sie bestehen solange nebeneinander, bis eine Konzeption endgültig über die andere siegt. Bis dahin lebt der fünfte von den Reserven des vierten.

Louis Beam analysiert in seinen *Essays of a Klansman* die Situation: »Für den KKK der achtziger Jahre muß der Grundsatz der Qualität und nicht der Quantität gelten. Die Vorstellung von zahllosen Menschenmassen, die unter dem Banner des Klans marschieren, muß als eine gefährliche Illusion kritisiert werden, die nichts mit der Realität zu tun hat. Da alle Medien Desinformation betreiben, was eine allgemeine Gehirnwäsche zur Folge hat, würde der größte Teil der weißen Rasse den Klan und jede andere Rassenbewegung gegen seine eigenen Interessen ablehnen. Es ist eine reine Wahnvorstellung, daß der Klan eine so große Bewegung werden kann, daß es ihm gelingt, die von ihm gewünschten Veränderungen auf friedlichem Wege zu erreichen. Das schließt politische Aktivitäten nicht aus, im Gegenteil. Das politische Engagement ist ein ausgezeichnetes Mittel zur Verbreitung und Popularisierung von Ideen. Aber diese Aktivitäten können nicht mehr sein, als sie wirklich sind: eine Ergänzung, ein

Kampfmittel zur Vernichtung der Feinde unserer Rasse. Die politischen Aktivitäten des Klans sind nur, wie es der ehemalige Grand Dragon von Michigan, Robert E. Miles, ausgezeichnet dargelegt hat, ›eine operettenhafte Guerilla‹, nichts weiter. Der ›Plot‹ muß gut, die ›Szenen‹ gut vorbereitet sein. Tom Metzger in Kalifornien, Bob Miles in Michigan, ich selbst in Texas, wir haben solche ›Stücke‹ mit einigem Erfolg aufgeführt. Aber die Lösung, die einzige Lösung, ist die Rückkehr zu den Quellen, zur weißen Revolution durch eine kleine, aber entschlossene Gruppe. Erinnert man sich heute noch daran, daß die Patrioten, die die Unabhängigkeit unseres Landes erreichten, eine winzige Minderheit waren? Daß die Leute, die sie unterstützten, nicht mehr als 25 oder 30 Prozent der Bevölkerung ausmachten? Daß man sie damals als ›Verräter‹, ›Verrückte‹, ›Strolche‹ behandelte? Die Patrioten von heute müssen sich auf den größten aller Kriege, den Rassenkrieg, vorbereiten, und dafür muß man geheime Strukturen schaffen und bereit sein, sein Leben zu opfern.«

Das ist die Ideologie des fünften Klans oder des Klans der fünften Ära, so wie sie von Robert Miles in seinem Buch *33-5* dargestellt wurde, das Louis Beam hier verteidigt. *33-5*, ein sibyllinischer Titel, der »KKK/5. Ära« bedeutet. K ist der elfte Buchstabe des Alphabets. 3 K ergeben folglich 3 mal 11, d.h. 33. Was die 5 betrifft, so bezieht sie sich auf die fünfte Wirkungsperiode des Klans.

Auch Miles tritt für einen quasi geheimen Klan ein, dessen Endziel die Wiederherstellung der weißen Vorherrschaft durch Mittel ist, die um so gewaltsamer sein müssen, als die Regierung in die Hände des Feindes gefallen ist. Sie ist zu einer zionistischen Besatzerregierung oder ZOG (Zionist Occupation Government) geworden, um die Kurzformel aufzugreifen, die sie direkt neben Gog und Magog, die in der Bibel erwähnten Mächte des Bösen, stellt.

Jetzt versteht man die Überfälle auf Geldtransporte und die Ermordung von politischen Gegnern und Polizisten besser und wundert sich nicht, daß Louis Beam im Inter-Klan-

Bulletin für das Überleben regelrechte militärstrategische Empfehlungen gibt und erklärt, wie man eine geheime Guerillazelle aufbaut, ja sogar angibt, in welcher Reihenfolge die Feinde der weißen Rasse hinzurichten sind.

Der fünfte Klan, der aktive Unterstützung aus den Organisationen des vierten Klans bekommt und die besten Mitglieder von diesem abzieht, präsentiert sich also als eine Art übergreifende Eliteorganisation, als Avantgarde einer zukünftigen vereinigten rassistisch-faschistischen Partei. Persönliche Streitereien, strategische Differenzen und zahlreiche geographische Hindernisse haben eine solche Vereinigung bisher immer verhindert; aber viele ernstzunehmende Indizien deuten darauf hin, daß die Zusammenarbeit zwischen den verschiedenen Zweigen der amerikanischen Ultrarechten begonnen hat. Sollten die Bemühungen von Leuten wie Beam, Miles oder Metzger von Erfolg gekrönt sein, dann hätte diese Ultrarechte auch ihre größte Schwäche besiegt, ihre Zersplitterung und Uneinigkeit.

Der Einsatz aller modernen Techniken, vom Anrufbeantworter bis hin zum viel gefährlicheren Computer, sowie die paramilitärische Ausbildung, die die Aktivisten des fünften Klans erhalten, sind ein zusätzlicher Beweis für einen tiefgreifenden Mentalitätswandel. Der Klan ist nicht mehr eine Massenorganisation, in der sich einige Schlitzohren auf Kosten von trunksüchtigen und großmäuligen Bauerntölpeln aus dem Süden bereichern. Er ist dabei, wie in seinen Anfängen zu einer Geheimorganisation zu werden, die bereit ist, eine noch viel brutalere Gewalt gegen bestimmte Zielgruppen anzuwenden. Er kann sich auf Mitglieder stützen, die zwar weniger zahlreich, dafür aber viel entschlossener und daher viel gefährlicher sind.

Nazi-Klan-Story
1980

Die Strategie des Einzelkämpfers
Salt Lake City, Utah

Es ist der 20. August. David Martin und Ted Fields, zwei junge Farbige von achtzehn Jahren, trainieren auf der Aschenbahn des Freiheitsparks. Zwei – weiße – Freundinnen sind bei ihnen, als sie sich anschicken, den Park zu verlassen. Ohne daß man den geringsten Knall gehört hat, brechen sie nacheinander zusammen, von einer Kugel im Kopf getroffen.

Anfang September nimmt die Polizei den dreißigjährigen Joseph Paul Franklin aus Mobile, Alabama, fest, der den Vereinigten Klans von Amerika und verschiedenen Nazi-Gruppen angehört. Der Prozeß beginnt im selben Monat. Franklin verteidigt sich selbst vor Geschworenen, die ausschließlich Weiße sind. Am 4. März wird er für schuldig befunden, »die Rechte von Martin und Fields verletzt zu haben«, und am 6. April wird er zweimal zum Tode verurteilt. Im Laufe des Prozesses sagt Robert Herrera, mit dem er im Gefängnis von Salt Lake City eine Zelle teilte, aus, daß er ihm gegenüber mit mehreren Morden geprahlt habe.

Während Franklin erklärt, daß er die beiden jungen Schwarzen nicht umgebracht hat, zeigt er sich bei den Gerichtsverhandlungen von einer besonders gewalttätigen Seite; er stößt Todesdrohungen gegen den Vertreter der Anklage, Steven Snarr, aus und bezeichnet dessen farbigen Assistenten, Richards Roberts, als »gelehrten Affen«. Einmal schafft er es sogar, seinen Wärtern zu entwischen und über die Schranke zu springen, um sich auf Roberts zu stürzen. Nicht weniger als zehn Beamte sind nötig, um ihn auf seinen Platz zurückzubringen.

Es gibt noch mehr überraschende Wendungen: Obwohl er die Tat vehement bestreitet, wird Franklin, der Zeitungen gegenüber erklärt hat, »ich bin ein Rassist und stolz darauf«, stark verdächtigt, auch der Schütze zu sein, der für zehn ähnliche

Morde in Ohio, Indiana, Georgia und Oklahoma verantwortlich ist ...

Der Fall findet ein – endgültiges? – Ende: 1984 wird Franklin schließlich zu einer Gefängnisstrafe zwischen einundzwanzig und dreißig Jahren verurteilt. Er hat den Sprengstoffanschlag von 1974 auf eine Synagoge, die Ermordung eines gemischtrassigen Paares in Wisconsin, den Mordversuch an Larry Flint, dem »Pornokönig«, und die Hinrichtung der beiden jungen schwarzen Sportler aus Salt Lake City gestanden.

KAPITEL 4
Im Sumpf der Ultrarechten

Die Klans

Der Ku-Klux-Klan hat ein Merkmal, das er mit anderen extremistischen Gruppen teilt. Was heute richtig ist, muß morgen nicht unbedingt auch noch richtig sein, und so mancher heutige hohe Funktionsträger wird eine Woche später vielleicht ausgeschlossen, bevor er in einem rivalisierenden Klan wieder auftaucht oder seinen eigenen gründet.

Die Geschichte des Klans ist voll von solchen Umschwüngen. Was für die Menschen gilt, gilt häufig auch für die Organisationen selbst. Einige behaupten sich trotz aller Widrigkeiten, während andere zerbrechen und sich im Laufe der Zeit auflösen. Der Klan ist seit seinem Entstehen vor über einem Jahrhundert jedoch niemals ganz von der Bildfläche verschwunden.

Die folgende Auflistung der verschiedenen Gruppen berücksichtigt die Veränderungen und Palastrevolutionen der jüngsten Zeit, von denen die unruhige Welt des Unsichtbaren Reiches regelmäßig erschüttert wird.

Die Vereinigten Klans von Amerika (United Klans of America, UKA)

Die UKA sind die ältesten der jungen Klans. Sie wurden 1961 von Robert Shelton gegründet. Shelton, 1929 in einer Familie geboren, die mit den Ideen des Klans sympathisierte, dem schon sein Vater und sein Großvater angehörten, verbrachte seine ganze Kindheit im Süden und schloß sich 1952 den alten US-Klans an.

Er fällt dort durch sein Organisationstalent auf, und da das Schicksal es gut mit ihm meint, verhelfen ihm besondere Umstände schnell zu dem Titel »Grand Dragon of Alabama«. Sein Vorgänger in diesem Amt, Reverend Alvin Horn, hat gerade den Zorn der Justiz zu spüren bekommen. Nicht etwa wegen des Mordes an einem Kleinhändler in Pell City, Alabama, im Jahre 1950, von dem er freigesprochen wurde, sondern wegen einer illegalen Eheschließung mit einem vierzehnjährigen Mädchen, das 30 Jahre jünger ist als er. Aus dem Klan ausgeschlossen, wird er nun durch Shelton ersetzt, der bis 1959 Grand Dragon bleibt; in diesem Jahr wird Shelton wegen der zahlreichen Vorwürfe, die er gegen den Imperial Wizard Elton Edwards erhebt, von diesem aus dem Unsichtbaren Reich ausgeschlossen – bevor er drei Wochen später wieder aufgenommen wird!

1960 schließt Edwards Shelton abermals wegen »Inkompetenz, Unehrlichkeit und mangelndem Kooperationswillen« aus und ersetzt ihn durch … Alvin Horn, der den Mühlen der Justiz vorübergehend entrissen worden ist. Shelton ist dieser Ausschluß ziemlich egal. In Alabama, einer Hochburg des Klans, kann er mit der Unterstützung und Treue der Klanmitglieder rechnen, und er hat sich als ein geschickter Stratege erwiesen. Gouverneur John Patterson, zu dessen Wahl im Jahre 1958 er beigetragen hat, unterstützt ihn unter der Hand und verschafft dem Reifenunternehmen Goodrich, bei dem Shelton eine Anstellung findet, staatliche Finanzhilfen.

Er gründet also die Ritter von Alabama (*Knights of Alabama*), denen sich schnell viele Klanmitglieder der US-Klans des Staates Alabama anschließen. Das Glück ist ein zweites Mal auf seiner Seite. Elton Edwards stirbt 1960, woraufhin in seiner Organisation völlige Verwirrung ausbricht. Man stellt einen ehrgeizigen Schönredner, den Grand Dragon von Georgia, Robert L. Davidson, genannt »Wild Bill«, an die Spitze, doch dieser erweist sich als unfähig, die Zügel der Macht wieder fest in die Hand zu nehmen und die Bewegung zusammenzuhalten. Er tritt bald zusammen mit seiner rechten Hand, dem neuen Grand Dragon von Georgia, Calvin F.

Craig, zurück und gründet eine neue Organisation – das Unsichtbare Reich, Vereinigte Klans, Ritter des Ku-Klux-Klan –, die rasch die Mitglieder der Klans aus ganz Georgia gewinnt.

Craig überzeugt sich sehr schnell von der chronischen Unfähigkeit von »Wild Bill« Davidson und schließt mit Robert Shelton ein geheimes Abkommen. Am 8. Juli 1961 versammeln sich 500 Klanmitglieder, die sieben verschiedenen Gruppen angehören, in Indiana Springs, Georgia, um über eine Übereinkunft und einen eventuellen Zusammenschluß zu diskutieren. Shelton kommt an. Umgeben von acht bewaffneten Klavaliers, die schwarze Stiefel und eine blutrote Krawatte tragen, das Emblem der Schutztrupps, die den Auftrag hat, jeden niederzuknüppeln, der es wagen könnte, aufzumucken. Die Demonstration der Stärke hat sich gelohnt: die United Klans of America (UKA), die Ritter von Alabama und fünf andere Gruppen schließen sich zusammen, und am Ende der Versammlung ist Robert Shelton Imperial Wizard der UKA und Calvin Craig Grand Dragon für Georgia.

Die UKA wachsen schnell und ziehen die Anhänger einiger kleiner Gruppen an, die über die Südstaaten verstreut sind. Man kann sagen, daß die UKA in den sechziger Jahren 90 Prozent der gesamten Mitglieder der Klans umfassen und in den Vereinigten Staaten, insbesondere im Süden, zwischen 25 000 und 35 000 Anhänger haben, wobei nicht vergessen werden darf, daß die Zahl der Sympathisanten rund zehnmal so groß ist.

Die UKA stehen hinter fast allen Gewalttaten, die das Ziel haben, die Ausweitung der Rechte der Schwarzen zu verhindern. Zwischen 1954 und 1965 sind sie für siebzig Bombenanschläge in Georgia und Alabama, über dreißig in Mississippi und zahlreiche Morde im Süden verantwortlich. Die vier Mörder des schwarzen Leutnants Lemuel Penn, der am 11. Juli 1964 ermordet wird, sind ebenso Mitglieder der UKA wie diejenigen, die am 25. März 1965 Viola Gregg Liuzzo, eine weiße Bürgerrechtskämpferin, umbringen.

Die UKA zahlen die Honorare ihrer Anwälte und organisieren für sie Unterstützungsdemonstrationen. Sie spielen eine nicht unwesentliche politische Rolle, indem sie in Alabama, Georgia, Mississippi, North und South Carolina die Wahl bestimmter Sheriffs und Richter durchsetzen. 1962 wird George Wallace mit ihrer Unterstützung Gouverneur von Alabama.

Aber die Behörden sind es leid, den Morden und Gewalttaten weiterhin zuzusehen und auf gesamtstaatlicher Ebene auf verlorenem Posten zu kämpfen, und außerdem sorgen sie sich um das Bild, das das Land der Freiheit der Welt bietet. Folglich dreht sich der Wind: 1965 wird Shelton unter dem Druck eines großen Teils der Öffentlichkeit und der Presse vor den Kongreß geladen, um vor dem Ausschuß für unamerikanische Umtriebe auszusagen, der traurige Berühmtheit erlangte. Er weigert sich, die Mitgliederliste seiner Organisation herauszugeben, und nach jahrelangem Hin und Her wird er 1969 zu neun Monaten Gefängnis verurteilt.

Während seiner Gefängnishaft wird in die Räume der UKA eingebrochen. Listen von Mitgliedern, Spendern und Abonnenten der Zeitung *The Fiery Cross* werden gestohlen; das FBI schickt Tausende von Briefen an diejenigen, deren Name auf den Listen steht, um ihnen mitzuteilen, daß ihre tatsächliche oder vermutete Zugehörigkeit zum Klan bekannt ist. Damit nicht genug: Um Zwietracht zu säen, stellt das FBI gefälschte, von Shelton unterzeichnete Briefe her, mit denen einige Dutzend Klanmitglieder ausgeschlossen werden.

Schließlich werden massenhaft Agenten des FBI in die UKA eingeschleust. In einem Bericht an den Präsidenten der Vereinigten Staaten teilt Hoover mit, daß 1970 von den noch verbliebenen 10 000 Mitgliedern 874 offiziell Agenten des FBI sind, Gelegenheitsspitzel nicht mitgezählt!

Reverend George F. Dorsett – den das FBI aus irgendeinem dubiosen Grund in seinen Diensten hat – greift in Carolina die »niederträchtige« Führung des Grand Dragon Bob

Jones an, spaltet die Organisation und gründet die Konföderierten Ritter des Ku-Klux-Klan (*Confederate Knights of the Ku Klux Klan*). Das FBI druckt die Werbebriefe, eine kleine Zeitung und ein gefälschtes internes Rundschreiben, das einer ultrageheimen Gruppe des Klans zugeschrieben wird und in dem die Rede davon ist, daß Jones und Shelton wegen Veruntreuung von Geldern ihrer Ämter enthoben wurden.

Wenn dann noch hinzukommt, daß Sheltons rechte Hand im Unternehmen Heritage Garment Works* dem FBI gegen Bargeld die Kundenliste aushändigt und einen zu großen Teil der Verkaufserlöse für sich behält, versteht man, daß Robert Shelton nach seiner Entlassung aus dem Gefängnis gezwungen ist, sehr vorsichtig zu taktieren und drastische Einsparungen vorzunehmen, um die Organisation, um die es schlecht steht, wieder in den Griff zu bekommen.

Schluß mit dem Privatflugzeug: um die Wüste zu durchqueren, muß er sich mit ein oder zwei Cadillacs begnügen. In seiner Position von Ehrgeizlingen bedroht, die hochkommen wollen und scharf auf spektakuläre Aktionen sind, und ständig vom FBI bedrängt, verordnet er den UKA mehr Zurückhaltung und strukturiert sie um, indem er wieder an eines der Hauptmerkmale des ursprünglichen Klans anknüpft, den Geheimcharakter. Von jetzt an meidet man nach Möglichkeit die Presse, den Rundfunk und das Fernsehen und stellt vor der Aufnahme eines neuen Mitglieds gründliche Nachforschungen an. Und wenn ein Klanmitglied irgendeine höhere Funktion bekommen soll, und sei sie auch noch so bescheiden, müssen das Wahrheitsserum oder der Lügendetektor eingesetzt werden.

Als Reagan an die Macht kommt, die sozialen Probleme der Vereinigten Staaten sich verschärfen, die Armut wächst und ständig neue Einwanderer ins Land strömen, die zu den

---

* Entgegen einem hartnäckigen, aber unhaltbaren Gerücht gehören die Tabakwerke Marlboro nicht dem Klan. Was aber nichts daran ändert, daß er – bis heute – Anteile an Unternehmen, Verlagen usw. besitzt.

sozial Benachteiligten gehören, entsteht der ideale Nährboden, auf dem die Ideen des Klans wieder gedeihen können.

In den Jahren 1976 bis 1978 kommt es zu einer – begrenzten, aber spürbaren – Zunahme der Aktivität des Klans, die 1982 einen Höhepunkt erreichen wird. Angesichts des Aufstiegs jüngerer Organisationen und nachdem die UKA zwischen 1975 und 1981 mehr symbolische als reale Aktionen durchgeführt haben, kämpfen sie jetzt wieder mit härteren Bandagen und kehren zu ihrer Gewalttradition der sechziger Jahre zurück.

In achtunddreißig Staaten organisiert, bleiben sie am stärksten in den traditionellen Hochburgen verankert: Alabama, Georgia, Florida, North und South Carolina, Tennessee und Kalifornien. Während Shelton auf Tradition setzt, jedes Bündnis mit den Nazis ablehnt und zu einer Radikalisierung der Aktionen aufruft, gefährdet ein schwerwiegender Vorfall die Zukunft seines Klans. Es handelt sich um die Ermordung eines jungen Schwarzen namens Michael Donald, über die die Nazi-Klan-Story aus dem Jahr 1981 berichtet (S. 106).

Die Nationalen Ritter des Ku-Klux-Klan (National Knights of the Ku Klux Klan, NKKKK)

Die Geschichte der NKKKK ist untrennbar mit der ihres Imperial Wizard, des vierundachtzigjährigen James Venable, verbunden, den seine Rivalen meistens respektlos den »Papa« des Ku-Klux-Klan nennen. Venable ist seit 1924 Mitglied des Klans. Er hat immer in der Kleinstadt Stone Mountain in Georgia gelebt, die praktisch Eigentum seiner Familie und historische Hochburg des Klans war. Bis zum Ausschluß von Robert Shelton aus den US Klans hat er die ganze Geschichte des Klans aktiv mitgemacht, ohne daß es jemals größere Probleme gegeben hätte.

Der distinguierte Jurist ist Rechtsberater der US-Klans, als er sich Shelton und seinen UKA anschließt. Er wird offiziell zum Legal Klonsul der UKA ernannt, aber die Idylle ist nur von kurzer Dauer. 1962 gründet er seine eigene Organisation, die National Knights of the Ku Klux Klan, nachdem er Shelton Veruntreuung von Geldern vorgeworfen hat. 1975 gilt sein Klan zwar als der einzige ernsthafte Rivale der UKA, aber er wird nie die Effizienz und Mitgliederzahl von Sheltons Organisation erreichen.

Die NKKKK, die ihr Hauptquartier in Tucker, in der Nähe von Atlanta, Georgia, haben, zählen 7000 bis 9000 Mitglieder, die auf dreißig Staaten verteilt sind, wobei sich der Großteil in Georgia und den angrenzenden Staaten befindet. Venable hat mit der Regel gebrochen, daß der Imperial Wizard alle drei Jahre gewählt wird, und hat sich für lebenslänglich gewählt erklärt. Er hat allerdings die Leitung an E. Bill Fitzgerald abgetreten und ihm eine Organisation überlassen, die kaum noch mehr als hundert Aktivisten hat.

Lange hat Venable es verstanden, alle auf seine Seite zu ziehen und sich den Respekt – wenn auch nicht die Freundschaft – seiner Rivalen zu sichern, weil er einen ganz besonderen Trumpf in der Hand hat. Da Stone Mountain – zumindest teilweise – seiner Familie gehört, organisiert Venable die jährliche Zeremonie am Fuße des Berges, die zumeist eine »ökumenische« Veranstaltung ist, da er auch die anderen Klans dazu einlädt. Da er andererseits über ein ansehnliches Vermögen verfügt, ist er immer großzügig gewesen: Er gibt den Teilnehmern der Zeremonien Kost und Logis. Da er nicht nur zum Jahrestag der Gründung des Klans, sondern auch zu seinem eigenen Geburtstag oder nach Lust und Laune zu einem Treffen einlädt, gilt er als Mäzen und Gedächtnis des Klans. Dennoch sind die Jahre seiner – eher siechen – Bewegung gezählt, als 1975 neue Klans entstehen, die härter, militanter und wesentlich gewaltbereiter sind.

Es kommt nicht selten vor, daß man ihn jetzt als einen alten Knacker bezeichnet, und viele werfen ihm vor, in der Vergangenheit zu leben. Seine Organisation verfügt im Gegensatz zu den anderen Klans über keine Zeitung.

Venable ist ein ausgefallener, urwüchsiger Typ, der dem Paradoxen durchaus nicht abgeneigt ist. So normal es ist, daß er Mitglieder – seiner eigenen Bewegung und anderer Klans – oder rechtsextreme Aktivisten wie den Nazi J. B. Stoner häufig vor Gericht vertreten hat, daß er rassistische Extremisten wie James Earl Ray, den Mörder von Martin Luther King, und Lee Harvey Oswald, den Mörder von Kennedy, gekannt und besucht hat, so merkwürdig erscheint es, daß er auch die Black Muslims von Atlanta verteidigt hat ... Diese waren nämlich genau wie er absolut gegen jede Rassenvermischung und forderten die Rassentrennung.

Noch 1988 macht er von sich reden und erregt die Gemüter, als er den Stadtrat von Stone Mountain auffordert, einen öffentlichen Park, der auf einem Gelände angelegt wurde, das seine Familie der Stadt 1941 geschenkt hat, nach ihm zu benennen. Aber dieser alte Mann, dessen größtes Problem darin zu bestehen scheint, daß er am gleichen Tag wie Martin Luther King geboren wurde und der von den glorreichen Tagen träumt, in denen der Klan seiner Ansicht nach vier amerikanische Präsidenten zu seinen Mitgliedern zählte*, ist nur noch ein mumifizierter Zeuge einer vergangenen Zeit.

Im November 1988 setzt er zwar einen Nachfolger ein, aber man kann wetten, daß sein Klan ihn nicht überleben wird, was unter anderem daran liegt, daß er sich nicht weiterentwickelt hat. Er ist in der Tat der letzte Klan, der sich strikt weigert, Katholiken aufzunehmen, obwohl er 1965 ein Korrespondenzmitglied zum Grand Dragon von Idaho ernannt hat, das sich als ... schwarz und katholisch entpuppte! (James Venable ist 1993 gestorben).

---

* Wilson (1913-1920), Harding (1920–1923), Coolidge (1923–1928), Truman (1945–1952). Bei Coolidge ist es erwiesen, bei Harding wahrscheinlich, bei Truman zweifelhaft – wenngleich er es vielleicht kurz war –, bei Wilson unwahrscheinlich, obwohl er eine gewisse Sympathie für den Klan hegte.

Die Ritter des Ku-Klux-Klan
(Knights of the Ku Klux Klan, K.KKK)

Der dritte größere Klan neben den UKA von Robert Shelton und dem Unsichtbaren Reich von Wilkinson ist aus einem kleinen, örtlich begrenzten Klan hervorgegangen, dessen Hauptquartier sich in New Orleans befindet und an dessen Spitze ein echter Janus steht, ein gewisser Ed White, Grand Dragon und Geldbeschaffer. Für die Prominenz von New Orleans ist er niemand anderer als Jim Lindsay, ein wohlhabender Immobilienmakler, und für die Polizei James Lawrence, ein Typ, der in viele krumme Geschäfte verwickelt ist, die sicherlich mit seiner Ermordung im Jahre 1975 zu tun haben.

Dieser kleine Klan, der im wesentlichen aus Studenten besteht, hat viele Ideen, bewegt aber wenig, als David Duke ihm beitritt. Seine Aktivistenlaufbahn beginnt früh, denn schon auf der staatlichen Universität von Louisiana fällt er durch das Tragen der Nazi-Uniform und die Gründung der Allianz der Weißen Jugend (WYA) auf, deren Zeitschrift *Racialist* er großenteils verfaßt und die der Weißen Nationalsozialistischen Partei (NSWPP) angegliedert ist. Seine Begegnung mit Ed White alias Lindsay alias Lawrence ist für ihn von entscheidender Bedeutung. Bald wird er Grand Dragon von Louisiana und nationaler Informationsdirektor.

1973 steigt er in das höchste Amt auf. Er ist kaum dreiundzwanzig Jahre alt und wird binnen einiger Monate berühmt. Er ähnelt in keiner Weise dem typischen Klansmann. Er trägt einen dreiteiligen Anzug, drückt sich gut aus, hat ein Geschichtsstudium abgeschlossen, ist rhetorisch geschickt und weiß genau, daß der Klan oft von ungebildeten und ungehobelten Analphabeten geführt wurde.

Nachdem er einmal in der Sendung »To Morrow« bei NBC-TV aufgetreten ist, die Hunderte von Zuschauern veranlaßt, anzurufen und ihre Begeisterung über seine Ausführungen zu äußern, wird Duke zum Liebling der Medien.

Er ist dabei, einen neuen Stil durchzusetzen, den des respektablen Rassismus. Er wird nie laut, sucht Streitgespräche mit schwarzen Funktionsträgern und ist immer äußerst höflich, auch wenn das, was er sagt, nur eine moderne Auflage dessen ist, was Hitler von sich gegeben hat.

Mit seiner dreiundachtzigjährigen Mutter, seinen blonden ondulierten Haaren, seinem sorgfältig gestutzen Schnurrbart, seiner gepflegten Erscheinung und seiner überlegten und überzeugenden Sprechweise ist er schon bald ein Star.

Es dauert nicht lange, bis die anderen Klanführer ihm das übelnehmen. Nach einer Zeit der Euphorie werfen ihm viele seiner Anhänger vor, daß er »Starallüren« an den Tag lege und mehr sein Image in den Medien als seine Organisation mit ihren materiellen Problemen im Sinn habe. Und, ein in Klankreisen häufig erhobener Vorwurf, daß er sich des Geldes der Bewegung und ihrer Zeitung *The Crusader* ausgiebig für eigene Zwecke bediente.

Auf der anderen Seite wird sein Image als »besonnener Mann« und »respektabler Rassist« – er selbst bevorzugt den Neologismus »Rassialist« –, der auf die seit hundert Jahren praktizierte Gewalt des Klans verzichtet, von der Realität widerlegt. Seine Zeitung feiert die »Helden von Greensboro« – die vierzehn Klanmitglieder und Neonazis, die in der kleinen Stadt in North Carolina fünf Morde begangen haben –, prangert die »jüdischen Ratten mit ihren Ritualmorden« an und fordert »die Sterilisierung der mexikanischen Gebärmaschinen und der minderwertigen Rassen generell«. Er selbst wird mehrmals, insbesondere im Sommer 1979, wegen »Anstiftung zum Rassenaufruhr« verurteilt.

Kein Wunder also, daß dieser wendige junge Mann, der laut und deutlich verkündet: »Ich bin der neue Klan«, schnell die Probleme kennenlernt, die für diese Art von Organisationen typisch sind. Rücktritte, Austritte, Ausschlüsse – oder, genauer gesagt, Ächtungen – sind an der Tagesordnung. Wenn das Ausscheiden von Jack Gregory, Grand Dragon von Florida, und Jerry Dutton, Grand Dragon von Louisiana, auch folgenlos bleibt, so hat doch das von Bill Wilkinson, der 1975 das Unsichtbare Reich der Ritter des Ku-Klux-Klan gründet, und von Tom Metzger, der sich 1979 mit allen seinen Anhängern abspaltet, um die Kalifornischen Ritter des Ku-Klux-Klan zu gründen, schwerwiegende Konsequenzen. Alle diese Gegenspieler werfen Duke »seine Finanzmanipulationen und seine Profilierungssucht« vor.

In dem Bewußtsein, daß der Klan ihm nicht mehr genügend Entfaltungsmöglichkeiten bieten wird, beschließt Duke also, ihn zu verlassen, freilich nicht, ohne vorher möglichst viel für sich herauszuholen. 1980 nimmt er Kontakt zu seinem Rivalen Bill Wilkinson auf und schlägt ihm ein Abkommen vor. Gegen die Zahlung von 35 000 Dollar unterschreibt er einen Rücktrittsbrief, in dem er sagt, daß Wilkinson »der beste und fähigste Führer« ist, und händigt ihm die Karteien seiner Organisation aus. Wilkinson willigt ein; die Transaktion soll im Juli in einem abgelegenen Haus in der Nähe von Cullman in Alabama stattfinden. Aber Duke hat es mit jemandem zu tun, der noch gerissener ist als er.

Wilkinson rückt zusammen mit dem Grand Dragon dieses Staates und einer Gruppe von bis an die Zähne bewaffneten Klavaliers in Militäruniformen an, kündigt das Abkommen und beweist Duke, daß ihre Zusammenkunft gefilmt wurde. Ein geschwächter und diskreditierter Duke überläßt das Feld dem Grand Dragon von Alabama, dem sechsundzwanzigjährigen Don Black.

Während dieser darangeht, die Organisation wiederaufzubauen, gründet der unermüdliche Duke den Nationalen Verband zur Förderung der Weißen (NAAWP), den er von seiner rassistischen Buchhandlung »Patriot Bookstore« in Metairie aus leitet. Nachdem er 1988 versucht hat, von den Demokraten als Präsidentschaftskandidat aufgestellt zu werden und in Louisiana über 40 000 Stimmen erhalten hat, wird er zum Kandidaten der Populistischen Partei gewählt.

Sein letzter Anlauf, sich wählen zu lassen, zahlt sich aus. Als Kandidat der Republikaner für das Amt des Abgeordneten im Wahlkreis Metairie, dem westlichen Vorort von New Orleans, wird er am 18. Februar 1989 mit 51 Prozent der Stimmen gewählt. Seine Wahl sollte man nicht auf die leichte Schulter nehmen, denn man kann sie nicht auf die Ignoranz der Wähler zurückführen. Nach einer Vorwahl, bei der er das beste Ergebnis der drei republikanischen Kandidaten erzielt hat, wird er vom Parteiapparat der Republikaner – der sogar Botschaften von Bush und Reagan unter die Leute bringt – und der lokalen Presse heftig angegriffen, die mehrere tausend Fotos verteilt, die ihn in der Aufmachung des Klans vor brennenden Kreuzen zeigen. David Duke ist jedoch davon überzeugt, daß er nicht aufzuhalten ist: »Ich werde so weit gehen, wie meine Ideale und Überzeugungen mich tragen. 2014 werde ich so alt wie Bush sein.«

Als Black die Zügel der K.KKK wieder in die Hand nimmt, sind von den 6000 Mitgliedern der vergangenen Jahre nur noch 1500 bis 2000 übrig. Wiederaufbau ist angesagt. Der größte Teil der Kräfte, die sich als widerstandsfähig erwiesen haben, sitzt in Texas, wo er das größte Gewaltpotential darstellt, das die Geschichte der Klans in den letzten fünfzehn Jahren aufzuweisen hat.

Unter der Leitung des Grand Dragon Louis Beam haben die Klansleute fast ganz auf Kutten und Kapuzen verzichtet und tragen Militäruniformen. In Ausbildungslagern werden sie in die Texas Emergency Reserve aufgenommen und erhalten eine militärische Ausbildung, die von Spezialisten für doppelt so intensiv und gewalttätig gehalten wird wie die der Marines. Der größenwahnsinnige, paranoide und gefährliche Vietnam-Veteran Louis Beam zeigt gerne die Narben auf seinem Körper und spricht offen davon, die »Verräter an der Rasse, die Neger, Latinos, die jüdische Unterwelt und die ins Weiße Haus eingeschleusten Kommunisten« zu töten. Seine Visitenkarte ist eindrucksvoll: Attentatsversuch an Deng Xiao-Ping 1976, Sprengstoffanschlag auf eine Rundfunkstation in Houston und auf ein Büro der Kommunistischen Partei in derselben Stadt, Attentat auf vietnamesische Flüchtlinge, unerlaubter Waffenbesitz, Erpressungsversuche.

Beam bildet die Aktivisten des Klans im Schießen aus und verleiht den besten Schützen eine Lizenz zur »Negerjagd«! Außerdem gibt er eine Monatszeitschrift mit dem Titel *The Rat Sheet* heraus und veröffentlicht Dutzende von rassistischen Kampfschriften.* Man kann die von ihm geführte Gruppe für die meisten Gewalttätigkeiten gegen vietnamesische Fischer und mexikanische Einwanderer verantwortlich machen. Doch für Beam ist der Klan noch nicht gewalttätig genug, und bald wird er in der Bewegung der Arischen Nationen wieder von sich reden machen.

Der Wiederaufbau der K.KKK ist durchaus erfolgreich, aber die Festnahme von Don Black, der, wie sein Vorgänger David Duke, dem Titel Imperial Wizard die bescheidenere Bezeichnung Direktor vorzieht, wird wieder alles gefährden. Der 1954 geborene Don Black ist eine einschlägige Persönlichkeit. Wie Duke hat er sehr früh begonnen. Lektüre von *Mein Kampf* mit fünfzehn, Verteilung von nazistischem Propagandamaterial mit sechzehn. Er leitet den gesamten Präsidentschaftswahlkampf in Georgia zur Unterstützung der Kandidatur von J. B. Stoner, des Chefs der Nationalen Partei für die Rechte der Staaten (NSRP). Während dieses Wahlkampfes wird er übrigens von Jerry Ray, dem Bruder von James Earl Ray, der Martin Luther King ermordete, auf mysteriöse Weise in die Brust geschossen. (Er ist anscheinend in flagranti ertappt worden, als er Listen von Spendern und Sympathisanten der Nazis entwenden wollte.) Er wird dann wegen seiner nazistischen Aktivitäten von der Universität Alabama ausgeschlossen und schließt sich den K.KKK an, deren Grand Dragon er 1977 wird, bevor er 1980 die Nachfolge von Duke antritt.

* Die Zeitschrift von Beam, die nach einer Zeitung für Liebhaber von Pferderennen benannt ist, welche über Jockeys und Pferde informiert und *The Rate Sheet* heißt, präsentiert sich als Informationsblatt über »Ratten« wie Juden, Neger und andere ...

Die Gründe für seine Festnahme könnten einem Fortsetzungsroman entnommen sein: ihm wird Konspiration mit dem Ziel des Sturzes einer ausländischen Regierung vorgeworfen, wobei es sich in diesem Fall um die der kleinen Insel Dominica in der Karibik handelt. Für schuldig befunden und zu drei Jahren Gefängnis ohne Bewährung verurteilt, sitzt er schließlich zwei davon ab. Noch bevor ein rechtskräftiges Urteil gefällt ist, organisiert er in Alabama und in den Nachbarstaaten weiterhin Aktionen gegen die Einwanderung, und im September 1982, bei einem Vereinigungstreffen in Stone Mountain, Georgia, bei dem er der wichtigste Gast ist, wird er von tausend Klanmitgliedern, die dreizehn verschiedene Gruppen vertreten, per Akklamation zum Vorsitzenden einer neuen Konföderation der Klans gewählt.

Im November 1982 beginnt jedoch seine Gefängnisstrafe, und als er zwei Jahre später aus dem Gefängnis kommt, muß er feststellen, daß einige seiner Leutnants trotz ihres Treuegelöbnisses die Zeit für ihre eigenen Interessen genutzt haben. Ergebnis: Es gibt jetzt zwei K.KKK.

Der erste, sein eigener, der sein Hauptquartier in Alabama, in der Nähe von Decatur, hat, gibt die Zeitung *The White Patriot* heraus und hat tausend Mitglieder; der zweite, der von seiner rechten Hand Stanley McCollum geführt wird und seinen Hauptsitz in Tuscumbia, Alabama, hat, gibt ... *The White Patriot* heraus und hat ungefähr 2000 Mitglieder.

Die beiden K.KKK haben viele Gemeinsamkeiten, unter anderem ihre Gewalttätigkeit und ihre engen Kontakte zu den Nazis. Außerdem sind sie im Gegensatz zu anderen Klans außerhalb der Südstaaten aktiv, insbesondere in Chicago, wo sie einige sehr militante Auftritte haben.

Das Unsichtbare Reich, Ritter des Ku-Klux-Klan (Invisible Empire, Knights of the Ku Klux Klan, I.E.K. KKK)

Man kann sagen, daß das Unsichtbare Reich, Ritter des KKK Ende der achtziger Jahre alle anderen Klans in bezug auf Mitgliederzahl und Schlagkraft übertrifft. Aber es handelt sich trotzdem um einen relativ jungen Klan, da er erst 1976 von »Bill« Wilkinson gegründet wurde.

1942 in Louisiana geboren, ist Elbert Claude Wilkinson eine sehr umstrittene Persönlichkeit. Dieser ausgezeichnete Organisator, der es sehr gut versteht, sich zu profilieren, gehört dem Klan seit seinem siebzehnten Lebensjahr an – zumindest behauptet er das, obwohl sich niemand daran erinnern kann. Er geht zur Marine und tut dort zehn Jahre lang Dienst. Er fällt durch sein öffentliches aggressives Verhalten gegenüber gemischtrassigen Paaren auf und nutzt ansonsten die Zeit, um eine Ausbildung als Elektriker zu machen, die es ihm später, das heißt 1968, ermöglichen wird, ein kleines Geschäft aufzumachen. Er tritt 1974 dem Klan von David Duke bei und wird schnell Titan der Klaverne von Livingston. Sein Ehrgeiz ist grenzenlos, und schon 1975, nachdem er sich des Apparates in Louisiana bemächtigt hat, indem er Grand Dragon geworden ist, spaltet er sich ab und gründet seinen eigenen Klan, das Unsichtbare Reich.

Er entfaltet eine beträchtliche Aktivität, baut ein neues Netz von Funktionären auf und läßt seine Organisation vielfältige Aktionen durchführen: Errichtung von Ausbildungslagern, Gründung des Klan Youth Corps für Jugendliche von zehn bis siebzehn Jahren, Werbekampagnen, fast wöchentliche Demonstrationen und Aufmärsche, intensive Nutzung der Medien und vor allem die geschickte Ausnutzung von lokalen Vorkommnissen. Wird ein Diebstahl von einem Schwarzen verübt, hält das Unsichtbare Reich schon am folgenden Tag eine Versammlung ab. Wird ein Polizist im Dienst verletzt, sammelt man schon wenige Stunden später Geld für ihn.

Die Präsidentschaftswahlen von 1984 sind Anlaß für eine intensive Kampagne, die die Leute dazu bringen soll, sich in die Wählerlisten einzutragen. Wilkinson schickt seine Klansleute für Reagan in den Kampf. Zehntausende von Unterschriften von weißen Wählern werden gesammelt. Parallel dazu greift das Unsichtbare Reich, obwohl es dies bestreitet, immer mehr zur Gewalt. Zwischen 1980 und 1981 werden nicht weniger als 250 Anhänger wegen Straftaten festgenommen, die von der Teilnahme an einer nicht genehmigten Demonstration bis zum eindeutigen Mord reichen. Auch Wilkinson selbst wird mehrmals festgenommen: Man legt ihm Morddrohungen, Erpressung und unerlaubten Waffenbesitz zur Last.

All dies trägt zu einer spektakulären Stärkung des Unsichtbaren Reiches bei, dessen Mitgliederzahl sprunghaft ansteigt und 1982 fast 8000 erreicht. Wenn man dann noch an den gelungenen Schlag gegen Duke im Jahre 1980 denkt, kann man zu dem Schluß kommen, daß Wilkinson erst am Anfang einer glänzenden Karriere steht. Weil er häufig mit einfachen Geldstrafen davonkommt, erregt er jedoch das Mißtrauen einiger seiner Mitstreiter. Diese blicken argwöhnisch auf den finanziellen Erfolg Wilkinsons: Verwaltet er außer seinem eigenen Geschäft nicht das Büro des Klans in Denham Springs, Louisiana? Und besitzt er neben zwei Autos nicht ein Privatflugzeug, das von der Organisation bezahlt wird?

Als eine Zeitung aus Nashville, *The Tennessian*, 1982 behauptet, Unterlagen zu besitzen, die beweisen, daß Wilkinson dem FBI Informationen über seinen Klan – und andere – geliefert hat, wird es für ihn eng, und er nutzt die nächsten zwei Jahre, um das Vertrauen in seine Person wiederherzustellen.

Aber 1984 erfahren führende Klanmitglieder, daß einer von ihnen, John A. Walker, für das Unsichtbare Reich in der Region Norfolk verantwortlich und persönlicher Freund von Wilkinson, Informationen an die Sowjetunion liefert. Die Zeit des Redens ist vorbei. Jim Blair, Grand Dragon von

Alabama, serviert Wilkinson sanft, aber schnell ab und wird am 19. Oktober 1984 der neue Imperial Wizard. Ein glänzender und für das Überleben der Organisation unumgänglicher Schachzug, denn in weniger als drei Monaten war die Mitgliederzahl um die Hälfte geschrumpft.

Auf die stärksten Bastionen Alabama, Florida, Georgia, Ohio und Kentucky gestützt, leistet Blair als neuer Imperial Wizard ganze Arbeit; es gelingt ihm nicht nur, ganze Klavernen, die das Unsichtbare Reich verlassen haben, in den Schoß der Organisation zurückzuführen, sondern auch so wichtige Dissidenten wie Johnny Huff in Kentucky oder Roger Handley in Alabama zu gewinnen. Man muß sagen, daß Blair eine von Wilkinsons Qualitäten geerbt hat, nämlich sein Organisationstalent, und daß er die meistgelesene rassistische Zeitung, *The Klansman*, geschickt einsetzt. Jede Nummer ehrt das Klanmitglied und den Klavern des Monats, die mit einem Dokument, das das Siegel des Imperial Wizard trägt, und mit tausend Gratisexemplaren dieser Nummer belohnt werden.

Blair versteht es außerdem, sich mit treuen und ergebenen Mitarbeitern zu umgeben. Sein Sohn leitet das Klan Youth Corps, die Jugendorganisation des Klans, seine Frau und seine Tochter drucken T-Shirts mit dem Zeichen des Klans oder Aufschriften wie *White Power* oder *Future Klansman* und stellen Kutten und Kapuzen her. Messer, Ringe, Siegelringe mit dem in einen Kreis eingelassenen Kreuz – alles bringt Geld. Fünf Dollar für eine blaue oder rote Schirmmütze des Klans, zehn für ein T-Shirt aus 50 Prozent Polyester und 50 Prozent Baumwolle, 99,50 Dollar für den Ring aus massivem Silber und zwei Dollar für die Abzeichen, auf denen die Fahne der Konföderierten oder das Zeichen KKK abgebildet ist.

Trotz der vielen Ausgaben für die häufigen Prozesse, die gegen seine Mitglieder geführt werden, wird das Unsichtbare Reich genauso reich wie in der glorreichsten Zeit der Ära Wilkinson. Mit einer Einschränkung: Wilkinson war tatsächlich FBI-Agent und hat gleichzeitig eine jahrhundertealte Tradition des Klans perfekt verkörpert, nämlich das Abzweigen beträchtlicher Gelder für sich selbst. Das war nicht so bei Jim Blair, der niemals so zynisch war wie sein Vorgänger. Ein Verrückter? Vielleicht, aber nicht viel verrückter als Millionen von Amerikanern, die überall eine kommunistische Verschwörung wittern und Kennedy, Carter oder Dukakis für gefährliche Linke halten.

Blairs Gesundheitszustand erlaubt es jedoch nicht, lange an der Spitze des Unsichtbaren Reiches zu bleiben, und 1986 wird James W. Farrands, ein 56jähriger Werkzeugfabrikant, sein Nachfolger. Eine Revolution in der Geschichte des Klans. Erstens, weil sich der Imperial Palace, Hauptquartier des KKK, zum ersten Mal nicht im Süden befindet, sondern nach Shelton, Connecticut, verlegt wird, und zweitens, weil Farrands Katholik ist.

Vorerst ist der neue Imperial Wizard vollauf damit beschäftigt, seine Fähigkeiten unter Beweis zu stellen und den Rückgang an neuen Mitgliedern zu stoppen, der seit Beginn der achtziger Jahre bei allen Klans zu beobachten ist. Er muß um jeden Preis seine Macht festigen und den Grand Dragon von Georgia, Danny Carver, zügeln, der, im Bewußtsein seiner Erfolge in der Mitgliederwerbung und von seiner Frau Darlene, ihres Zeichens Exalted Cyclops, angestachelt, seine Ambitionen schon deswegen für legitim hält, weil sie dem Ziel dienen, die nationale Leitung wieder in den Süden zu holen. Gegenwärtig zählt das Unsichtbare Reich 3500 bis 4000 Mitglieder, die auf zwanzig Staaten verteilt sind: Alabama, Florida, Georgia, Louisiana, North und South Carolina, Virginia, Westvirginia, Tennessee, Pennsylvania, Ohio, Mississippi, Arizona, Kalifornien, Illinois, Indiana, Connecticut, Kentucky, Maryland, Michigan und New York.

Konföderation der Unabhängigen Orden des Ku-Klux-Klan
(Confederation of Independent Orders of the KKK)

Diese Konföderation ist relativ jungen Datums, obwohl einige ihrer Galionsfiguren alte Hasen der rassistischen Bewegung sind.

Sie umfaßt etwa zwanzig kleine Klans, die unter der Leitung ihrer eigenen Anführer eigene Aktionen auf lokaler oder regionaler Ebene durchführen. Ihr Ehrenpräsident ist Don Black und ihr Imperial Wizard William Chaney, der zum Zeitpunkt seiner Beförderung wegen eines Sprengstoffanschlags im Gefängnis sitzt.

Wenn auch die meisten, durch eine diffuse Struktur zusammengehaltenen Klans im Südosten sitzen, gehören doch einige Klans des Nordens unter der Bezeichnung Unabhängige Klans des Nordens dazu. Aus diesem ziemlich undurchschaubaren Gewirr heben sich drei Organisationen heraus, die bedeutender und vor allem gefährlicher sind als die anderen.

Die Ritter von Maryland unter der Führung von Tony La Ricci, die Katholiken unter der Bedingung aufnehmen, daß sie den Unfehlbarkeitsanspruch des Papstes ablehnen; die Weißen Ritter der Freiheit, die in North und South Carolina allgegenwärtig sind, von Joe Grady geführt werden und mit den Christlichen Rittern des KKK zusammenarbeiten. Dieser erst 1987 entstandene Klan, dessen Chef der Imperial Wizard Virgil Griffin ist, stellt den verlängerten Arm der Ritter von North Carolina dar und zieht ehemalige Mitglieder des Unsichtbaren Reiches und der verblichenen White Patriot Party an. Er ist zweifellos der aktivste und gewalttätigste Klan. Der 43jährige Virgil Griffin, der in einer Textilfabrik in Mount-Holy arbeitet, ist einer der überspanntesten und fanatischsten Klanchefs. Er hat an dem Massaker von Greensboro 1981 teilgenommen und sagt jedem, der es hören möchte, daß er davon träume, »auf der Straße mit einem Maschinengewehr in der Hand zu sterben, nachdem ich tausend Kommunisten umgelegt habe«.

Ein Klan für jede Jahreszeit und jede Region

Man könnte annehmen, daß die Liste damit abgeschlossen ist. Doch weit gefehlt.

Man könnte etwa vierzig Gruppen als unbedeutend abtun, deren Mitgliederzahl zwischen hundert und nur einem Mitglied schwankt und die oft so hochtrabende Namen wie Imperiale, Feurige, Unbesiegbare, Unsichtbare, Amerikanische Ritter, Adamsritter, Ritter des Todes, der Weißen Rose, der Kamelie, der Gerechtigkeit, der Neuen Ordnung haben. Die Weißen Ritter von Florida, die Ritter des Unsichtbaren Reiches von New Jersey und vor allem die Weißen Südstaatenritter von Georgia kann man jedoch nicht stillschweigend übergehen.

Die ersteren, die von Tony Bastanzio geführt werden, der zweimal wegen Drogenhandels und unerlaubten Waffenbesitzes verurteilt wurde, entfalten eine rege Aktivität, die um so gewalttätiger ist, als die Organisation Skinheads mit offenen Armen aufnimmt. Die zweiten, deren Chef Reverend Richard Bondira ist, sind aus einer Abspaltung des Unsichtbaren Reiches hervorgegangen und haben ihre Werbung auf Katholiken ausgerichtet, die bereits 40 Prozent ihrer Mitglieder ausmachen.

Was die Weißen Südstaatenritter des KKK betrifft, so spielen sie in Georgia die erste Geige und wollen dies auch weiterhin tun. Seit 1985 von dem Grand Dragon David Wayne Holland geführt, waren sie es, die 1988/89 alle Unterstützungsdemonstrationen für Südafrika organisierten und dafür kämpften, daß die weißen Landkreise um Atlanta, wie beispielsweise Forsyth, weiß bleiben. Sie sind heute eine der aktivsten Gruppen in ganz Amerika.

Anstelle eines Schlußworts

Die beträchtliche Zahl der Klans beweist, daß die meisten sehr auf ihre Unabhängigkeit bedacht sind und allein kämpfen, außer in Zeiten spektakulärer Versöhnungen oder Interessenübereinstimmungen. Das erklärt die Fülle von Publikationsorganen. Jede Organisation, die etwas auf sich hält, hat ihr eigenes: *The Fiery Cross* für die UKA und die Christlichen Ritter von Virgil Griffin; *The Crusader* für die K.KKK von Don Black und die von Stanley MacCollum; *The Cross and the Sword* für die Weißen Südstaatenritter ...

Die interessanteste dieser Monatszeitschriften ist zweifellos *The Klansman*, die seit Jahren vom Unsichtbaren Reich herausgegeben wird. Ziemlich umfangreich und gut aufgemacht, ist sie für die Ideologie der Klans generell sehr repräsentativ. Ein Teil ist natürlich regelmäßig dem Unsichtbaren Reich und seinen Aktivitäten gewidmet: Leitartikel des Imperial Wizard, Rubriken wie »Der Klavern des Monats« und »Der Klansmann des Monats«, die jene Aktivisten ehren, die besonders gut gearbeitet haben, daneben Berichte über Demonstrationen, Verteilung von Propagandamaterial, Versammlungen, Aktionen im Gerichtssaal, diverse Initiativen (Kirchen, Schulen, Wahllokale ...) Der Rest der Zeitschrift befaßt sich gezielt mit verschiedenen Themen, die zu den Dauerbrennern der Klanbewegung gehören.

Welche Themen sind das? (Die aus drei Nummern des *Klansman* zusammengestellten Beispiele werden später dargestellt.) *Der gegen Weiße gerichtete Rassismus* wird regelmäßig anhand von Beispielen für die »umgekehrte Diskriminierung« geschildert. Heftig kritisiert wird das Quotensystem (*affirmative action*), das vorsieht, daß Verwaltungen und Institutionen im Rahmen von Förderprogrammen einen bestimmten Prozentsatz von Angehörigen von Minderheiten (Schwarze, Hispanoamerikaner usw.) einstellen.

Die Unterlegenheit der schwarzen Rasse wird durch Resultate von IQ-Tests, durch Arbeiten von Wissenschaftlern wie Shockley, des Erfinders des Transistorradios, durch das niedrige Niveau der von Schwarzen besuchten Schulen und Universitäten »bewiesen«. Parallel dazu wird das Schwergewicht auf andere Makel dieser »Rasse« gelegt: ihre *angeborene und blindwütige Gewalttätigkeit*, die sowohl individueller Natur sei – Diebstähle, Gewaltverbrechen – als auch in den regelmäßig angeprangerten »Negeraufständen« kollektiv ausgeübt werde; *ihre Korruptheit und Falschheit*, die anhand erbaulicher Beispiele von Abgeordneten, Sportlern und Künstlern aufgezeigt wird, die Betrügereien begangen haben oder korrupt waren.

Die bedingungslose Unterstützung der Polizei, die der Justiz entgegengesetzt wird. Der Klan demonstriert Gesetzestreue und Stolz auf die amerikanische Polizei. Das Unsichtbare Reich hat einen Autoaufkleber mit dem Satz *Support Your Local Police* herausgebracht. Seiner Ansicht nach werden die weißen Polizisten zu Unrecht kritisiert und in Ausübung ihrer Pflicht von Negern, Juden, Homosexuellen und Kommunisten angegriffen. Diese Unterstützung bleibt nicht nur verbal, der Klan organisiert Geldsammlungen und läßt Petitionen zirkulieren.

Die totale Ablehnung jeglicher Verschärfung der Bestimmungen über Waffenbesitz. Das ist eines der beliebtesten Themen des Klans, durch das es ihm gelungen ist, nationale Verbände mit mehreren hunderttausend Gegnern der Einschränkung des Waffenbesitzes, die eine einflußreiche Lobby bilden wie die National Rifle Association, zu durchsetzen und manchmal auch zu unterwandern.

Die bedingungslose Verteidigung der christlichen Religion und der Kampf um das Schulgebet.

Die Geißelung der Feinde Amerikas. Nach den Schwarzen sind dies die *Kommunisten* – bei denen alle wirklichen oder vermuteten Tendenzen in einen Topf geworfen werden –, die *Homosexuellen*, die sich an Kinder heranmachen, die *Lehrergewerkschaften*, die gegen die Bibel und das Schulgebet sind, die sogenannten hispanoamerikanischen *Minderheiten* – Mexikaner, Puertorikaner, Kubaner –, die *Befürworter der Pornographie*.

Man wird feststellen, daß zwei Gruppen fehlen: die Juden und die asiatischen Minderheiten sowie jeder Hinweis auf die nazistischen Extremisten. Was die ersteren betrifft, so kann man sofort beruhigt sein, wenn man die monatlichen Leitartikel des Imperial Wizard liest. Weit davon entfernt, sie vergessen zu haben, räumt man ihnen einen besonderen Platz im Leitartikel ein. Sind sie nicht am gefährlichsten, sie, die Neger, Homosexuelle und Kommunisten manipulieren?

Was die asiatischen Minderheiten – Vietnamesen, Kambodschaner, Koreaner – angeht, so leben diese vor allem in Texas und Kalifornien, so daß es eher die Zeitung des Klans von Don Black ist, die gegen sie geifert.

Und die Nazis? 1985 weden sie vom Unsichtbaren Reich hochmütig ignoriert, während es Don Black oder Virgil Griffin vorbehalten ist, mit ihnen unheilige Allianzen einzugehen.

The Klansman

Nr. 97, Februar 1984
Alarmierende Geburtenrate bei den Hispanoamerikanern
Gewalttaten von Negern in der Schule (Washington, DC)
Auf dem Weg zu einer Anti-Integrations-Lobby
Laßt uns unsere Gewehre (Washington, DC)
Es lebe die Todesstrafe (Jackson, Mississippi)
Zwangsintegration in Clarksville (Texas)
Ein Klansmann hilft der Polizei bei einer Festnahme
Ausschluß von Klansleuten bei den Pfadfindern, aber Weiterbeschäftigung von Schwulen und Kinderschändern
Bei der Feuerwehr werden Weiße durch Quoten diskriminiert (Atlanta, Georgia)
Anti-Pornographie-Bestimmungen (Washington, DC)
Kokain-Meeting in Cleveland (Ohio)
Verbrechen von Negern nehmen zu (Washington, DC)
Medizinische Versorgung ist den Negern vorbehalten (New York)

Der Porno-König als Kandidat für die Wahlen? (Los Angeles, Kalifornien)
ABC-Fernsehen, Agent der Sowjets
Morde von Negern (Guthrie, Oklahoma)

Nr. 107/108, Dezember 1984 – Januar 1985
Mord eines Negers
Die verfolgten Christen
Der Klan gegen den sexuellen Mißbrauch von Kindern (Hamilton, Ohio)
Der Klan – ein Opfer von Diskriminierungen
Noch mehr Quoten! (Washington, DC)
Die Kette Food Lion gegen die Demagogie der Neger (Winston-Salem, North Carolina)
Rückkehr zur Disziplin in der Schule (Montgomery, Alabama)
Ein Hispanoamerikaner lehnt eine Quoten-Beförderung ab (Miami, Florida)
Professor Shockley – ein Opfer von Angriffen
Nein zum passiven Wahlrecht für Flüchtlinge!
Treue zur Sache: eine Pistole für Sam Royer (Maryland)
Ein Gastronom weigert sich, Neger zu bedienen (Marshall, Virginia)
Begegnung mit dem Grand Dragon von Ohio in der Schule (Warthington)
Zweisprachigkeit: Vorsicht!
Es lebe Reagan!
Setzen wir die offizielle Weihnachtsfeier in der Schule durch
Der Klan bei der Weihnachtsparade (La Grange, Georgia)
Der Klan kehrt nach Adamsville zurück (Tennessee)

Nr. 109, Februar 1985
Der Klan gewinnt seinen Prozeß gegen die Stadtverwaltung! (West Haven, Connecticut)

Durchbruch des Klans in Claxton
Senator Helms möchte, daß die Rechte CBS kauft
Die Neger und ihre Erpressung: Die Firma Coors wird bedroht
Chicago: Das Verbrechen ist zu 100 Prozent schwarz
Geburten: Höhere Rate bei den Hispanoamerikanern
Bündnis zwischen Juden und Negern in New York
Chef von Klanwatch gezwungen, seine Leibwache zu verdoppeln! (Alabama)
Gegen die »umgekehrte« Diskriminierung
Unterstützen wir Südafrika
Boykott der McDonald's-Kette
Im Weltkirchenrat: Die Kommunisten gegen die Bibel
Los Angeles, Welthauptstadt des Verbrechens: Schuld sind die Schwulen (Kalifornien)
Der Senator von Iowa ist ein Kommunist!
Der Bürgermeister von Houston schützt die Schwulen (Texas)
Die Kommunistin Angela Davis wird nicht in Kentucky sprechen!

Nazi-Klan-Story
1981

Der Lynchmord an Michael Donald
Mobile, Alabama

Michael D. Donald, ein junger Schwarzer von neunzehn Jahren, verbringt den Abend mit seiner Familie. Irgendwann steht er auf, um an der Gulf-Tankstelle ganz in der Nähe Zigaretten zu kaufen. Man wird ihn erst am nächsten Morgen um 6 Uhr wiedersehen. Tot. Aufgehängt an einem kleinen Baum an der Herndon Avenue Nr. 112, mehr als eineinhalb Kilometer von seinem Ziel entfernt. Ein Bewohner des Viertels, der seinen Hund ausführt, macht die grausige Entdeckung.

Eine Autopsie ergibt, daß der junge Mann schwer geschlagen, mit einem Messer verletzt und dann erdrosselt wurde, wahrscheinlich mit dem Seil, mit dem er später aufgehängt wurde. Am 23. März setzt der Bürgermeister von Mobile tausend Dollar Belohnung für Hinweise aus, die zur Festnahme des Mörders oder der Mörder von Michael Donald führen. Gleichzeitig warnen die Polizei und die örtlichen Behörden vor vorschnellen Schlußfolgerungen. »Nichts deutet darauf hin, daß es sich um ein rassistisch motiviertes Verbrechen handelt.« Das erklären Captain McLarry und die Verantwortlichen im Rathaus und auf dem Polizeirevier, als sie mit Fragen bedrängt werden.

Am 25. März werden drei Männer – Ralph Hayes, Jimmy Edgar und Johnny Edgar – festgenommen, die ein langes Strafregister haben und von einem Taxichauffeur beschuldigt werden. Er hat Blut an ihren Hemden und ein Messer gesehen. Die Anklage bricht schnell zusammen. Der Taxichauffeur arbeitet für die Polizei. Sie will Ergebnisse: Sie hat ihm seine Beschuldigungen so diktiert, daß es möglich wird, den rassistischen Aspekt aus der Sache herauszuhalten und den Verdacht auf den jungen Schwarzen zu lenken, indem man durchblicken läßt, daß es sich um eine Abrechnung in der Drogenszene handelte.

Gerüchte besagen, daß der Mord auch auf das Konto des Klans

gehen könnte, was den Zorn von Bennie Jack Hays, des Grand Titan der Vereinigten Klans von Amerika, hervorruft. Er gibt bekannt, daß seine Organisation tausend Dollar für jede wichtige Information bietet, und erklärt sich bereit, seine Mitglieder an den Lügendetektor anzuschließen. Die Untersuchung tritt auf der Stelle.

Ein Streit entbrennt. Die schwarze Gemeinde möchte, daß der Mord an Michael Donald offiziell als ein Fall von Lynchjustiz anerkannt wird, was bedeuten würde, daß Bundesgesetze gegen Lynchjustiz auf den Fall angewendet werden und das FBI voll in die Ermittlungen eingeschaltet wird. Diejenigen, die den Fall gerne als »Abrechnung« unter Ganoven behandeln möchten – auch wenn Michael Donald niemals unangenehm aufgefallen und allen als schüchterner, sportlicher und freundlicher junger Mann in Erinnerung ist –, bestreiten einen Lynchmord mit der irreführenden Behauptung, daß Donald schon tot war, als er aufgehängt wurde.

Die Polemik ebbt ab, und es kehrt allmählich wieder Ruhe ein, obwohl einige Mitglieder der schwarzen Gemeinde darüber empört sind, daß in Mobile, Alabama, wieder die Atmosphäre der zwanziger Jahre herrscht und daß es von November 1980 bis Mai 1981 zwölf »rassistisch motivierte« Todesfälle gegeben hat. Erst drei Jahre später, im Jahre 1984, kommt die Wahrheit ans Licht, da man aufgrund der Informationen von Spitzeln zwei Mitglieder der UKA festnimmt: Henry Hays, Exalted Cyclops des Klaverns 900 von Mobile, und James Knowles, Kleagle desselben Klaverns.

Knowles ist geständig und bereit, mit der Anklage zusammenzuarbeiten; er wird deren Hauptzeuge und entgeht dadurch der Todesstrafe. Was er erzählt, ist kaum vorstellbar: Bei der Versammlung des Klaverns zwei Tage vor dem Mord hatte Henry Hays erklärt, daß »man einen Neger aufhängen muß, damit die anderen dort bleiben, wo sie hingehören, und um zu zeigen, wie mächtig der Klan in Alabama ist«. Sie waren gleich zur Tat geschritten.

Michael Donald hatte das Pech, der erste Schwarze zu sein, der ihnen an jenem Abend begegnete. Sie zwingen ihn mit vorgehaltenem Revolver, in ihr Auto zu steigen, schlagen und foltern ihn, bis er das Bewußtsein verliert und bringen ihn nach Mobile, um anderen Klanmitgliedern seine Leiche zu zeigen, bevor sie ihn an einer Straße aufhängen.

Der neunzehnjährige James Knowles wird zu lebenslanger Gefängnishaft verurteilt, der achtundzwanzigjährige Henry Hays zum

Tode. Im Laufe des Prozesses werden weitere Tatsachen bekannt. Knowles sagt aus, daß sie auf Befehl ihres Grand Titan, Bennie Jack Hays, gehandelt haben, des Vaters von Henry, langjähriger Leutnant von Robert Shelton und Imperial Wizard der UKA.

Doch damit ist der Fall noch nicht beendet. Vom Southern Poverty Law Center beraten und unterstützt, strengen die Mutter des Opfers und des NAACP 1987 ein Strafverfahren gegen die UKA selbst an, indem sie sie beschuldigen, für die Taten ihrer Mitglieder verantwortlich zu sein. Zur Untermauerung ihrer Vorwürfe legen sie eine Zeichnung aus der Klan-Zeitschrift *The Fiery Cross* vor, die einen Neger zeigt, der gerade gelyncht werden soll, und die Unterschrift hat: »Die Weißen müssen den Negern geben, was sie verdient haben.« Knowles gesteht, daß er durch diese Zeichnung »inspiriert« wurde, und die Verantwortung des Klans als Organisation wird von den Geschworenen anerkannt, die ein historisches Urteil fällen.

Die UKA, der älteste aller noch aktiven Klans, der konspirativste und der am stärksten »südstaatlich« geprägte, wird verurteilt, der Familie des Opfers sieben Millionen Dollar Entschädigung plus Zinsen zu zahlen. Das ist ein tödlicher Schlag für die UKA, die erklären, daß sie eine solche Summe nicht aufbringen können. Ihr ganzer Besitz wird daraufhin beschlagnahmt und Mrs. Donald übereignet. Der Wert des Hauptquartiers der UKA – eines einstöckigen Gebäudes – wird auf 225 000 Dollar geschätzt.

Letzter Akt: Im Februar 1988 findet ein neuer Prozeß statt, in dem die Mitschuld von Bennie Jack Hays, seiner Frau Opal und ihres Schwiegersohns Frank Cox festgestellt wird; alle drei werden zu Gefängnisstrafen verurteilt.

Die Neonazis

Der Neonazismus konnte, so hatte es den Anschein, in den Vereinigten Staaten von vornherein als aussichtslose Sache gelten. Zwar hatten Hunderttausende von Amerikanern deutscher Herkunft nur ungern gesehen, daß ihre Wahlheimat Krieg gegen ihr Heimatland führte, aber abgesehen von extremistischen paramilitärischen Gruppen wie dem *Bund*, hatten die pronazistischen Extremisten in der öffentlichen Meinung nicht viel Unheil anrichten können.

Erst nach dem Zweiten Weltkrieg, als sich manche Kalte Krieger der Auffassung General Pattons anschlossen und die Meinung vertraten, daß man sich »im Feind geirrt« hätte, stellten die antikommunistische Hysterie, der McCarthyismus, die Angst vor einer echten Emanzipation der Schwarzen und der Antisemitismus einen idealen Nährboden für die Propagierung nazistischer Ideen dar. Seitdem waren die nazistischen Gruppen, auch wenn die Zahl ihrer Anhänger selten einige tausend überstieg, immer präsent, haben viele junge Menschen fasziniert und zahlreiche spektakuläre Aktionen inszeniert.

Äußerst gewalttätig und durch und durch militaristisch, stellen sie eine Minderheit von Aktivisten dar, die nicht unterschätzt werden darf.

Die Neue Ordnung (The New Order)

Ehre, wem Ehre gebührt. Die Neue Ordnung ist die älteste der amerikanischen Nazigruppen. Als sie gegründet wurde, hieß sie Amerikanische Nazipartei (American Nazi Party, ANP). Das war 1958, und ihr Führer, George Lincoln Rockwell, bekannte sich lauthals zu seinem Extremismus: »Es ist Zeit, *offen* und *stolz* zu zeigen, daß man ein *Nazi* ist. Vorbei die Zeit, in der sich Nazis schamhaft verstecken. Schwenken wir die Hakenkreuze, organisieren wir unsere Truppen und verkünden wir lautstark unsere Absicht, die jüdischen Verräter zu vergasen ...«

Die Partei von Rockwell mit Hauptquartier in Arington, Virginia, hatte in ganz Amerika nie mehr als hundert uniformierte Mitglieder und fünf- bis sechshundert Sympathisanten. Dennoch gelingt es ihr im Laufe der Jahre, das Land mit Nazipropaganda und antisemitischen Hetzschriften zu überschwemmen und revisionistische Bücher sowie zwei regelmäßig erscheinende Mitteilungsblätter (*The Rockwell Report* und *The Stormtrooper*) herauszugeben. Durch Aufmärsche in Naziuniformen, Vorträge vor aufmerksam lauschenden Studenten, aber auch durch den Einsatz von Schlagstöcken, durch Sprengstoffanschläge und Morde gelingt es der ANP, die Aufmerksamkeit der Medien und der Öffentlichkeit auf sich zu lenken.

Die Theorien von Rockwell sind mehr als einfach: 85 Prozent der amerikanischen Juden sollten wegen Illoyalität getötet und die Schwarzen nach Afrika zurückgeschickt werden, weil sie minderwertige Wesen seien.

Das Jahr 1967 markiert das Ende von Rockwells Haßpredigten. Er fällt ihnen selbst zum Opfer und wird von einem Dissidenten seiner Partei namens John Patler ermordet. Aber entgegen den Voraussagen der Behörden und des FBI verschwindet die ANP nicht mit ihrem Gründer. Eine Zeitlang geht es in der Organisation drunter und drüber, und der Nachfolger des Führers, Matthias Koehl, Major der ANP und Testamentsvollstrecker von Rockwell, hat alle Hände voll zu tun, um seine Autorität durchzusetzen und der Bewegung eine neue Orientierung zu geben.

Koehl beschließt, die spektakulären und schockierenden Aktionen aufzugeben und systematisch auf zwei Ziele hinzuarbeiten: erstens, hauptberufliche Funktionäre auszubilden, um die Bewegung auf das ganze Land auszudehnen, und zweitens, eine amerikanische Spielart des Nazismus auszuarbeiten, die für die Amerikaner akzeptabler ist als die reine Hitler-Doktrin.

Neuer Inhalt, neue Form! 1968 mutiert die ANP zur Weißen Nationalsozialistischen Partei (National Socialist White People's Party, NSWPP) mit einer Frauenorganisation, die Nationalsozialistische Frauenorganisation (NSWO) heißt. Im Zuge dieser Veränderung muß sie allerdings einige Federn lassen. Denn Dissidenten gründen die Weiße Nationale Partei (National White People Party, NWPP), die Weiße Partei Amerikas (White Party of America, WPA), die Amerikanische Nazipartei (American Nazi

Party, ANP) und sehr kurzlebige Organisationen wie die Nationalsozialistische Partei Amerikas (National Socialist Party of America, NSPA), die bis zum Ende der siebziger Jahre der NSWPP Konkurrenz machen wird. Franck Collin, ihr Gründer, wird 1970 aus der NSWPP ausgeschlossen, als bekannt wird, daß sein Vater, den er nicht gekannt hat, ein jüdischer Flüchtling war, der nach Dachau deportiert worden war. 1980 findet die Karriere von Collin jäh ein Ende, da er wegen sexueller Beziehungen zu Minderjährigen im Alter zwischen elf und fünfzehn Jahren zu neun Jahren Gefängnis verurteilt wird.

Dennoch gelingt es der NSWPP, Krisen und Spaltungen zu überdauern. 1987 benennt sie sich noch einmal um; aus ihr wird die Neue Ordnung, die ihr Hauptquartier in New Berlin (!) in Wisconsin einrichtet und einen Großteil ihrer Kräfte darauf konzentriert, im Norden der USA einen arischen Staat zu schaffen, ein Hirngespinst, das von manchen Klanmitgliedern, Survivalists und Mitgliedern der Arischen Nationen geteilt wird.

Die Neue Ordnung, die das *NS Bulletin* und die Monatszeitschrift *White Power* – 2500 Abonnenten – herausgibt, gilt aufgrund der Anerkennung der deutschen Nazigruppen als legitime Erbin der deutschen Nazipartei. Koehl reist häufig in die Bundesrepublik Deutschland und trifft dort ehemalige Funktionsträger des Dritten Reiches.

Obwohl die Zahl ihrer Mitglieder und Sympathisanten 300 Personen nicht überschreitet, übt die Neue Ordnung in manchen Regionen einen starken Einfluß aus und bringt durch die massive Verbreitung von »Klassikern« wie *Mein Kampf*, *This Time The World*, der Autobiographie von Rockwell, oder der theoretischen Schriften von Koehl regelmäßig nazistische Ideen unter die Leute.

Die Nationale Allianz (National Alliance)

1967 gibt William L. Pierce, ein hervorragender Physikprofessor an der Universität Oregon, seine Arbeit auf, um hauptamtlicher Parteifunktionär der NSWPP zu werden und sich der Herstellung und Herausgabe ihrer Zeitschrift *National Socialist World* zu widmen. Nach dem Tod von Lincoln Rockwell wird er einer der Parteichefs, verläßt die Partei aber 1970 nach Unstimmigkeiten mit Matt Koehl. Er schließt sich einer kleinen Splittergruppe, der Nationalen Jugendallianz an, deren bekanntester Führer er wird und deren Namen er 1974 in Nationale Allianz umwandelt.

Diese Gruppe spielt eine herausragende Rolle bei der Verbreitung von antisemitischer Propaganda. Sie gibt ihre Zeitschrift *National Vanguard* und Dutzende von Hetzschriften wie *Wer Amerika lenkt* oder *Das verjudete Hollywood* heraus, die in Millionen Exemplaren verbreitet werden, wie sie sich überhaupt auf die massive Verbreitung von nazistischen und revisionistischen Werken spezialisiert hat, zu denen vor allem das Lieblingsbuch aller amerikanischen Extremisten, *The Turner Diaries*, gehört; es wurde von einem gewissen Andrew McDonald verfaßt, der niemand anderer als ... William L. Pierce ist.

Den Einfluß dieses Buches kann man gar nicht hoch genug veranschlagen. Alle Extremisten, mit denen ich korrespondiert habe, ob es nun Klanmitglieder, Nazis, Survivalists, Mitglieder der Christlichen Identität oder der Posse Comitatus sind, haben es über den grünen Klee gelobt und auf der Bestseller-Liste der faschistischen Rechten wird es nur noch von der Bibel geschlagen. Dieses »Handbuch für den Sieg der Weißen« ist ein Actionroman, in dem die Guten die »rassialistischen« Kämpfer, die Bösen die Juden der Zionistischen Besatzungsregierung (ZOG) sind, und jedes Kapitel enthält eine Lektion in Sachen Überleben, Guerillataktik und Mordtechniken.

The Turner Diaries schildert die großen Taten von Earl Turner, eines Elektrizitätsingenieurs, der in der Nähe von Washington (D.C.) lebt und der Organisation Genozid angehört, deren Ziel es ist, Amerika und die Welt zu retten, indem sie dafür sorgt, daß beide nur noch von der weißen Rasse bevölkert werden. Er geht in den Untergrund und führt zusammen mit anderen Kämpfern Diebstähle, Hinrichtungen und Attentate gegen die Feinde der Rasse durch: Juden, Schwarze, Kommunisten und Liberale. Seine Memoiren enden im November 1983, als er sich an Bord eines alten, mit einer Atombombe bestückten Flugzeugs auf das Pentagon stürzt. Nach mehreren Jahren des Chaos und einigen hundert Millionen Toten gelingt es der Organisation, einen großen Teil des Planeten »keimfrei« zu machen und ihn dann der weißen Rasse zu übergeben. Die Erzählung selbst endet 1989, »genau ein Jahrhundert nach der Geburt des Großen Mannes«, nämlich Adolf Hitlers.

Als er nach mehreren bewaffneten Zusammenstößen mit dem FBI getötet wird, hat der Neonazi Robert Mathews, der sich immer auf dieses Buch und seinen Autor als Wegweiser für die große weiße Revolution berufen hat, ein Exemplar davon bei sich. Die Nationale Allianz besitzt ein 138 Hektar großes Anwesen für militärische und geistliche Übungen im Kreis Pocahontas in Westvirginia. Es wird als Eigentum einer Scheinorganisation, der Kirche der kosmotheistischen Gemeinschaft, ausgegeben, deren Vorsitzender niemand anderer als ... William L. Pierce ist.

Pierce, der einen festen Platz in der gewalttätigsten Strömung der amerikanischen extremen Rechten hat, gehört auch zu denjenigen, deren Gruppe von Überfällen auf Geldtransporte profitiert haben soll. Er soll auf diese Weise 50 000 Dollar für seine Organisation erhalten haben.

Andere Nazigruppen

NATIONALSOZIALISTISCHE AMERIKANISCHE
ARBEITERPARTEI (NATIONAL SOCIALIST AMERICAN
WORKERS PARTY, NSAWP)

Sitz: Glendale, Kalifornien. Von Stanley Witek geführt, steht sie Tom Metzger und seiner Organisation nahe. Witek ist schon mehrfach wegen tätlicher Übergriffe gegen jüdische Mitbürger in seiner Region verurteilt worden.

NATIONALSOZIALISTISCHE PARTEI DES WEISSEN AMERIKA (NATIONAL SOCIALIST WHITE AMERICA PARTY, NSWAP)

Sitz: Pacific Palisades, Kalifornien. Geführt von James Karl, hat sich diese kleine Gruppe auf die Herstellung und Verbreitung von Autoaufklebern spezialisiert, die ein Hakenkreuz zeigen und den Tod für die »Zerstörer der weißen Rasse«, Neger und Homosexuelle, fordern. Sie gibt den *NSWAP Newsletter* heraus.

AMERIKANISCHE ARBEITERPARTEI/ NATIONALSOZIALISTISCHE BEWEGUNG (AMERICAN WORKERS PARTY/NATIONAL SOCIALIST MOVEMENT, AWPNSM)

Sitz: Bartlesville, Oklahoma. Geführt von Clifford D. Herrington, hat sich diese Gruppe die Verbreitung der »Wahrheit« über Adolf Hitler zum obersten Ziel gemacht. Sie gibt diverse Zeitschriften wie *Social Justice* und *NS Nationalist* sowie einen Newsletter heraus und versucht, unter verschiedenen Bezeichnungen in alle regionalen TV- und Radiosendungen hineinzukommen.

NATIONALSOZIALISTISCHE AVANTGARDE (NATIONAL SOCIALIST VANGUARD, NSV)

Sitz: Goldendale, Washington. Geführt von Rick Cooper, hat sich diese Gruppe, deren Ziele und Ideologie sich nicht wesentlich von denen ähnlicher Organisationen unterscheiden, schwerpunktmäßig die Gründung einer Nazi-Gemeinde namens Wolfstadt vorgenommen. In ihrem Mitteilungsblatt (*NSV Report*) fordert sie in Anzeigen die wahren Arier auf, sich ihr anzuschließen, um diese Gemeinde zu gründen.

EURO-AMERIKANISCHE ALLIANZ (EURO-AMERICAN ALLIANCE, EAA)

Sitz: Milwaukee, Wisconsin. Geführt von »Major« Donald Clerkin, handelt es sich auch hier um eine Gruppe, die sich ausschließlich der Veröffentlichung und Verbreitung von nazistischen Zeitschriften, Büchern und Hetzschriften widmet.

Neben der Herausgabe von *The Talon* und *Euro-American Quarterly* verbreitet sie Audio- und Videokassetten und überschwemmt ihre Region mit Reden von Hitler und Rockwell sowie mit revisionistischen Theorien.

Sie hat mit Befriedigung zur Kenntnis genommen, daß die New Order in ihrem Gebiet Fuß gefaßt hat, und versucht zur Zeit, in den Bereich einzudringen, in dem die amerikanische Ultrarechte besonders gerne »fischt«: in den Gefängnissen.

Frank Spisak, der drei Morde auf dem Gewissen hat, und Perry Warthan, dem ebenfalls Morde zur Last gelegt werden, gehören zu dieser Gruppe, seitdem ihre eigenen Bewegungen untergegangen sind.

Nationalsozialistische Deutsche Arbeiter Partei – Auslandsorganisation (NSDAP-AO)

Sitz: Lincoln, Nebraska. Geführt von Gary Rex Lauck, der seinen Vornamen in Gerhard umgewandelt hat und für seine Organisation eine deutsche Bezeichnung gewählt hat, hat diese Gruppe nur wenige Mitglieder und ist vor allem auf eines spezialisiert: Sie druckt und veröffentlicht eine Fülle von nazistischem Propagandamaterial (Bücher, Flugblätter, Audio- und Videokassetten) in deutscher Sprache, das für die Bundesrepublik Deutschland bestimmt ist.

Sie gibt ein Mitteilungsblatt in englischer Sprache, *New Order*, und eines in deutscher Sprache, *NS Kampfruf*, heraus.

Lauck ist sehr eng mit Nazikreisen in Europa verbunden und soll Geld für den Druck von revisionistischem Material in Europa zur Verfügung gestellt haben.

Amerikanische Weisse Nationalistische Partei (American White Nationalist Party, AWNP)

Sitz: Columbus, Ohio. Geführt von den Brüdern Gerhardt. Befaßt sich ebenfalls mit der Verbreitung nazistischer und vor allem revisionistischer Werke, wozu insbesondere *The Myth of the Six Millions* und *Six Million Dead?* gehören.

Äußerst konspirativ und sehr gewalttätig, war die AWNP an verschiedenen Anschlägen beteiligt. Ihre Gründer haben von einer sechsjährigen Gefängnisstrafe vier Jahre abgesessen, nachdem sie versucht hatten, eine Schule in die Luft zu sprengen, um gegen die Rassenintegrationspolitik zu protestieren.

AMERIKANISCHE NAZIPARTEI (AMERICAN NAZI PARTY, ANP)
Sitz: Chicago, Illinois. Geführt von »Oberst« James Burford, ist die ANP die Nachfolgeorganisation der alten NSPA von Frank Collin.

Diese Gruppe, die Bücher, Kassetten, Nazifilme und zwei Mitteilungsblätter, *The Public Voice* und *ANP Newsletter*, herausgibt, ist sehr aktiv und gewalttätig. Sie hat enge Kontakte zu anderen Gruppen, mit denen sie gemeinsame Aktionen durchführt: das Komitee »Amerika zuerst« (America First Committee), die SS-Aktionsgruppe (SS-Action Group) und die Skinhead-Gruppe Romantische Gewalt (Skinhead Romantic Violence). Zusammen sind sie für die schweren Ausschreitungen in Chicago 1986, 1987, 1988 verantwortlich.

AKTIONSGRUPPE SS (SS-ACTION GROUP, SS.AG)
Sitz: Detroit, Michigan. Die Gruppe ist sehr konspirativ, und ihre Mitglieder benutzen Decknamen. Außerdem ist sie sehr gewalttätig und war seit 1977, also seit ihrer Gründung, in viele schwere rassistisch motivierte Zwischenfälle verwickelt.

Mehr oder weniger von Mark Heydrich geführt, dessen richtiger Name Edward Dunn ist, gibt sie *Michigan Briefing* und *Aryans Awake* heraus.

Die Nazi-Bewegung beschränkt sich nicht auf diese Organisationen. Es ließen sich noch gut zwanzig andere, ebenso gewalttätige nennen, wie die Nationalsozialistische Partei der Weißen Arbeiter (NSWWP), die ihren Sitz in San Francisco hat und von dem mehrfach zu Gefängnisstrafen verurteilten

Allen Vincent geführt wird, der das Mitteilungsblatt *Stormtroops* herausgibt; die Nationalsozialistische Bewegung (NSM) in Cincinnati; die Legion der Neuen Ordnung (NOL) in Portland, Oregon; die Sozialistisch-Anarchistische Nazibastion (SANR) in Utah; oder die Nationalsozialistische Liga (NSL) in San Diego, deren Mitglieder allesamt homosexuell sind.

Was die Nationalsozialistische Befreiungsfront (NSLF), die Nationalsozialistische Partei (NSP), die Arische Nationalsozialistische Partei (SNAPP) betrifft, die alle Gewaltrekorde geschlagen haben, so werden sie die Inhaftierung ihrer Führer Karl Hand, Perry Warthan und Keith Gilbert, die wegen Mordes oder Mordversuches jeweils zu fünfzehn, siebenundzwanzig und neun Jahren Gefängnis verurteilt wurden, wohl nicht lange überleben.

Leider täuscht man sich nicht, wenn man davon ausgeht, daß andere Organisationen schnell an ihre Stelle treten werden.

Nazi-Klan-Story
1982

Pressefreiheit
Jackson, Mississippi

Es ist Samstag, der 19. Dezember 1981, 3.40 Uhr. Eine Bombe fliegt gegen die Fensterscheibe der Räume des *Advocate*, der Zeitung von Charles Tisdale. Die Bombe prallt auf die Straße zurück, ohne zu explodieren. Schüsse peitschen durch die Nacht. Man wird in den Mauern und im Mobiliar 32 Einschläge entdecken.

16. Januar 1982, diesmal ist es 0.16 Uhr, als Schüsse aus dem automatischen Gewehr M2 84 Einschläge in den Räumen hinterläßt, in denen sich glücklicherweise keine Mitarbeiter aufhalten.

Der Verdacht Tisdales und der Journalisten richtet sich sofort gegen die Klans und die Nazis. Der *Advocate* ist bekannt für seine Recherchen über die rassistischen Gruppen und hat drei Tage vor dem ersten Anschlag gerade den Klan angegriffen. Ein begründeter Verdacht, da es aufgrund der Aussage einer Prostituierten, die in der Gegend arbeitet, einige Tage später möglich ist, gegen den fünfunddreißigjährigen Larry Walker und den sechsundzwanzigjährigen Kenneth Painter Anklage wegen »Schüssen auf einen regelmäßig benutzten Ort« zu erheben.

Ein Anklagepunkt, der ihnen zehn Jahre Gefängnis einbringen kann.

In der Wohnung, die die beiden Angeklagten zusammen bewohnen, finden die Polizisten neben umfangreichem Propagandamaterial, das ihre Zugehörigkeit zu einem kleinen nazistischen Klan belegt, etwa zwanzig Waffen, darunter ein Maschinengewehr, zwölf Gewehre mit abgesägtem Lauf und vier Kriegsgewehre. Nach Zahlung einer Kaution werden sie bis zum Prozeßbeginn im September auf freien Fuß gesetzt.

Im Laufe des März wird Tisdales Tochter, Mrs. Beverly Lugo, von drei bewaffneten weißen Männern belästigt, die ihr und ihrem zweijährigen Sohn den Tod androhen, wenn »sie nicht aufhören, ihr verhurtes Niggerblatt zu drucken«. Dann erhält sie Drohbriefe in der Universität, wo sie Jura studiert, so daß sie schließlich die Gegend verläßt.

Im Juni führt eine Gruppe »anständiger Bürger«, die im wesentlichen aus allen Faschisten der Region besteht, eine Pressekampagne gegen die Anzeigenkunden der Zeitung durch, bevor sie im August einen Boykott gegen einige von ihnen organisiert. Während dieser ganzen Zeit gehen ständig haßerfüllte Telefonanrufe bei der Zeitung und in der Privatwohnung von Charles Tisdale ein.

Im Prozeß wird die Schuld von Walker festgestellt. Er wird zu einer Gefängnisstrafe von zehn Jahren verurteilt, von denen mindestens drei voll abzusitzen sind.

Was Painter betrifft, so hat er sich bereit erklärt, mit der Justiz zusammenzuarbeiten. Seine Strafe beträgt nur achtzehn Monate Gefängnis, nachdem die Untersuchung ergeben hat, daß er schon zweimal wegen ähnlicher Straftaten verurteilt worden ist: Aufstellen und Anzünden eines Kreuzes vor dem Büro einer Zeitung, unerlaubter Waffenbesitz, Tätlichkeiten, versuchte Brandstiftung in den Räumen des Fernsehsenders WLBT-TV3 in Jackson.

Der militärisch-religiöse Komplex

Die amerikanische extreme Rechte ist vielfältig, sehr vielfältig. Kein Wunder also, daß neben den Klans und den nazistischen Organisationen noch Platz für eine Vielzahl unterschiedlichster Bewegungen ist.

Ob sie ihre Kutten und Kapuzen ausrangiert haben, wie die NSRP oder die NAAWP, ob sie ursprünglich eher ein gesellschaftliches Phänomen als eine politische Bewegung waren wie die Skinheads, ob sie das Militärische und das Religiöse betonen wie die CSA oder die Posse Comitatus, ob sie einen antikapitalistischen und antikommunistischen Dritten Weg propagieren – das alles darf uns nicht täuschen.

Nur die äußeren Formen ändern sich: Unter den verschiedenen taktischen Varianten verbergen sich dieselben rassistischen, faschistischen, schon von Hitler vertretenen Theorien, und sehr oft kommen die Anführer und Theoretiker direkt aus den Klans.

Die Mischformen

NATIONALE PARTEI FÜR DIE RECHTE DER STAATEN (NATIONAL STATES RIGHTS PARTY, NSRP)
Dies ist eine der ältesten aktiven rassistischen Bewegungen. 1953 von Edward Fields gegründet, der sich schon lange als Antisemit und Rassist betätigt hatte, ist sie sein Lieblingskind, und das von Jesse Benjamin Stoner, der ihr zuliebe auf seine eigene antisemitische Partei verzichtet hat, deren Generallinie war, daß »es ein Verbrechen ist, Jude zu sein, und daß darauf die Todesstrafe steht«.

Fields hat seine militante Laufbahn in einer kleinen, offen nazistischen Gruppe begonnen, den Kolumbiern von Georgia. Dreißig Jahre lang hat das Duo Fields-Stoner eine herausragende Rolle bei der Verbreitung rassistischer Ideen und Thesen in den Vereinigten Staaten gespielt. Die von ihnen gegründete Monatszeitschrift *The Thunderbolt*, die 1989 in *The Truth at Last* umbenannt wird, verbindet den gewalttätigsten Teil der extremen Rechten. Sie hat im Durchschnitt 15 000 Abonnenten, doch die häufigen Sondernummern erzielen eine zehnmal höhere Auflage. Die Partei selbst hat nicht mehr als 1000 Mitglieder, betreibt aber eine ständige Agitation.

Fields und Stoner, die unermüdlich Tonnen von Broschüren, von Hetzschriften und Flugblättern herstellen, haben Amerika mit ihren Machwerken buchstäblich überschwemmt. Die meisten sind derzeit den revisionistischen Theorien gewidmet, und die Franzosen Faurisson und Roques werden regelmäßig zitiert. Fields und Stoner sind aber nicht nur Theoretiker. Sie haben immer an extremen und vor allem gewaltsamen Aktionen teilgenommen. Übergriffe auf Schwarze, die 1964 in Saint-Augustin in Florida und im nächsten Jahr in Baltimore, Maryland, Dutzende von Verletzten fordern, Morde in Alabama 1965 und in Kentucky 1968, Sprengstoffanschläge auf Schulen und Kirchen: Die NSRP schreckt vor nichts zurück.

Als ein Bombenanschlag vier kleine schwarze Mädchen tötet, erklären ihre Führer öffentlich: »Man sagt uns ›Es ist eine Schande, daß vier kleine Negerkinder tot sind‹, aber mit dreizehn oder vierzehn sind sie schon nicht mehr zu jung, um Geschlechtskrankheiten zu haben. Die kleinen Neger sind in Wirklichkeit keine kleinen Kinder. Kinder sind menschliche Wesen, Neger nicht. Wenn es vier kleine Neger weniger gibt, sagen wir Bravo zu demjenigen, der die Bombe gelegt hat!«

Und das ist keine bloße Rhetorik. 1980 wird Stoner zu zehn Jahren Gefängnis verurteilt, weil er ... 1953 in der Baptistenkirche von Bethel in Birmingham, Alabama, eine Bombe gelegt hat. Er beginnt 1983, seine Strafe zu verbüßen, und wird dreieinhalb Jahre später wegen guter Führung entlassen.

Da mit allen Waffen gekämpft werden muß, läßt Stoner niemals eine Gelegenheit aus, um von sich und seiner Partei reden zu machen. Könnte es hierfür eine bessere Tribüne geben als einen Wahlkampf? Fünfmal trägt er die Farben der NSRP. 1974, bei der Vorwahl für das Amt des Gouverneurs von Georgia, erhält er 72 000 Stimmen, das sind immerhin 9 Prozent.

Die NSRP gerät während seiner Gefängnishaft in Schwierigkeiten. Mitglieder des Parteivorstands versuchen, Fields loszuwerden, indem sie ihm unmoralisches Verhalten und Verschwendung von Parteigeldern zugunsten einer anderen, von ihm geschaffenen Organisation vorwerfen, den Rittern des Neuen Ordens des KKK. Es gelingt ihnen auch fast, Fields zu stürzen, aber sie sind gezwungen, ihm die Leitung der Zeitschrift *The Thunderbolt* zu überlassen, die ein hervorragendes Instrument ist, wenn sie geschickt eingesetzt wird. Fields löst seinen Klan auf, taktiert und biegt die Situation wieder zurecht.

Als Stoner aus dem Gefängnis kommt, werfen die beiden die Maschine wieder an, und Stoner erweitert ihr Betätigungsfeld um eine neue Organisation, den »Kreuzzug gegen die Korruption«, die gegen »die Kommunisten, Homos, die Regierung, die Juden und die Neger« kämpfen will.

1988 ist die NSRP sehr aktiv. Ihre Mitglieder nehmen an allen Demonstrationen für Südafrika und gegen den Besuch von Jesse Jackson in Atlanta anläßlich des Parteikongresses der Demokraten teil. In jüngster Zeit attackieren sie Frauen vor Kliniken, die bekannt dafür sind, daß sie Abtreibungen durchführen. Äußerst feindlich gegenüber Juden, Schwarzen und Kommunisten eingestellt, unterscheidet sich die NSRP von den Klans und den Nazis nur durch ihr nationalistisches Alibi und durch die Auffassung, daß es besser sei, im Namen der Organisation jeden direkten Hinweis auf den Nazismus oder den Klan aufzugeben. Das ist keine Frage des Inhalts, sondern schlicht eine Frage der Form und der Taktik.

So ist es nicht verwunderlich, daß europäische Nazis an Parteitagen der NSRP teilnehmen und daß, umgekehrt, Ed Fields schon an dem Treffen in Dixmude teilgenommen hat, bei dem sich jedes Jahr in Belgien die erste Garnitur des europäischen Faschismus versammelt. Daß *The Thunderbolt* regelmäßig über die »glänzenden Erfolge des französischen Populisten Jean-Marie Le Pen« berichtet, wird auch niemanden überraschen.

Weisser Arischer Widerstand (White Aryan Resistance, WAR)

Der Ursprung dieser Gruppe geht auf einen Mann zurück: Tom Metzger. Er gehört nacheinander zur John Birch Society, einer 1958 gegründeten antikommunistischen und populistischen Organisation, zu den Minutemen, die 1961 mit dem Ziel eines antikommunistischen Gegenaufstands geschaffen wurden, und dann zu den Rittern des KKK von David Duke. Nachdem es ihm zwischen 1975 und 1979 gelungen ist, aus dem kalifornischen Ableger dieses Klans den stärksten des Landes zu machen, trennt er sich von Duke nach einem eher geringfügigen Vorfall.

Um Duke zu beweisen, daß es an der Zeit sei, den Klan zu modernisieren, die neuesten Techniken einzusetzen und auf jegliche überholte Folklore zu verzichten, läßt Metzger, ohne Duke vorher zu informieren, auf einer nationalen Konferenz einen Film zeigen, der darstellt, wie ein dressierter Hund ein Klanmitglied in traditioneller Aufmachung angreift. Der Zweck der Sache ist, die Überlegenheit der Militäruniform zu beweisen, in der das Klanmitglied sich freier bewegen könne, was für die Aktivitäten des Klans unerläßlich sei. Aber er hat sich verrechnet: Zum Abschluß der nationalen Konferenz muß ein Marsch mit Kutten und Kapuzen stattfinden!

Metzgers eigener Klan ist völlig selbständig. Er wird zu einer regelrechten paramilitärischen Truppe, deren Uniform stark derjenigen der Nazis ähnelt. Er spezialisiert sich auf Übergriffe gegen Mexikaner, die illegal über die Grenze kommen, Vietnamesen, die sich als Fischer niederlassen, Homosexuelle und Ärzte, die Abtreibungen durchführen. Was ihn aber nicht hindert, auch auf Wahlen zu setzen und bei den Parlamentswahlen in seinem Wahlkreis 1980 43 000 Stimmen (40 Prozent) zu bekommen.

1983 verwandelt er seinen Klan in die White American Political Association (WAPA), bevor er ihm 1985 seine heutige Form und Bezeichnung (WAR) gibt.

In kurzer Zeit hat Metzger aus WAR, der eine gleichnamige Monatszeitschrift herausgibt, die modernste extremistische Organisation gemacht, die mit Computer und Video arbeitet, um ihre rassistischen Thesen unter die Leute zu bringen. Er hat ein öffentlich zugängliches Btx-Netz aufgebaut, das Auszüge aus seinen politischen Reden, Informationen und Botschaften verbreitet, von denen einige von »Patrioten« stammen, »die von der zionistischen Besatzungsregierung eingesperrt wurden«. Gleichzeitig dreht er eine Fernsehserie von fünfundvierzig Sendungen à dreißig Minuten mit dem Titel *Race and Reason*, die aus Reportagen und Interviews von »Wissenschaftlern«, »Experten« und »Historikern« bestehen, die auf die »Rassenfrage« spezialisiert sind. Diese Sendungen werden derzeit in etwa zwanzig Staaten regelmäßig im Kabelfernsehen gezeigt, wobei insbesondere die Städte Dublin (Kalifornien), Hollywood (Florida), Chicago (Illinois), Kansas City (Missouri), Cincinnati (Ohio), Spokane (Idaho) und New York zu nennen sind.

1985 gründet die WAR eine Jugendorganisation, die zur Zeit über fünfundvierzig Sektionen hat. Sie gibt das Blatt *The White Student* heraus, das zum Aufbau einer arischen Welt aufruft: »Männer, Frauen und Kinder, die kein arisches Blut haben, werden ausnahmslos vertrieben oder vernichtet werden«. Ihr Schwerpunkt ist die Verteilung von Broschüren, Plakaten und Autoaufklebern gegen die »Holocaust-Farce« an den Universitäten und die Ausschlachtung von Rassenunruhen in den großen städtischen Ballungsgebieten mit einem hohen Anteil von jungen benachteiligten Weißen, wie in Los Angeles und Chicago. Die WAR-Jugend, die auch Skinheads mit offenen Armen aufnimmt, wird von Tom Metzgers Sohn John geführt. Seine rechte Hand, der Student Greg Withrow, hat die Gewalttätigkeit der Organisation am eigenen Leib zu spüren bekommen. Nachdem er seinen Willen geäußert hatte, die Gruppe zu verlassen, wurde er von acht »Unbekannten« entführt, gekreuzigt und mit einem Rasiermesser traktiert.

Im Gegensatz zu vielen rassistischen Gruppen machen Metzger und WAR den Antikommunismus nicht zu ihrem Hauptkampffeld. Sie nutzen ihre Bekanntheit, um eine Variante der traditionellen nazistischen Philosophie zu propagieren, die des sogenannten Dritten Weges, die in Europa viele Anhänger hat.

Metzger und seine Organisation bemühen sich, wie aus der folgenden Erklärung hervorgeht, um die weiße Arbeiterklasse: »Die politische Linie des WAR ist nicht konservativ.

»Wir sagen weder links noch rechts, weder Marxismus noch Kapitalismus. Wir sind gegen alles, was unserer Rasse schadet. Wir unterstützen alles, was unserer Rassenkultur nützt. Die schlimmste terroristische Organisation des Landes ist die sogenannte Bundesregierung, die will, daß amerikanische Arbeiter in El Salvador sterben, damit die Interessen der Großkapitalisten geschützt werden, die dort unten investiert haben, um sich billige Arbeitskräfte zu verschaffen und die amerikanischen Arbeiter zu ruinieren.

Wir sind keine Sektierer. Wir haben nichts mit den Reaktionären zu tun, die glauben, daß sie etwas für unsere Rasse tun, indem sie für scheinbare ›abendländische Traditionen‹ oder gegen den ›Sozialismus‹ kämpfen. Der Sozialismus, der die weiße Rasse hochhält, ist eine gute Sache. Der Sozialismus, der die Rassen vermischt, eine schlechte. Wir sind weder Christen noch Antichristen, weder Kommunisten noch Antikommunisten. Die sozialistischen Regime, die danach streben, sich von der ›Coca-Cola-Kultur‹ und vom Zionismus zu befreien und ihre Nation rassisch rein halten, haben unsere Unterstützung.«

Metzger hat mehrmals die Notwendigkeit der rassischen Solidarität zwischen den Weißen in den USA und denen in der Sowjetunion betont. Er hat auch Loblieder auf die ökologische Bewegung gesungen und sich heftig gegen die »imperialistischen« Interventionen in Mittelamerika ausgesprochen. Außerdem ermutigt er im Gegensatz zur suprematistischen extremen Rechten seine Anhänger, sich gewerkschaftlich zu organisieren.

Was die Schwarzen betrifft, so fürchtet der WAR sie weniger als die »Latinos« und behauptet, daß diese ihnen und den Weißen die Arbeitsplätze wegnehmen. Metzger ist im übrigen schon einige Male zusammen mit dem schwarzen Extremisten Louis Farrakhan aufgetreten, der für eine »egalitäre Rassentrennung« eintritt, und beide haben die Teilung des Landes gefordert!

WAR scheint über große finanzielle Mittel zu verfügen,

und das FBI ist überzeugt, ohne dies beweisen zu können, daß Metzger 250 000 bis 300 000 Dollar aus der Beute von Überfällen erhalten hat, die die terroristische Organisation »Ordnung« 1984/85 an die verschiedenen Gruppierungen der Ultrarechten verteilt hat.

NATIONALDEMOKRATISCHE FRONT (NATIONAL DEMOCRATIC FRONT, NDF)

1985 von Gary L. Gallo, einem yuppiehaften Juristen mit diversen Diplomen gegründet, weist die NDF in ideologischer Hinsicht Gemeinsamkeiten mit dem WAR von Metzger auf. Wie dessen Organisation, tritt auch sie für den Dritten Weg ein. Sie versteht sich als Werkzeug der weißen Revolution, weigert sich, zwischen Kapitalismus und Kommunismus zu wählen und propagiert eine revolutionäre nationalistische Ideologie, die programmatische Anleihen beim Nazismus, Faschismus und rumänischen christlichen Nationalsozialismus macht. Das Hauptziel der NDF ist eine neue Rassentrennung, die der »Rassenvermischung« ein Ende setzt, welche »alle Rassen schwächt und keine stärkt«. Die großen Männer, deren Vermächtnis zu erfüllen Gallo beansprucht, sind natürlich Hitler und Mussolini, aber seltsamerweise auch Ho Chi Minh.

Bis 1987 eine ganz kleine Gruppe, hat die NDF, die die Zeitschriften *The Nationalist* und *New America* herausgibt, in jenem Jahr viele neue Mitglieder bekommen, als die Verantwortlichen der Nationalen Südstaatenfront (SNF) die Auflösung ihrer Bewegung verkündeten und ihre Mitglieder aufforderten, der NDF beizutreten. Zwar geben sich Gallo und seine Freunde gerne als aufgeschlossene Menschen, die Gewalt ablehnen, aber in Wirklichkeit hat die NDF durchaus einen Hang zum Militärischen und zum religiösen Sektierertum.

So ist Will Williams, einer seiner führenden Mitarbeiter, zum *Primus Hastatus* (»Centurio der ersten Lanzenkompanie«) der Schöpferkirche von Otto in North Carolina geworden, einer nazistischen Gemeinschaft, die in einer Art befestigter Kolonie lebt. Andere Anhänger sind Mitglieder der Gemeinschaft von Padanaram im Süden Indianas. Gary Gallo hat diese Gemeinschaft im Juli 1988 für längere Zeit besucht und seine »Offiziere« ermuntert, das gleiche zu tun. Geführt von dem siebzigjährigen Daniel Wright, der die sogenannte »Königreich-Religion« erfunden hat und ein »wohlwollender Diktator« ist, hat die Gemeinschaft 180 Mitglieder. Die rechte Hand von Wright ist niemand anderer als Steve Fuson, der Bruder von Keith Fuson, der für die NDF von Washington, D.C., verantwortlich und selbst Mitglied der Bewegung ist.

Nationaler Verband zur Förderung der Weissen (National Association for the Advancement of White People, NAAWP)

Von David Duke gegründet, nachdem dieser sein Amt als Imperial Wizard der Ritter des Ku-Klux-Klan aufgeben mußte, bleibt der Nationale Verband zur Förderung der Weißen (NAAWP), dessen Name dem des bekanntesten Verbandes zur Förderung der Farbigen, NAACP, nachgebildet ist, im wesentlichen ein Klan ohne Kutten und Kapuzen, der nicht das Ziel hat, eine Massenbewegung zu werden, sondern es Duke ermöglicht, immer ins aktuelle Geschehen einzugreifen.

»Weder gegen die Schwarzen noch gegen die Juden noch gegen irgend etwas«, versteht sich der NAAWP als pro-weiß. »Mehr als 4000 Organisationen, Parteien, und Bewegungen haben sich in den Vereinigten Staaten der Verteidigung der Schwarzen, der Juden und der Minderheiten verschrieben. Eine einzige widmet sich der Verteidigung der Weißen, nämlich der NAAWP«, so das Glaubensbekenntnis, mit dem alle von Duke herausgegebenen Broschüren beginnen.

Durch seine Organisation und ihr Mitteilungsblatt *NAAWP-News* verbreitet Duke Theorien von der weißen Vorherrschaft, wobei er vor allem Zwischenfälle ausschlachtet, die mehrmals im Kreis Forsyth vorgekommen sind, einer Region, in der es faktisch noch immer eine Rassentrennung gibt.

David Duke, Jahrgang 1953, steht in den extremistischen Kreisen Amerikas zwar wieder höher im Kurs, aber der ehemalige Imperial Wizard hat sich nach einem zwanzigjährigen lärmenden Aktionismus zu einem respektablen Populisten gemausert. Mit Schlips und weißem Kragen tummelt er sich jetzt in den weniger gewalttätigen, aber ebenso gefährlichen Kreisen der Liberty Lobby, einer Interessengruppe, die unter der Leitung des Revisionisten Willis Carto die Wochenzeitung *The Spotlight*, das meistgelesene antisemitische Blatt der Vereinigten Staaten, herausgibt.

DIE SKINHEADS

Die Skinhead-Bewegung hat ihren Ursprung im England der siebziger Jahre. Es wird gute zehn Jahre dauern, bis sie den Ozean überquert. 1984 breitet sie sich jedoch sehr schnell in den Vereinigten Staaten aus und weist, hinsichtlich Kleidung und Musik, alle Merkmale einer Modeerscheinung auf. Ganz oder fast glattrasierte Schädel, sogenannte »Bomber«-Jacken, Springerstiefel, Hosenträger, breite Ledergürtel; Liebhaber der Musik von Punk- oder Heavy-Metal-Gruppen wie Skrewdriver, Anti-heros, US Chaos, Romantic Violence, Agnostic Front. Die Skinheads sind nicht alle blindwütige Rassisten oder Neonazis. Am Anfang findet man bei ihnen sogar Schwarze, Juden und Mexikaner. Aber unter dem Einfluß der Gruppe Romantic Violence aus Chicago und aufgrund ihrer Verbindung zur Amerikanischen Nazipartei (ANP) radikalisiert sich die Bewegung sehr schnell und schließt die »unreinen« Elemente aus.

Die Skins – mehrere tausend junge oder sehr junge Leute –, die in Banden ohne zentrale Organisation zusammengeschlossen sind, übernehmen in den achtziger Jahren immer deutlicher die nazistische Ideologie und Symbolik. Das belegen die Namen ihrer Banden – Nationale Skinhead-Front,

Weiße Amerikanische Skinheads – oder die Spitznamen, die sie sich geben – Nazi Bob, Hitlers Junge ...

Die Skins, die sich selbst als »Straßenkämpfer« verstehen, haben in der Öffentlichkeit zwar ein sehr schlechtes Image, werden von ihr aber dennoch eher als eine neue Modeerscheinung denn als eine neue extremistische Organisation betrachtet. Die weißen suprematistischen Gruppen haben erkannt, welches Energie- und Gewaltpotential in der Bewegung steckt, die so großzügig mit Hakenkreuzen und Nazifahnen umgeht und gerne über Punker, Homosexuelle, Schwarze, Juden und Mexikaner herfällt. Folglich sind die verschiedenen, über das ganze amerikanische Territorium verteilten Skinheadgruppen ständig Vereinnahmungsversuchen ausgesetzt.

Zwar widerstehen ihnen manche Gruppen und bewahren sich ihre Unabhängigkeit, aber die meisten praktizieren Aktionseinheit mit der einen oder anderen Organisation der extremen amerikanischen Rechten, wenn sie nicht schlichtweg mit ihnen verschmelzen. Der WAR von Tom Metzger springt sofort auf diesen Zug. Er gliedert der von seinem Sohn geführten WAR-Jugend eine Skin-Sektion an, und die WAR-Skins werden zur Speerspitze der Bewegung. Sie verteilen in mehreren Staaten nazistisches Propagandamaterial, führen Sprühaktionen durch, provozieren häufig Straßenkrawalle und profitieren von einer starken Resonanz in den Medien. Ihr Auftreten in der Oprah-Winfrey-Show, einer besonders beliebten Sendung, bringt ihnen 300 begeisterte Zuschriften ein, so daß sie in der Lage sind, neue Sektionen, vor allem in Kalifornien und Michigan, zu gründen.

Die anderen Organisationen bleiben auch nicht untätig. Die NSDAP-AO von Gary Lauck hat in Portland, Ohio, ihre eigene Skin-Bande organisiert. In Chicago arbeiten die Skinheads Hand in Hand mit den Rittern des KKK und der amerikanischen Nazipartei. In Cincinnati, wo drei Skin-Banden aktiv sind – Weiße Amerikanische Skinheads (WASH), Nationalsozialistische Skinheads (NSSH), SS Skinheads

(SSS) – , haben sich zwei von ihnen, WASH und SSS, mit der SS-Aktionsgruppe vereinigt und Sendungen für das regionale Kabelfernsehen gemacht. Und in Milwaukee hat die örtliche Sektion der ANP ihre Skin-Jugendorganisation, die Gentlemen, gegründet. Es gibt kaum Städte, die nicht ihre eigene Skin-Bande haben: die bekanntesten sind die Konföderierten Skins ins Dallas, die Große Weiße Bruderschaft mit der Stahlfaust in Chicago, die Nationale Skinhead Front in New York, die Dämonen Jehovas in Miami und die Prügelknaben in San Francisco.

Die amerikanischen Skinheads, die traditionelle Aktivitäten – Plakatekleben, Verteilen von Flugblättern – ebensowenig ablehnen wie Provokationen – Sprühaktionen, tätliche Angriffe –, haben ihre Gewalt und die illegalen Aktionen in den letzten Jahren erheblich gesteigert. In Detroit, Chicago, Atlanta, New York, San Francisco, Denver, Baltimore, Boston, Austin, Philadelphia, Washington, San Diego und Miami ist es zu Zwischenfällen gekommen, die mit Verwundeten und Toten endeten.

Von ihrer Zahl und ihrem »Engagement« angetan, ist auch die populistische Rechte dazu übergegangen, sie zu hofieren. Das geht aus einer Reportage in der Wochenzeitung *The Spotlight* von Willis Carto und seiner Liberty Lobby hervor: »Sie leben nach dem Credo des Machos: zwei Fäuste – zwei Werte: persönlicher Mut und Geschicklichkeit des Kämpfers. Sie verkörpern eine totale Ablehnung des Systems durch eine Gruppe, die jetzt noch klein ist, aber ständig wächst. Immer mehr von ihnen wollen das System nicht nur zerschlagen, sondern es durch ein anderes ersetzen, dem Rasse und Nation etwas bedeuten. Aufgrund ihrer Gewalttätigkeit, ihrer Entschlossenheit und ihrer totalen Furchtlosigkeit sind die Skinheads zweifellos berufen, an der Herbeiführung einer neuen sozialen Ordnung in Amerika mitzuwirken.«

Überall, wo Skinheads präsent und aktiv sind, stellt die Polizei eine beträchtliche Zunahme von Vorfällen fest, die mit satanischen Praktiken verbunden sind: in Huntington Beach,

Kalifornien, werden von Skins und Satanisten Sprühaktionen durchgeführt, während gleichzeitig zahlreiche Tiere verstümmelt werden; in Maryland wird eine Schule mit rassistischen Parolen beschmiert, während im nahegelegenen Park ein Hirsch schrecklich zugerichtet wird; in Chicago werden Clark Martell und fünf andere Skins festgenommen, weil sie eine junge Frau geschlagen und mit ihrem Blut Hakenkreuze auf eine Wand gemalt haben; in Utah Valley haben zwei Skins regelmäßig satanistische Praktiken durchgeführt und einen Angestellten aus Las Vegas ermordet.

Die vielen Tätowierungen, die bei fast allen Skins Brust, Arme, Beine, Hals, Schädel und sogar die Geschlechtsteile zieren, bestehen immer mehr aus den satanistischen Symbolen OOO, 666, FFF ... Einer der neuen Skin-Chefs, der sehr junge Kevin Lindquist, 1973 geboren, spricht auf Versammlungen, die er in Florida zusammen mit dem Klan abhält, zu den Teilnehmern unter dem Pseudonym Aleister Crowley, des Begründers des Satanismus.

Die Polizei und die Organisationen, die die Aktivitäten der amerikanischen extremen Rechten beobachten, sind der Ansicht, daß die gleichen Persönlichkeitsstörungen, die zu einem extremistischen Rassismus führen, manche Jugendliche zur totalen Ablehnung aller Werte treiben, die ja gerade die Grundlage des Satanismus ist. Wenn sie den Punkt erreicht haben, an dem es kein Zurück mehr gibt, lassen sie sich von den Gesetzen und Verboten der Gesellschaft nicht mehr beeindrucken.

Die Attraktivität des Satanismus für viele Skins hat vier Hauptgründe:

1. Nazismus und Satanismus sind für problembehaftete Jugendliche verlockend, die offen gegen ihre Familie, ihre Umgebung und die ganze Gesellschaft rebellieren.

2. Die beiden Bewegungen befriedigen das Bedürfnis nach Zugehörigkeit zu und Identifizierung mit einer Gruppe, ein klassisches, nicht unbedingt immer negatives Phänomen.

3. Für die militantesten Neonazis, deren Ziel der gesell-

schaftliche Umsturz ist, ist der Satanismus aufgrund seiner Ablehnung aller Werte mit der Anarchie vergleichbar und kann eine destabilisierende Rolle spielen.

4. Adolf Hitler, durch den sich die Skins inspirieren lassen, soll eine Leidenschaft für den Okkultismus gehabt haben.

Wie dem auch sei, ob es sich um Skinheads oder Anhänger des Satanismus handelt, die Bilanz ist beunruhigend: Mehrere tausend junge Leute stellen ein ideales Reservoir für die Macher der amerikanischen faschistischen Rechten dar.

Die militärisch-religiösen Gruppen

Man kann sich nicht mit den militärisch-religiösen Gruppen zu befassen, ohne zuvor auf das Phänomen der Christlichen Identität und das Vermächtnis der Minutemen einzugehen.

DIE CHRISTLICHE IDENTITÄT (CHRISTIAN IDENTITY)
Die Christliche Identität ist eine der zynischsten Formen des Extremismus in den Vereinigten Staaten. Sie gibt sich als eine protestantische christliche Religion aus, wie es viele in diesem Land gibt. Ihre Ziele sind angeblich religiöser Art, wodurch die Ultrarechten Menschen gewinnen können, die sich ursprünglich für religiöse Fragen interessiert haben.

In North Carolina von den Christlichen Rittern des KKK, in Idaho von den Pastoren der Arischen Nationen verkündet, ist sie keine monolithische Doktrin, die auf eine einzige Kirche festgelegt ist. Mehrere hundert kleine Gruppen und zahlreiche Gemeinschaften verbreiten sie quer durch die Vereinigten Staaten, häufig auf dem flachen Land und in Bergregionen, aber auch in Großstädten wie Denver, Los Angeles oder Kansas-City.

Obwohl sie der breiten Öffentlichkeit erst 1983, anläßlich des tragischen Todes eines ihrer Diener, Gordon Kahl, bekannt wird, der von der Polizei getötet wird, nachdem er selbst zwei Bundesbeamte umgebracht hat, gibt es die Christliche Identität schon recht lange. Ihre Wurzeln liegen in einer religiösen Theorie, die den Namen Anglo-Israelismus oder britischer Israelismus trägt und sich in der zweiten Hälfte des 19. Jahrhunderts ausbreitete, als Schriftsteller wie Gobineau, Chamberlain und andere beweisen wollten, daß die sozialen Ungleichheiten ihre Grundlage in der Biologie und Genetik haben. Der Anglo-Israelismus wurde in den zwanziger Jahren in die Vereinigten Staaten eingeführt und ab 1935 von William Cameron popularisiert, dem tatsächlichen Verfasser der antisemitischen, mit Henry Ford unterzeichneten Schmähschriften.

Die Christliche Identität greift im wesentlichen die Theorien und Thesen des Anglo-Israelismus auf und behauptet folglich, daß die Angelsachsen von den verlorenen Stämmen Israels abstammten und daß Großbritannien und seine amerikanische Kolonie, die zu den Vereinigten Staaten geworden ist, das wahre Israel seien, das dem »auserwählten Volk« vorbehalten sei. Und sei es ein Zufall, daß man JerUSAlem lesen könne?

Da die Israeliten Nachfahren der verlorenen Stämme sind, da diese all die Nationen gegründet haben, die Europa bevölkert haben, sind sie die Kinder Gottes, das auserwählte Volk, und diejenigen, die sich zu Unrecht mit diesem Namen schmücken – die Juden –, sind Betrüger und Kinder Satans. Jesus ist nicht mehr ein Jude, sondern der Vorfahre der Weißen Nordeuropas. Die Schwarzen und alle Nicht-Weißen werden Tieren gleichgesetzt.

Die Christliche Identität verehrt die Bibel, die sie auf ihre Weise interpretiert, und verkündet, daß die Welt in die Zeit der Großen Plagen eingetreten sei. Die »Auserwählten« müssen sich auf den Kampf gegen die Feinde Gottes, die Sünde und den Antichristen vorbereiten, der in der unrechtmäßigen amerikanischen Regierung verkörpert ist, hinter der sich in Wirklichkeit ZOG verbirgt, die *Zionistische Besatzungsregierung*. Die Plagen werden als Strafe für die Sünden der Menschen betrachtet: weil man es den Fremden – Juden und anderen – erlaubt habe, unter ihnen zu leben, den Homosexuellen gestattet wurde, sich ihren diabolischen Praktiken hinzugeben, und weil man gemischtrassige Ehen legalisiert habe.

Die Auserwählten müssen sich darauf einstellen, daß schon sehr bald das letzte Gefecht stattfinden wird, das das Ende der Zeit der Plagen bedeutet, nämlich die Schlacht von Armageddon, und sie müssen sich moralisch und materiell darauf vorbereiten. Ein Rundschreiben der Liga zur Verteidigung der Christen und der Patrioten (C-PDL) faßt die Situation zusammen:

»Ihr müßt wissen, wer ihr seid, wohin ihr geht, wie ihr dorthin geht, wer euer Feind ist.

Ihr müßt wissen, wer ihr seid: es ist sehr wichtig, daß ihr wißt, daß ihr Israeliten seid ... und daß ihr den Mitgliedern eurer Rasse diese Wahrheit verkündet ...

Ihr müßt wissen, wohin ihr geht: ihr müßt wissen, daß ihr das Königreich durch Jesus Christus erlangen werdet. Die meisten sogenannten Christen und Patrioten haben keine richtige Vision, die ihnen in den großen zukünftigen Bewährungsproben Halt gibt ... Die Wahrheit des Königreiches der Christlichen Identität begnügt sich nicht damit, euch zu sagen, daß ihr während dieses letzten Kampfes auf der Erde bleiben werdet, sondern gibt euch für den Augenblick Anweisungen, Hoffnung und Kraft, in dem ihr euch als Soldaten Gottes in diesen Kampf stürzen werdet ...

Ihr müßt wissen, wie ihr dorthin geht: die Erlangung des Königreiches wird eine ›Schlacht‹, ein ›Kampf‹ genannt, wir müssen uns ›zur Wehr setzen‹ und wir werden ›die Axt und die Kriegswaffen Gottes‹ genannt ... Wir müssen uns auf die Reise und den Krieg für das Königreich vorbereiten ... Das erfordert eine spirituelle und materielle Vorbereitung auf allen Gebieten; sorgfältige Lagerung von Nahrungsmittel- und Waffenvorräten; Einzelinitiativen oder gemeinsame Pläne mit anderen Christen der Bewegung ...

Ihr müßt wissen, wer euer Feind ist: jeder christliche

Patriot muß eine möglichst vollständige Liste unserer Feinde mit Namen, Adressen, Arbeitsplätzen, Kontakten erstellen ... Alles, was die einzelnen herausfinden, muß gesammelt werden, damit diejenigen erfaßt werden können, die aktiv gegen das wahre Israel und das Königreich Christi arbeiten ...«

Allen im folgenden erwähnten Gruppen ist gemeinsam, daß sie zur Christlichen Identität gehören und an ihre Theorien und Ziele glauben.

Die Minutemen

Wenn man von den militärisch-religiösen Gruppen spricht, darf man eine terroristische Organisation der sechziger Jahre, die sogenannten Minutemen, nicht außer acht lassen, da sich alle durch diese Bewegung haben inspirieren lassen, die viel von sich reden machte und die es immer noch gibt, auch wenn sie, wie die John Birch Society, inzwischen eine mehr symbolische als reale Existenz hat.

1961 von Robert De Pugh gegründet, einem Millionär, der mit Tiermedikamenten ein Vermögen verdient hat, und von John R. Harrell unterstützt, der durch vermeintlich göttliches Eingreifen von einem Lungenkrebs geheilt wurde, versteht sich die Bewegung der Minutemen als eine paramilitärische Organisation, die den Auftrag hat, den Widerstand gegen eine zukünftige sowjetische Intervention vorzubereiten, die auf den von den Juden provozierten Atomkrieg folgen wird.

Jeder »Soldat« dieser Geheimarmee, die mit ihrem Namen diejenigen ehrt, die gegen die britische Krone und für die amerikanische Unabhängigkeit gekämpft haben[*], muß einen Anti-Atom-Schutzraum bauen, in dem Lebensmittel, Waffen und Munition für einen Monat gelagert werden.

---

[*] A.d.Ü: Im amerikanischen Unabhängigkeitskrieg nannte man Freiwillige auf Abruf »Minutemen«.

Die Bedeutung der Bewegung, die sich im Klima des Kalten Krieges entwickelt hat, die zahlreichen Einbrüche in Waffenfabriken, die Entwendung von Armeewaffen und die vielen Verstecke, die aufgrund von Anzeigen entdeckt werden, führen dazu, daß das FBI beginnt, sich stärker für die Aktivitäten der Minutemen zu interessieren. Eine gewisse Zahl von »Offizieren« der Bewegung werden ebenso festgenommen wie ihre Freunde von der Christlich-konservativen Kirche, die sich in ähnlicher Weise betätigen. Harrell selbst, der »Pastor« dieser Kirche, wird nach einer Aktion der Bundesbehörden in der Kolonie verhaftet, die er in Illinois leitet, und zu einer hohen Gefängnisstrafe verurteilt, von der er vier Jahre absitzt.

Auch wenn Millionen Amerikaner in panischer Angst vor der Sowjetunion und einem Atomkrieg leben, und auch wenn Anti-Atom-Schutzräume der große Renner sind, ändert dies nichts daran, daß die Minutemen zu weit gegangen sind.

Während John Fitzgerald Kennedy am 22. November 1963 in Dallas ermordet wird, bedrohen Robert De Pugh und die Minutemen auf Plakaten, die die entsprechenden Bilder und Kommentare darbieten, liberale Parlamentarier. Sie haben ein Gesetz vorgeschlagen, das nach Ansicht der Ultrarechten die Auflösung des Ausschusses für unamerikanische Umtriebe zur Folge hätte, der eine traurige Berühmtheit erlangt hat. Der Inhalt des Plakates ist eindeutig: »Verräter, nehmt euch in acht! Auch jetzt ist unser Zielfernrohr auf euren Nacken gerichtet«. In der Mitte des Plakats befindet sich eine Liste mit zwanzig Namen von Parlamentariern.

Für das Wort »Zielfernrohr« ist der Augenblick schlecht gewählt, denn ganz Amerika hat noch die Fernsehbilder von der Ermordung des Präsidenten vor Augen. Fernsehen, Rundfunk und Presse bringen sofort Sendungen und Artikel über die Minutemen, zumal James Garrison, der mit der Untersuchung beauftragte Staatsanwalt, zwischen zehn widersprüchlichen Erklärungen versichert, daß Lee Harvey Oswald zu dieser Gruppe gehört habe.

Innerhalb weniger Monate ist die Organisation zerschlagen. Den Minutemen werden bewaffnete Banküberfälle, Sprengstoffanschläge, Verschwörung mit dem Ziel des Sturzes der Regierung sowie Versuche zur Last gelegt, Zyanid in die Klimaanlage der UNO zu leiten. Bald sind sie nur noch ein Schatten ihrer selbst.

De Pugh landet 1965, nach einem drei- oder vierjährigen juristischen Kampf, im Gefängnis; er gibt die Fackel an Johnny »Bob« Harrell weiter, der die Liga zur Verteidigung der Christen und der Patrioten gründet.

Die Arischen Nationen (Aryan Nations)

Versteht sich irgendeine Organisation besser aufs Tarnen und Täuschen als diejenige, die sich Arische Nationen nennt? Für die meisten Menschen handelt es sich um eine kleine Nazigruppe, die sich irgendwo in den Bergen von Idaho, in einer zehn Hektar großen Kolonie in der Nähe der Stadt Hayden Lake, verschanzt hat; eine gefährliche kleine, aber gut überwachte Gruppe.

Ihr Gründer, Richard Girnt Butler, ist in der Welt der weißen Suprematisten kein Neuling. Er war lange Mitglied der christlich-angelsächsischen Kongregation von Wesley Swift, eines rassistischen und faschistischen Aktivisten, der vierzig Jahre lang die gesamte Geschichte der extremistischen Bewegung in Amerika geprägt hat.

Als Swift 1970 stirbt, tritt Butler seine Nachfolge an und gründet seine eigene Kirche, die Kirche des christlichen Jesus Christus, die die Theorien der Christlichen Identität vor allem in Kalifornien, dann in Hayden Lake verbreitet, wo der »Reverend« eine regelrechte Festung unterhält. Ursprünglich ein Ort des Gebets und der Erbauung, wird Hayden Lake schnell zum weltlichen Zentrum eines Nazi-Netzwerks: Butler veranstaltet hier internationale Versammlungen und Seminare, an denen Kanadier, Engländer, Deutsche, Australier und Belgier teilnehmen, die hierherkommen, um über die Zukunft der weißen Rasse, aber auch über Waffen und das Arbeiten im Untergrund zu diskutieren.

Unter der Führung Butlers und seiner engsten Mitarbeiter Louis Beam und Robert Miles werden die Arischen Nationen immer mehr zu einem Sammelbecken der Ultrarechten. In den Vereinigten Staaten gehören viele Mitglieder der verschiedenen Klans, Nazigruppen, Survivalists und der Posse Comitatus gleichzeitig zu den Arischen Nationen und unterstützen seine Positionen, die auf dem Weltkongreß von 1983 so formuliert wurden:

a) Der Klan und die Nazigruppen müssen unterhalb der offiziellen Ebene eine geheime Struktur aufbauen, um den Kampf gegen die ZOG zu organisieren.

b) Die weißen suprematistischen Kräfte müssen die Schaffung einer unabhängigen arischen Republik auf dem heutigen Territorium der Staaten Washington, Oregon, Idaho, Wyoming und Montana fordern. Zu diesem Zweck müssen sich Tausende von »rassialistischen Patrioten« in diesen Staaten niederlassen.

c) Man muß erkennen, daß die Bewegung einen Rassenkrieg gegen eine Regierung führt, die in den Händen der Juden ist, und daher Verbündete bei allen suchen, die sich gegen diese Regierung auflehnen, insbesondere bei den Zehntausenden von weißen Häftlingen, die die amerikanischen Gefängnisse bevölkern und die man als echte Kriegsgefangene (Prisoners of War – POW) zu betrachten habe.

In Anbetracht der explosiven Situation in vielen amerikanischen Gefängnissen und der häufigen Rassenspannungen zwischen den verschiedenen Gemeinschaften ist es nicht verwunderlich, daß die Bemühungen der Arischen Nationen auf fruchtbaren Boden fallen und daß ihre Schwesterorganisation in den Gefängnissen, die Arische Bruderschaft, mehrere hundert Mitglieder in den staatlichen Gefängnissen in Arizona, Arkansas, Kalifornien, Kentucky, Illinois, Michigan, Missouri, Ohio und Oklahoma hat. Es versteht sich von selbst, daß es sich hier um die politische Strategie der Investition in die Zukunft handelt.

Die Arischen Nationen, die mit Tausenden von Gefangenen korrespondieren, indem sie ihnen regelmäßig *The Way*, die Beilage ihrer Monatszeitschrift *Calling Our Nation*, oder das Mitteilungsblatt von Robert Miles *Beyond the Bars ... The Stars* schicken, gewinnen auf diese Weise ständig abgehärtete und gewaltbereite neue Mitglieder in den Gefängnissen.

Im Gegensatz zu anderen Organisationen erkennen die Arischen Nationen sehr schnell die Notwendigkeit, modernste Propagandamittel einzusetzen. So überrascht es nicht, daß sie auf Anregung von Nathan Bedford Forrest und Fox – Codenamen von Louis Beam und Robert Miles – »Liberty« aufziehen, ein der Öffentlichkeit zugängliches Informationsnetz, das in ungefähr zehn Staaten, insbesondere in Arkansas, North Carolina, Idaho, Illinois, Texas und Wisconsin, arbeitet.

Das außerordentliche Gewaltpotential muß nicht erst hervorgehoben werden. In Hayden Lake, Idaho, aber auch in Michigan, wo Robert Miles Pastor der Kirche des Berges Jesu Christi des Erlösers ist, und in Utah werden Mitglieder militärisch ausgebildet. Viele Aktivisten der Organisation begehen schwere Straftaten, die meistens Menschenleben fordern und zu denen vor allem Überfälle auf Geldtransporte gehören.

Am 21. April 1987 werden alle Verantwortlichen der Arischen Nationen, Butler, Miles, Beam und andere militante Aktivisten, der »aufrührerischen Verschwörung« angeklagt. Beam weigert sich, vor Gericht zu erscheinen und taucht völlig unter, so daß das FBI nach ihm fahndet und ihn zu den »zehn gefährlichsten flüchtigen Männern« zählt. In Mexiko nach einer Schießerei festgenommen, bei der seine Frau einen mexikanischen Polizisten schwer verletzt, und dann ausgeliefert, wird Beam und seinen Mitangeklagten 1988 in Fort-Smith, Arkansas, der Prozeß gemacht. Alle werden von einem weißen Geschworenengericht freigesprochen.

Der Orden (The Order)

1983 entsteht der Orden, auch *Bruders Schweigen* genannt, nach einem Geheimpapier von Robert Miles mit der Überschrift *Wenn alle Brüder schweigen*. Auch unter den Namen *Silent Brotherhood* (Schweigende Bruderschaft), *American Bastion* (Amerikanische Bastion) und *Aryan Resistance Movement* (Arische Widerstandsbewegung) bekannt, handelt es sich nicht um eine neue Bewegung, die mit den schon vorhandenen konkurriert, sondern um eine Armee von Elitekämpfern, die aus den besten Leuten der verschiedenen extremistischen Bewegungen besteht. Im Orden sind demnach Mitglieder der Arischen Nationen, der beiden Klans, der Nationalen Allianz und des CSA (The Covenant, The Sword and The Arm of the Lord) vereinigt. Es handelt sich um eine neue Etappe im Übergang zu einer strategischen Gewalt, die von einer Untergrundbewegung ausgeübt wird, deren »ökumenischer« Charakter ihr Unterstützung auf dem gesamten amerikanischen Territorium verschafft. Das Ziel dieser Gruppe ist klar: Der Kampf gegen die ZOG, deren Sturz und Vernichtung.

Es folgt eine Welle von Verbrechen, die die Jahre 1983, 1984 und 1985 auf eine spektakuläre und blutige Weise prägt. Sprengstoffanschläge auf Synagogen, Morde an politischen Gegnern, Brandstiftungen in Räumen der »Feinde«, Herstellung von Falschgeld, Überfälle auf Banken und Geldtransporte, Waffen- und Drogenhandel: Die Lage wird so ernst, daß die Behörden der endgültigen Lösung dieses Problems absolute Priorität geben. Beamte des FBI, des Finanzministeriums und der Behörde für Alkohol, Tabak und Schußwaffen sowie örtliche Polizeibeamte werden zu Hunderten auf den Fall angesetzt.

Nach den Überfällen auf Banken und Geldtransporte haben die Mitglieder des Ordens, die selbst keine Opfer zu beklagen zu haben, mehrere Millionen Dollar erbeutet und – nach Angabe des FBI im Prozeß in Seattle – einen großen Teil davon an verschiedene Führer und extremistische Gruppen verteilt, insbesondere an Louis Beam, Richard Butler und Robert Miles von den Arischen Nationen, Tom Metzger vom WAR, Glenn Miller von der Partei der Weißen Patrioten (WPP) und William Pierce von der Nationalen Allianz. Der Rest des Geldes wurde für den Kauf von Autos, Lastwagen, Waffen, Land und sogar eines Flugzeugs verwendet.

Nachdem die Organisation monatelang observiert worden ist, nachdem man ihr Fallen gestellt und sie in Hinterhalte gelockt hat, nachdem gefährliche und oft mißlungene Operationen gegen sie durchgeführt worden sind, nachdem es Schießereien gegeben hat, bei denen vor allem Polizisten auf der Strecke blieben, werden Anfang 1987 nach einer Großrazzia dreiundzwanzig mutmaßliche Mitglieder der Organisation verhaftet.

David Tate wird wegen des Mordes an einem Soldaten der Nationalgarde von Missouri in einem anderen Prozeß, Richard Scutari wegen anderer Delikte zu sechzig Jahren Gefängnis verurteilt. Elf der Mitangeklagten bekennen sich schuldig und sagen gegen eine beträchtliche Strafminderung gegen ihre Kameraden aus, während die zehn anderen, neun Männer und eine Frau, nach einem viermonatigen Prozeß zu Gefängnisstrafen zwischen vierzig und hundert Jahren verurteilt werden. Paradoxerweise bleiben die Empfänger der Wohltaten des Ordens, Beam, Butler, Miles und Metzger, unbehelligt.

DER BUND, DAS SCHWERT UND DER ARM DES HERRN (THE COVENANT, THE SWORD AND THE ARM OF THE LORD, CSA)

Der CSA wird 1976 von Jim Ellison, einem fundamentalistischen Pastor, gegründet, der seine Zelte in den Ozark-Mountains aufschlagen will, weil diese von »biblischer Schönheit« und »rassisch rein« sind, da die ganze Gegend hauptsächlich von Weißen bewohnt wird. Diese wilde Landschaft, die regen Zulauf hat und in der sich schon Musiker- und Lesbengruppen niedergelassen haben, ist für Ellison vor allem deshalb so verlockend, weil sie ihm als der ideale Ort erscheint, um auf die Apokalypse zu warten, die bald über ein Amerika hereinbrechen wird, »dessen Wirtschaft und Wertesystem am Ende sind, das von Aufständen heimgesucht wird und gegen das die Juden und die Minderheiten einen heimlichen Krieg führen«.

Der Name der Organisation, dessen Anfangsbuchstaben auch Confederated States of America bedeuten können, ist nicht der einzige Hinweis auf die Bibel. Die Kolonie, die Ellison und eine Handvoll Getreuer nicht weit von der Kleinstadt Three Brothers in Arkansas auf den ersten Anhöhen der Ozark-Mountains errichten und die 90 Hektar groß ist, wird Zarepath-Horeb getauft. Zarepath, die heilige Stadt, in die sich der Prophet Eliah geflüchtet hat, nachdem er sein Schwert (Sword) gegen die falschen Propheten erhoben hatte. Horeb, der Berg, auf dem Moses die Bundeslade (Ark of the Covenant) empfangen hat.

Soweit geht es sehr christlich zu. Aber schnell gewinnt das Militärische die Oberhand. Die zweihundert Mitglieder der Sekte wenden sich der Kriegskunst zu: dem Schießen mit dem Karabiner, dem Bogenschießen, dem Überlebenstraining. Zarepath-Horeb wird von Ellison mit eiserner Hand regiert. Der bärtige Prophet ist der Polygamie nicht abgeneigt. Er hat sich vier Ehefrauen zugelegt und unterwirft die Männer einer strengen Disziplin, indem er sie häufig zwingt, in ausschließlich männlichen Schlafsälen zu schlafen.

Überall auf dem Gelände entstehen Werkstätten, in denen zwölf bis vierzehn Stunden täglich gearbeitet wird. In einigen werden Waffen hergestellt. Die Granaten und die Schalldämpfer *Made in CSA* genießen schnell einen guten Ruf. Zehn Jahre lang verkauft CSA auf Ausstellungen, die von der National Rifle Association und ähnlichen Organisationen im ganzen Land organisiert werden, seine Produkte mit großem Erfolg und verdienen damit viel Geld.

Wenn man bedenkt, daß der CSA »Überlebensseminare« veranstaltet und Kurse im Rahmen seiner »Ausbildungsschule für das Ende der Zeiten« anbietet, die 500 Dollar pro Woche kosten und riesigen Zulauf haben, daß er Tausende von Büchern druckt und vertreibt, deren Ausrichtung einem schon im Titel in die Augen springt – *Die Protokolle der Weisen von Zion, Der entlarvte Talmud, Die zionistische Verschwörung, Der Neger und die Krise der Welt, Das Dritte Reich* – begreift man, daß es der Gemeinschaft von Zarepath-Horeb an nichts fehlt.

Dies sind nicht die einzigen Aktivitäten der Sektenmitglieder, die davon künden, daß sie gerade die Arche bauen, die es ihnen ermöglichen wird, das Zeitalter der Plagen siegreich zu überstehen und dann zu der Gruppe zu werden, die Gott auserwählt hat, damit sie seine Schlachten schlägt und sein Gesetz durchsetzt. Denn 1983 und 1984 nimmt die Zahl ihrer Straftaten zu. Diebstähle und Banküberfälle in den Nachbarstaaten, die Ermordung eines farbigen Polizisten in Arkansas und eine Brandstiftung in der Synagoge Beth Shalom in Indiana scheinen den Behörden noch nicht auszureichen, um eine Razzia anzuordnen. Erst 1985 ergreifen sie die Maßnahmen, die bereits bei der Gründung der Kolonie nötig gewesen wären.

Am 15. April 1985 schießt Tate, ein flüchtiger und von der Polizei gesuchter Aktivist des Ordens, einige Kilometer von der CSA-Kolonie entfernt kaltblütig einen jungen Polizeibeamten nieder, der seine Papiere kontrolliert. Überzeugt, daß Tate vorhatte, bei Jim Ellison unterzukriechen, ordnen die Bundesbehörden die Durchsuchung der Kolonie Zarepath-Horeb an. Als zweihundert bis an die Zähne bewaffnete FBI-Beamte nach einer achtundvierzigstündigen Belagerung und Schießerei schließlich in die Kolonie eindringen und sie durchsuchen, entdecken sie neben einem eindrucksvollen Waffenarsenal mehrere Personen, nach denen gefahndet wird, und Beweise dafür, daß wegen Mordes gesuchte Mitglieder des Ordens hier versteckt wurden. Auch der Beweis dafür, daß die Maschinenpistole MAC 10, mit der der Journalist Alan Berg in Denver ermordet wurde, in der Waffenwerkstatt von einer legalen halbautomatischen zu einer illegalen vollautomatischen Waffe umgebaut wurde, kann erbracht werden.

Ellison wandert ins Gefängnis. Das FBI ist davon überzeugt, daß noch nicht alles aufgedeckt wurde. Einige Anzeichen deuten darauf hin, daß auf dem Gelände von Zarepath-Horeb getötet wurde: Ein neunzehnjähriges Mädchen soll dort ermordet und ihre Leiche an einer Autobahn in Oklahoma abgelegt worden sein. Außerdem soll ein Sektenmitglied ausgesagt haben, daß sich ein Kommando auf die Entführung von Anhaltern und die Erpressung von Lösegeld spezialisiert hatte. Und schließlich eine ungeheuerliche und erschreckende Entdeckung: das FBI findet 115 Liter reines Zyanid. Wenn man weiß, daß ein einziger Tropfen ausreicht, um einen Erwachsenen umzubringen, schaudert es einen, wenn man erfährt, wofür das Zyanid bestimmt war. Für jeden von der ZOG getöteten »Patrioten« hätte der CSA hundert Rassenfeinde getötet, indem er das Wasser in den Häusern vergiftet hätte, in denen vorwiegend Nicht-Arier lebten.

Die Geschichte des CSA endet leider nicht sehr moralisch. Jim Ellison muß ins Gefängnis, und man beschuldigt ihn neben anderen verschiedenen Straftaten insbesondere der »aufrührerischen Verschwörung« gegen die Bundesregierung der Vereinigten Staaten. Er gehört folglich zu den Angeklagten, die in Fort Smith, Arkansas, vor einem Geschworenengericht erscheinen.

Dann kommt die überraschende Wendung: Ellison zögert nicht lange, sich für schuldig zu erklären und gegen seine Mitangeklagten auszusagen, er wird Zeuge der Anklage. Derselbe Ellison, der nach dem Tod von Gordon Kahl auf dem Kongreß der Arischen Nationen 1983 erklärte: »Ich bedauere von Herzen, daß ich nicht bei Gordon Kahl war, als ›Sie‹ ihn gefunden haben. Ich wäre gerne an seiner Seite gewesen .... Ich bin gekommen, um euch zu sagen, daß das Schwert gezogen und zum Kampf bereit ist. Für einen ermordeten Patrioten müssen wir hundert von ihnen töten!«

Er ist im übrigen nicht der einzige, denn Michael Morris und Randall Rader, zwei seiner wichtigsten Leutnants, und Glenn Miller, ehemaliger Chef der Partei der Weißen Patrioten (WPP), tun es ihm nach.

Die mangelnde Glaubwürdigkeit der Zeugen der Anklage, die von der Regierung gestellt werden, insbesondere die des Hauptbelastungszeugen Jim Ellison, führt Anfang April 1988 zu einem Freispruch der vier Hauptangeklagten von den schwerwiegendsten Vorwürfen. Miles, Butler, Beam, Lane und Scutari werden unter dem Beifall von mehreren hundert »Patrioten«, die Südstaatenfahnen schwenken, auf freien Fuß gesetzt.

Ellison kommt bei der ganzen Sache gut weg. Er wird wegen minder schwerer Delikte zu einer geringen Gefängnisstrafe verurteilt. Gegenwärtig sitzt er wegen illegalem Waffenhandel und anderen Delikten wieder ein.

DIE LIGA ZUR VERTEIDIGUNG DER CHRISTEN UND DER PATRIOTEN (CHRISTIAN-PATRIOT DEFENSE LEAGUE, C-PDL)

1977 von James R. Harrell gegründet, ist die Liga zur Verteidigung der Christen und der Patrioten nur eine der Organisationen, die er führt und deren scheinbar unterschiedliche Ziele und Aktivitäten in Wirklichkeit ein sehr homogenes Ganzes bilden.

Die Christlich-konservative Kirche Amerikas (*Christian Conservative Church of America*), die sich vorgenommen hat, »Christentum und Patriotismus zu verbinden, um dem Zionismus und Kommunismus wirksam entgegenzutreten«, ist die ältere Organisation, da sie bereits 1959 gegründet wurde. Die Liga zur Verteidigung der Patrioten und der Christen ist der politische Arm der Bewegung und macht durch ihren Namen deutlich, daß Harrell zweigleisig fährt, indem er andeutet, daß ihre Mitglieder Anhänger der Christlichen Identität oder einfach nationalistische Patrioten sein können. Das Ziel der C-PDL besteht darin, »die Patrioten wachzurütteln und zu organisieren, die gegen Humanismus, Modernismus, Kommunismus, Regionalismus, Judaismus, Rassenintegration, Steuern, Beschränkung des Waffenbesitzes und andere Schandtaten sind, die von den Agenten des Reichs des Bösen begangen werden und zu denen an erster Stelle die internationale Verschwörung des jüdischen Antichristen gehört!«

Zwei der befestigten Camps, die der C-PDL gehören, befinden sich im Westen Virginias und in Louisville, Illinois. Das dritte, größere, der Stützpunkt Mo-Ark, umfaßt etwa einhundert Hektar und liegt im Süden Missouris. Alle gehören zum *Citizens Emergency Defense System*, einer bewaffneten Privatmiliz. Und der Club Paul Revere ist das Organ, das Geld beschafft und Kapitalgeber auftreibt.

Seit 1979 finden zweimal jährlich auf dem achtzig Hektar großen Anwesen in Illinois, wo sich Harrell die genaue Nachbildung des Hauses von George Washington hat bauen lassen, oder auf dem Stützpunkt Mo-Ark Freiheitsfestivals statt. Bewaffnete Wachposten halten alle Besucher an und vergewissern sich, daß unter ihnen kein »Nicht-Weißer« ist. Denn schließlich geht es um die Reinheit der Rasse.

500 bis 1500 Personen diskutieren hier zehn Tage lang über die verschiedensten Themen, von Stellen aus der Bibel bis zum Überleben nach einem Atomkrieg. Aber was die zahlreichen Besucher in paramilitärischen Uniformen besonders anzieht, sind vor allem die praktischen Unterweisungen von Jack Mohr, des Chefs der Citizens Emergency Defense, eines Obersten im Ruhestand.

Die »Seminare« der C-PDL sind sehr gefragt, denn sie bieten: Leben in den Wäldern, Ausdauertraining, Unterweisung in Sabotageakten und Nahkampf, Schießübungen mit echter Munition, neueste Überlebenstechniken, Ausstellung und Verkauf von Waffen, Herstellung und Gebrauch eines Bogens zum lautlosen Töten.

Die Lieder, die man in der Nähe des Wabash River in Illinois und des Current River in Missouri hört, klingen wenig amerikanisch, und die beiden Bestseller – denn auch die C-PDL verkauft Bücher – tragen den Titel *Hitler war mein Freund* und *Die wahre Geschichte des Holocaust!*

DIE POSSE COMITATUS

Die Posse Comitatus entsteht 1967, als Henry Beach, ein ehemaliges Mitglied der Schwarzhemden der dreißiger Jahre, und William Potter Gale, Oberst im Ruhestand, beschließen, verschiedene extremistische Gruppen, die der Christlichen Identität nahestehen und in den ländlichen Regionen der Staaten des Mittleren Westens zu Hause sind, zu vereinigen. Aber erst als »Pastor« James Wickstrom die Führung übernimmt, breitet sich die Bewegung, die bis dahin auf Oregon beschränkt war, auch in Wisconsin, dem Wirkungsbereich von Wickstrom, aus, bevor sie Kansas, seine neue Heimat, erreicht.

Es handelt sich um ein typisch amerikanisches Phänomen. Die Posse Comitatus, auch Sheriff's Posse Comitatus (A.d.Ü.: das Aufgebot des Sheriffs), Christian Posse oder einfach Posse genannt, hat ihren Namen aus dem Lateinischen. Der Ausdruck meint die Versammlung der wehrfähigen Männer einer mittelalterlichen Grafschaft. Die Bewegung erkennt tatsächlich keine andere rechtmäßige Autorität als die eines Sheriffs an: des Polizei- und Rechtsvertreters, der die größte Nähe zum Volk hat. Die Mitglieder der Posse Comitatus sind der Auffassung, daß sie nur ihm Gehorsam schuldig sind und daß das Recht auf Christian Posses fußen sollte, das heißt auf Aufgeboten von Christen, die das Recht haben, den Gesetzen Geltung zu verschaffen.

Diese Auffassung erklärt sich durch die Überzeugung, daß die Bundesregierung und die Regierungen der Einzelstaaten in den Händen der Feinde – Juden und Kommunisten – sind und daß sie infolgedessen unfähig sind, Gesetze und Entscheidungen durchzusetzen, die für die weiße Rasse von Vorteil sind.

Die Mitglieder der Posse folgen daher nur ihrer eigenen

Interpretation der amerikanischen Verfassung und der Gründungstexte der amerikanischen Nation. Sie glauben, daß die Vereinigten Staaten keine Demokratie, sondern eine christliche Republik sind und daß ihre Verfassung nichts weiter als eine Kurzfassung der Bibel ist. Die meisten Gesetze sind in ihren Augen unrechtmäßig, das einzige Geld, das sie anerkennen, ist Gold oder Silber, und das Landeszentralbanksystem sowie die Einkommenssteuer werden von ihnen für verfassungswidrig und jüdisch erklärt. Sie schrecken nicht davor zurück, ihre Sozialversicherungskarte zurückzuschicken, ohne Nummernschild zu fahren oder ihre Kinder zu Hause zu behalten, wo sie »Bibelunterricht bekommen«.

Da die Gründer der Posse Comitatus, Beach, Gale und Wickstrom, Pastoren der Christlichen Identität sind, ist es nur folgerichtig, daß die Bewegung seit ihrem Entstehen antisemitisch geprägt ist und an die Überlegenheit der weißen Rasse glaubt. Die Juden sind die Kinder Satans, die Schwarzen sind eine Vorform des Menschen, also Tiere, die weißen Christen sind die verlorenen Lämmer des Hauses Israel und die Vereinigten Staaten das Gelobte Land der Bibel ...

Eigentlich nichts Besonderes in der amerikanischen Ultrarechten, aber auch nichts, was erklären kann, daß die Bewegung Mitte der achtziger Jahre zwischen 25 000 und 50 000 aktive Mitglieder hat, die zahlreichen Sympathisanten nicht zu vergessen.

Die Erklärung dafür muß in den Besonderheiten der Posse Comitatus gesucht werden. Ihre Entwicklung in den achtziger Jahren hängt mit der schweren Krise zusammen, in die die amerikanische Landwirtschaft gerät, als die Politiker von »einer sehr wettbewerbsfähigen amerikanischen Landwirtschaft mit 75 000 Musterbetrieben« schwärmen. Keine Zukunft mehr für Zehntausende von Kleinbauern, die brav den Ratschlägen der Experten gefolgt sind, die sie ermuntert haben, ihre Betriebe zu modernisieren, zu investieren und sich in Erwartung phantastischer Ernten zu verschulden.*

Als die Banken den Geldhahn zudrehen, die Gerichtsvollzieher bei den Bauern anrücken und massenhaft Zwangsversteigerungen stattfinden, finden die Opfer, ihre Verwandten und ihre Freunde die Aktivisten der Posse Comitatus an ihrer Seite, ihre Anwälte, ihr Geld und ihre Erklärungen. Denn wenn man davon ausgeht, daß die Regierung, deren Maßnahmen die Bauern in den Ruin treiben, nicht die rechtmäßige Regierung der Vereinigten Staaten, sondern ein Werkzeug in den Händen der internationalen jüdischen Verschwörung ist, wird alles klar. Tausende von Broschüren, Millionen von Flugblättern und Plakaten, Audio- und Videokassetten bringen diese Theorie in den Bundesstaaten unter die Leute, in denen die Landwirtschaft eine wichtige Rolle spielt. Man begreift dann den Erfolg der Posse Comitatus in Oregon, Wisconsin, Missouri, Arkansas, Kansas und ihr völliges Einschwenken auf den Kurs der gewalttätigsten, extremistischsten Klans, Nazigruppen und Survivalists.

Es dauert nicht lange, bis die Posse Comitatus mit der effizienten Hilfe von Klansleuten und Nazigruppen vom passiven Widerstand zur aktiven Gewalt übergeht. Sie organisiert Ausbildungscamps, die als »ökologische Seminare« ausgegeben werden; beispielsweise in Weskau in Kansas, wo sich die Teilnehmer mit so ökologischen Aktivitäten wie dem »Gebrauch von modernen Waffen, Guerilla, Selbstmordkommandos, Giften, Bogenschießen, Nahkampf mit Messern, Karate und Kriegstechniken« vertraut machen können.

Mehrere Jahre lang werden Sheriffs, Vollzugsbeamte, Richter, Bundesbeamte und Journalisten bedroht, wobei den

---

* Das Landwirtschaftsgesetz von 1981 wird häufig verächtlich das Landwirtschaftsvernichtungsgesetz genannt. Das Landwirtschaftsministerium hat bekanntgegeben, daß 1985 399 000 Personen die Familienbetriebe verlassen haben und daß 214 000 Höfe dieser Art in einer verzweifelten Situation waren.

Drohungen häufig Taten folgen, so wie auch Anschläge auf jüdische Persönlichkeiten stattfinden. Im Februar 1983 erschießt Gordon Kahl, einer der fanatischsten Aktivisten, kaltblütig zwei Beamte, die ihn auf seinem Hof in North Dakota festnehmen wollen. Wegen Steuerverweigerung verurteilt, war er auf Ehrenwort freigelassen worden und hatte die damit verbundenen Auflagen nicht erfüllt. Nachdem er mehr als vier Monate lang flüchtig war, kommt er bei der Explosion des Hauses um, in dem er sich verschanzt hat, nicht ohne vorher in Arkansas einen Sheriff erschossen zu haben. Durch seinen Tod wird er für die gesamte faschistische Ultrarechte und für Zehntausende von erbitterten und enttäuschten Amerikanern, die den Versprechungen der Regierung nicht mehr glauben, zu einem echten Helden.

Die Behörden nehmen den Tod der drei Polizeibeamten zum Anlaß für eine großangelegte Aktion gegen die Führer der Posse. James Wickstrom wird wegen falscher Papiere verhaftet, dann im Mai 1985 wieder freigelassen; im selben Monat gründet er in Pennsylvania eine neue Kirche.

Die Posse Comitatus geht in Deckung, einige Führer agieren so unauffällig wie möglich, andere werden strafrechtlich verfolgt, wie Thomas Stockheimer, der wegen Verstoßes gegen das Waffengesetz zu zwei Jahren Gefängnis verurteilt wird. Aber seine geheime Organisationsstruktur ermöglicht ihm das Überleben, und nach einer bewährten Taktik tritt er fast überall unter neuen Namen wieder auf und verzichtet auf zu schwerfällige Strukturen zugunsten von kleinen Gruppen zwischen fünf und zehn Personen. In Iowa tritt er als »Informierte Bürger« auf, in Wichita, Kansas, als »Amerika zuerst«, ebenfalls in Kansas als »Große Jury der Bürger« – die Namen wechseln, aber hinter der Fassade ist es immer die Posse Comitatus, welche die Fäden zieht. Selbst geschwächt bleibt sie ein wichtiger Teil der amerikanischen Ultrarechten und behält in allen Staaten des Mittleren Westen, insbesondere in Colorado und in Kansas, eine starke Basis; sie ist um so gefährlicher, als sie ihre Aktivität im Gegensatz zu den Nazis und den Klans ausgehend von den Alltagssorgen einer ganzen Bevölkerungsgruppe entwickelt hat, die Opfer der Krise geworden ist.

DIE EPIGONEN
Ein gewisse Anzahl anderer, mehr oder weniger wichtiger Gruppen ist über ganz Amerika verstreut. Nicht alle sind ebenso gewalttätig, aber die meisten von ihnen hatten oder haben wegen des Waffengesetzes eine Rechnung mit den Bundesbehören zu begleichen. Das gilt beispielsweise für die Kirche des Lebendigen Wortes, die in Missouri auf einem acht Hektar großen Anwesen lebt; für die Religionsgemeinschaft Elohim City in Oklahoma, deren Chef Robert Millar ein persönlicher Freund von Jim Ellison ist; für die Patrioten von Arizona, die nie mehr als 200 waren, es aber geschafft haben, ein regelrechtes Waffenarsenal anzulegen, Banken zu überfallen, Anschläge auf Synagogen zu verüben und die immer noch existieren, obwohl sich ihr Chef, der Westerndarsteller Ty Harding, von ihnen getrennt hat; für die Befreiungsarmee der Bauern in Kansas oder für die Heritage Library des Milliardärs Larry Humphreys, die auf einem 120 Hektar großen Gelände in Velma, Oklahoma eingerichtet wurde. Es gilt gleichermaßen für Dutzende von anderen Kirchen, Gemeinschaften und Sekten, die entstehen, sich wieder auflösen und von der Polizei und den Bundesbehörden nur sehr unzureichend überwacht werden können.

Und das ist nicht alles. Denn neben diesen gewalttätigen Gruppen, die ohne Zögern die Grenzen der Legalität überschreiten, gibt es noch Dutzende von Organisationen, die zwar vorgeben, die Demokratie zu respektieren und jede Gewalt zu verurteilen, aber dennoch zur faschistischen Strömung gehören. Sie nennen sich Acres, USA, Nationaler Verband der landwirtschaftlichen Presse, Schule der Anwälte, Informationsnetz für die Patrioten, Patrioten für unsere Republik, Retten wir unser Land, und ihre programmatischen Aussagen sind austauschbar.

In manchen Fällen gelingt es ihnen, ein großes Publikum zu erreichen, wie beispielsweise die Populistische Partei, die nazistische Auffassungen in einen respektablen Stil kleidet, die *The Spotlight* herausgibt, dessen Auflage von 150 000 Exemplaren Antisemitismus im krisengeschüttelten ländlichen Amerika verbreitet, und das revisionistische Geschichtsinstitut unterhält, das schon mehrmals die Franzosen Roques und Faurisson eingeladen hat, die den Holocaust leugnen. Ein weiteres Beispiel ist das äußerst zwielichtige Nationaldemokratische Politische Komitee (CPND) von Lyndon LaRouche, das häufige Kontakte zur Posse Comitatus hat und glaubt, daß die Juden und die Königin von England hinter dem Drogenhandel stehen, daß Jimmy Carter schlimmer ist als Hitler, daß Fidel Castro, die Jesuiten und die Freimaurer erschossen und die Homosexuellen in spezielle Lager gesteckt werden sollten. Das alles könnte man nur belächeln, wenn das CPND nicht ebenso mysteriöse wie beträchtliche Geldquellen hätte, die es ihm erlauben, zahlreiche Organisationen zu gründen oder zu unterwandern und seine Anhänger in die verschiedensten Ämter zu hieven; wenn es ihm nicht gelungen wäre, mit einigen unerwarteten und allgemeinen Themen – Hilfe für die dritte Welt, Drogenbekämpfung, Unterstützung für die Kleinbauern – rechtschaffene Menschen zu verführen, die über die engen Beziehungen zum Klan oder zu den Neonazis kaum im Bilde sind; wenn es nicht in ganz Europa ein richtiges Netz gespannt hätte, das aus den nationalen Verbänden der Europäischen Arbeiterpartei (EAP) besteht, die offenbar über genügend Geld verfügen, um bei allen Wahlen Kandidaten aufzustellen.

Damit ist das Bild immer noch nicht vollständig. Zwar haben die Behörden einige Organisationen zerschlagen und überwachen andere. Aber wer zu dem beruhigenden Schluß kommen sollte, daß die Leute des Ordens und des CSA ja schließlich im Gefängnis seien, lasse sich durch zwei Meldungen eines Besseren belehren. Die erste betrifft den Mai 1988. Eine Zeitung aus Spokane in Idaho berichtet, daß

»wieder geheime paramilitärische Übungen im Norden Idahos stattfinden« und daß »mehrfach in Geschäfte eingebrochen wurde, die elektronische Geräte verkaufen«. Die Beute umfaßt »Scanner, CB-Funkgeräte und Walkie-Talkies«. Die zweite stammt vom Oktober 1988 und besagt, daß Pastor Richard C. Wilmot, geistlicher Führer der Kirche der Friedlichen Weiden im Staat New York und Chef der 200 Mitglieder der Freunde der Freiheit, Überlebenstrainingskurse auf seinem 160 Hektar großen Anwesen anbietet, auf dem sich unter anderem ein Schießplatz, ein Waffen- und Munitionslager und eine Hindernisbahn befinden. Als er von einem Journalisten nach den Gründen für dieses Camp gefragt wurde, hat Wilmot schlicht und einfach geantwortet: »Die Kommunisten schicken sich mit Hilfe des Papstes und der Juden an, die Christen im größten Blutbad der Geschichte zu ertränken. Sie haben schon einen Fuß in der Regierung. Armageddon ist nahe, und es ist meine Pflicht, die patriotischen Christen auf den Sieg vorzubereiten.«

Nazi-Klan-Story
1983

Sie predigen Wasser und trinken Wein
Amelia County, Virginia

William Church, sechsundzwanzig Jahre alt, wird verhaftet und der Vergewaltigung eines kleinen achtjährigen Mädchens, seiner eigenen Nichte, beschuldigt.

Church macht nicht zum ersten Mal von sich reden. Drei Jahre zuvor hat er einen neuen Klan, die Ritter des KKK für Gerechtigkeit in Amerika, gegründet und sich selbst zum Imperial Wizard ernannt. Um diese »Wiedergeburt des Klans in Chattanooga, Tennessee,« zu feiern, verbringen der neue Imperial Wizard und vier seiner Untertanen am 19. April einen feucht-fröhlichen Abend und suchen dann das schwarze Wohngebiet auf. Sie haben ihre Nummernschilder unkenntlich gemacht und zwei Kreuze und Benzin, aber auch zwei großkalibrige Gewehre mitgenommen. Auf der Martin-Luther-King-Avenue angekommen, verbrennen sie die Kreuze und schießen dann auf eine Gruppe von farbigen Frauen, bevor sie wieder verschwinden.

Im Juli festgenommen und angeklagt, werden Church und seine rechte Hand Larry Payne von einem ausschließlich weißen Geschworenengericht freigesprochen. Ihr Komplize, Marshall Trash, der sich im Gegensatz zu ihnen schuldig bekennt, wird zu neun Monaten Gefängnis verurteilt, von denen er drei absitzt, bevor er wegen guter Führung entlassen wird.

Ihre Opfer – vier Frauen sind durch Glas- und Betonsplitter verletzt worden – legen Berufung ein, und im Februar 1982 tritt ein Bundesgeschworenengericht zusammen. Nach dem neuen Prozeß verurteilen die Geschworenen – drei Weiße und drei Schwarze – die Angeklagten zu einer Entschädigungszahlung von 535 000 Dollar.

Ein wichtiges Urteil, denn es zeigt den Klans, daß sie nicht mehr mit der Straffreiheit rechnen können, die sie mehr als hundert Jahre lang genossen haben. Aber gleichzeitig ist es zu symbolisch, denn die Ritter für die Gerechtigkeit haben keine Existenzgrundlage mehr; Thrash und Payne haben ihre Stellung verloren, Church erklärt, daß er völlig mittellos ist, und muß einen Pflichtverteidiger in Anspruch nehmen: Wie kann man da annehmen, daß diese Entschädigung eines Tages bezahlt werden könnte?

Im Laufe des Prozesses stellt sich heraus, daß Church Alkoholiker ist, daß er die Frauen schlägt, die bei ihm wohnen, und daß er zum Zeitpunkt seiner Festnahme die Ermordung George Keys, des Vorsitzenden der örtlichen Sektion des NAACP, plante.

Nachdem Church 1983 wegen einer Vergewaltigung verhaftet worden ist, schreibt seine Schwägerin an die Opfer der Schießerei von Chattanooga: »Ich weiß, daß es sich im vorliegenden Fall nicht um eine rassistisch motivierte Tat handelt, aber es zeigt deutlich, was für Leute in solchen Organisationen sind. Von diesem Mann haben zwölf Geschworene gesagt, daß er nur das Bedürfnis hatte, sich ›abzureagieren‹. Sie sollen wissen, daß dieser Mann weiterhin Menschenleben zerstört. Besonders das meiner kleinen Tochter.«

Der »Fall Church« hat in der Tat den Vorteil, daß er »deutlich zeigt, was für Leute in solchen Organisationen sind«, denn dieser Fall ist alles andere als eine Ausnahme. Auf der einen Seite Verteidiger der puritanischen Moral, auf der anderen Seite Strolche, die weder vor Diebstahl noch vor Mord, weder vor Vergewaltigung noch vor Drogenhandel zurückschrecken.

In Richmond, Kalifornien, wird Terry Butler, Exalted Cyclops der Ritter des KKK, zuerst des Verkaufs von Drogen und Waffen beschuldigt. Kaum wieder auf freiem Fuß, wird er erneut inhaftiert, diesmal wegen Betrugs, Vergewaltigung und Diebstahls.

In Sacramento, Kalifornien, erschießt Harvey Hopkins, Imperial Wizard des Unsichtbaren Reiches des KKK, seine Frau. Nach drei Jahren aus dem Gefängnis entlassen, macht er wieder von sich reden, als seine zweite Frau ihn anzeigt, weil er sie geschlagen und ihr Verletzungen zugefügt hat.

In Memphis, Tennessee, bestrafen zwei Klanmitglieder einen ehemaligen Bruder mit Teeren und Federn. Das Opfer hatte seinen Austritt aus dem Klan öffentlich mit der Entdeckung gerechtfertigt, daß die Führer des Klans Marihuana und Kokain verkauften und daß einer von ihnen sogar Frauen warb, um sie in Pornofilmen einzusetzen.

In Atlanta, Georgia, wird Jim Blair, ehemaliger Imperial Wizard des Unsichtbaren Reiches der Ritter des KKK, wegen Handels mit Amphetaminen verhaftet.

In Reading, Pennsylvania, wird der bekannte Klansmann Roy Frankhouser, der enge Kontakte zu Lyndon LaRouche hat, wegen Steuerhinterziehung zu zwei Jahren Gefängnis verurteilt.

In ....

KAPITEL 5
Das Innenleben der Organisation

Eine Geheimorganisation

Die Gründung des Ku-Klux-Klan war die einer Untergrundbewegung, einer Geheimgesellschaft. Was erklärt, daß der Klan immer die Merkmale solcher Gesellschaften hatte: Geheimhaltung, Tarnung, Decknamen, Aufnahmeriten, Regeln und Schwüre. Und dies war um so naheliegender, als Amerika schon 1865 das »Land von fünfzig Millionen Brüdern«, das heißt das Paradies der Freunde von Vereinigungen, Bruderschaften, Gesellschaften und Orden aller Art war. Die meisten Gründer des Klans gehörten übrigens zu den Freimaurern, und zu bestimmten Zeiten gewann der Klan sehr viele Mitglieder aus ihren Reihen.

Decknamen, Zeichen und geheimnisvolle Namen erlaubten es den Mitgliedern des Klans, sich überall zu erkennen, während ihre Kleidung an die der Kreuzfahrer erinnerte – diese trugen ein großes weißes Chorhemd mit dem Kreuz Christi – und sowohl bei den Zeremonien als auch bei den Gewalttaten Anonymität garantierte. Die Vorliebe für das Geheime und der Reiz des Mysteriösen waren auch für die Wahl des Namens der Gesellschaft ausschlaggebend.

Die Liebe zum Griechischen

Am 6. Mai 1866 heben Calvin Jones und Richard Reed, die den Auftrag erhalten haben, einen Namen für die zukünftige Bewegung zu finden, die Schwierigkeit ihrer Aufgabe hervor und machen dann mehrere Vorschläge, die keinerlei Begeisterung auslösen, bis das griechische Wort *Kuklos* (Kreis) ausgesprochen wird. Binnen weniger Sekunden sind alle Feuer und Flamme. Irgend jemand schlägt vor, das *o* in ein *u* zu verwandeln, um den Stabreim auf das *k* durch einen Halbreim auf das *u* zu verstärken. Ein anderer schlägt vor, das *s* in *x* zu verwandeln, was den Stabreim auf das *k* noch einmal verstärkt. So kommt man zu dem Namen Ku-Klux-Klan.

Was die wiederholten Behauptungen betrifft, einer der Gründer hätte das Wort Klan als Anspielung auf die schottischen Klans vorgeschlagen, so deutet in der Aussage John Lesters, eines der sechs Gründer, nichts darauf hin, daß dies zutreffend ist. Lester schreibt nur, daß »sofort Klan im Raum stand und daß das Wort hinzugefügt wurde, um den Stabreim zu verstärken«. Aufgrund dieser Aussage aus erster Hand, die von den meisten Historikern, die sich mit dem Klan beschäftigt haben, ignoriert wird, können auch alle aus der Luft gegriffenen Erklärungen in bezug auf den Ursprung des Ausdrucks Ku-Klux-Klan ad acta gelegt werden: Er ist nicht das lautmalerische Wort für das metallische Klicken, das bei der Sicherung eines Gewehres entsteht; er ist nicht eine Verballhornung von Clocletz, des Namens eines legendären Indianerhäuptlings; und er ist auch nicht an das lateinische Wort *lux* (Licht) angelehnt. Was die Meinung betrifft, daß der Ku-Klux-Klan gar nichts ausdrücken wollte, daß die Anfangsbuchstaben KKK nichts weiter als *Kill, Kill, Kill* (Tötet, Tötet, Tötet) bedeuten, so ist sie erst nach dem Wiedererstarken des Klans im Jahre 1915 aufgekommen.

Das Unsichtbare Reich

Die gleiche Neigung zur Konspiration und Anonymität, die gleiche Vorliebe für das Mysteriöse bestimmen die Versammlung in Nashville im April 1867, als Nathan Bedford Forrest an die Spitze des Ku-Klux-Klan berufen wird, und die Grundlagen und Regeln der Bewegung in ersten Umrissen festgelegt werden. Nachdem die Delegierten die Majestät und Oberherrschaft, die Güte und Allmacht Gottes anerkannt, nachdem sie der Regierung und den Gesetzen Amerikas Treue geschworen haben, gehen sie dazu über, die Organisationsstruktur der Bewegung auszuarbeiten.

Der Ku-Klux-Klan wird als ein geographisches und politisches Gebilde betrachtet, das sich über das ganze Territorium der Vereinigten Staaten erstreckt und das Unsichtbare Reich genannt wird. Es ist in vier Bereiche unterteilt. Ganz unten die Höhle (Den), dann die Provinz (Province), der Distrikt (Dominion), das Königreich (Realm), und das Ganze stellt das Reich (Empire) dar. Die Offiziere, die diese Geheimarmee führen, sind der Grand Wizard, dem zehn Genii assistieren, die Grand Dragons of the Realm, denen acht Hydras assistieren, die Great Titans of the Dominion und ihre sechs Furies, die Grand Giants of the Province und ihre vier Goblins und schließlich die Grand Cyclopses of the Den mit ihren zwei Night Hawks.

Die Liste der Führer wird durch einen Grand Magy, einen Grand Monk, einen Grand Exchequer, einen Grand Turk, einen Grand Scribe, einen Grand Sentinel und einen Grand Ensign vervollständigt. Was die Masse der Anhänger betrifft, so setzt sie sich aus Ghouls zusammen.

Die Rechtssprechung des Klans wird durch einen Grand Council of Yahoos für die Offiziere und einen Council of Centaurs für die Ghouls ausgeübt. Als Fahne des Klans wählte man die Form eines gleichschenkligen Dreiecks, fünf auf drei Fuß, gelb, mit einer drei Zoll breiten roten Bordüre. Über einem fliegenden schwarzen Drachen steht die Devise: *Quod semper, quod ubique, quod ad omnibus.*

Gleichzeitig wird ein neuer Kalender eingeführt, der die Jahre ausgehend von der Gründung der Organisation zählt. Farbadjektive bezeichnen die Tage, düstere Adjektive die Monate und Stunden.

Die folgenden Klans, seien es nun die von 1915 oder ihre Nachfolger, respektieren lange den Geist der ersten Satzung, auch wenn sie wichtige Veränderungen vornehmen. So wird der Grand Wizard schon bald zum Imperial Wizard, und die Zahl der Genii steigt auf fünfzehn, die der Furies auf neun, die der Hydras auf zwölf. Die Goblins verschwinden, um zwölf Terrors Platz zu machen.

Was den Kalender betrifft, so wird er 1915 entscheidend verändert und stellt sich fortan folgendermaßen dar:

Tage	*Wochen*	*Monate*
dunkel	jammervoll	blutig
tödlich	trauernd	düster
traurig	klagend	gräßlich
trübe	ungewöhnlich	schrecklich
verlassen	phantastisch	wütend
furchtbar		beunruhigend
hoffnungslos		entsetzlich
		abscheulich
		trauervoll
		gramvoll
		scheußlich
		erschreckend

Titans, Dragons und Wizards

Trotz einiger weiter oben erwähnter Veränderungen halten sich die heutigen Klanmitglieder weiterhin an die ursprünglichen Regeln und Aufnahmerituale. Die Welt, zu der sie gehören, existiert parallel zu der sozialen und politischen Organisation ihres Landes. Sie gehorcht Regeln, Vorschriften und Riten, die etwa bei der Gründung der Vereinigung der Klans von South Carolina im Jahre 1957 erneut bekräftigt wurden.

Diese Welt ist immer noch das Unsichtbare Reich. Es ist ein geographisches Gebilde, auf das sich die Rechtssprechung des Ordens des Ku-Klux-Klan erstreckt, und das zugleich die Gesamtheit der Regeln, Gesetze, Güter und Personen umfaßt, die dazugehören.

Auch wenn es viele Klans gibt, die meistens rivalisieren, lehnt sich ihre »Konstitution« im allgemeinen an diejenige an, die für das Unsichtbare Reich der Ritter des Ku-Klux-Klan seit seiner Gründung durch Bill Wilkinson verbindlich war. Aus dieser »Konstitution« ergeben sich folgende Organisationstrukturen, Gesetze und Regeln.

Der Klan ist stark gegliedert und unterteilt. Das Unsichtbare Reich besteht aus Staaten (States) oder Königreichen (Realms), aus Distrikten (Dominions) oder Provinzen (Provinces) sowie aus Klavernen (Klaverns).

Auf der Ebene des Reiches wird es von einem Imperial Bureau nach den Richtlinien geführt, die auf dem nationalen Konvent festgelegt werden, welcher alle zwei Jahre stattfindet und an dem alle Klanmitglieder teilnehmen, die für eine Unterabteilung des Klans verantwortlich sind. Er stellt die Gesetze auf, trifft die Entscheidungen, gewährt Belohnungen, spricht Verwarnungen aus. Seine Entscheidungen sind unbedingt auszuführen, es sei denn, der Imperial Wizard, der von diesem aus Genii oder Imperial Officers bestehenden Imperial Bureau für vier Jahre gewählt wird, legt sein Veto ein. (Es gibt Ausnahmen. So wurde James Venable auf Lebenszeit zum Imperial Wizard der Nationalen Ritter des Ku-Klux-Klan gewählt, und Dave Holland begnügt sich bei den Weißen Rittern des Südens des Ku-Klux-Klan mit dem Titel Grand Dragon.)

Auf der Ebene des Staates führen die Grand Officers, die direkt vom Imperial Wizard ernannt werden, die Organisation, der der Grand Dragon vorsteht. So war Tom Metzger lange Grand Dragon der kalifornischen Sektion der Ritter des Ku-Klux-Klan von David Duke, ebenso war Louis Beam Grand Dragon der texanischen Sektion. Dem Grand Dragon, der ebenfalls für vier Jahre gewählt wird, sind fünf Hydras oder Erlauchte Offiziere beigegeben, nämlich der Grand Klaliff, der Grand Kludd, der Grand Kligrapp, der Grand Klabee und der Grand Night Hawk.

Einmal im Jahr versammelt der Grand Dragon die verschiedenen Distrikte seines Staates. Jeder Staat ist in Distrikte unterteilt, die das Territorium eines oder mehrerer Landkreise umfassen können. Der Distrikt wird von einem Great Titan geführt. Die Offiziere, die ihm unterstehen, sind der Great Klaliff und der Great Kligrapp sowie seine Furies.

Die kleinste Einheit ist der Klavern, das letzte Glied der Kette, die Grundeinheit der Organisation auf der Ebene des Dorfes oder eines Stadtviertels, je nach der Bedeutung des Klans. Der Offizier an der Spitze des Klaverns ist der Exalted Cyclops, dem ein Klaliff, ein Kludd, ein Kligrapp, ein Klabee und ein Night Hawk zur Seite gestellt sind.

Der Exalted Cyclops hat die Aufgabe, mindestens zweimal jährlich eine Klonklave einzuberufen, und ist durch die »Konstitution« ermächtigt, Geheimversammlungen mit wenigen Leuten zu organisieren, um »besondere Punkte« zu besprechen. In diesem Fall wendet er sich an drei Mitglieder des Klaverns, die Terrors genannt werden und den Klokann bilden.

Alle zwei Jahre finden vor dem nationalen Konvent Vorbereitungssitzungen auf der Ebene des Klaverns (Klonklave), des Distriktes (Klonverse) und des Staates (Klorero) statt.

Geheimhaltung, Jargon und kabbalistische Formeln

Der Grundsatz der Geheimhaltung, der absolute Gültigkeit hat, soll natürlich eine Bewegung schützen, deren Hierarchie so abgeschirmt ist, daß die große Masse der Mitglieder die Führer nicht kennt. Aber das Bedürfnis, die Bewegung zu schützen, erklärt nicht alles. Das Vokabular, die hochtrabenden Titel und die kabbalistischen Formeln sind für den Klan notwendig, weil sie ein unerläßliches Element einer jeden Geheimorganisation sind. Der Klan ist eine Art Gegengesellschaft, die es verarmten Bauern, kleinen Angestellten und verunsicherten Kleinbauern ermöglicht, einen Status zu erreichen, den die amerikanische Gesellschaft ihnen verweigert. Er spielt die Rolle einer brüderlichen Hilfsorganisation, einer Art Versicherungsverein auf Gegenseitigkeit. Außerdem kann man durch den Beitritt umstandslos eine andere Person und Persönlichkeit werden.

Indem das Klanmitglied die weiße Kutte und Kapuze anlegt, unter Fackeln und brennenden Kreuzen marschiert, durch eine beruhigende Anonymität geschützt ist und sich als einzelner unbesiegbar wähnt, weil es in einer ständig wachsenden Masse aufgeht, fühlt es sich beträchtlich aufgewertet. Diese neue Welt, die sich ihm darbietet, darf den »anderen« nicht bekannt werden. Daher die unbedingte Notwendigkeit eines Vokabulars für den internen Gebrauch, eines Jargons mit Begriffen, Ausdrücken und Formeln, die sich von allem unterscheiden, was es schon gibt, so wie es bei den Freimaurern, den »Coquillards«, einer mittelalterlichen Räuberbande, oder den Genossen der Fall war und ist. In einer überraschend »ökumenischen« Weise macht man Anleihen bei den verschiedensten Kulturen und Religionen, indem man Klaliff und Kloran von den Moslems, Grand Dragon von China, Liktor vom antiken Rom und Grand Monks vom Christentum übernimmt.

Als der Klan 1915 wieder auflebt, systematisieren seine neuen Führer das, was die Gründer 1865 entwickelt haben. Da diese sich des starken Klangs, aber auch der graphischen Wirkung des *k* bewußt waren, hatten sie Clan in Klan verwandelt; ab 1915 werden alle harten *c* durch die »mystischen Buchstaben« *kl* ersetzt: So wird eine »Convocation« (Zusammenkunft) zu einer »Klonvokation« und ein »Council« (Versammlung) zu einem »Klonsel«.

Die wichtigsten dieser mystisch aufgeladenen Begriffe, von denen viele Funktionen und Ränge bezeichnen und ohne die einem die Geheimorganisation verschlossen bleibt, sind im folgenden aufgelistet:

Invisible Empire: Geographische Zone, auf die sich der Einfluß bzw. die Macht eines Klans erstreckt, oder der Klan selbst.

Empire invisible: Der Tod. Bei der Grabrede für ein Klanmitglied sagt der Kludd oder Kaplan, daß der Verstorbene das »Invisible Empire« verlassen hat, um in das »Empire invisible« einzugehen.

Klankraft: Praktiken und Überzeugungen des Klans.

Kloran: das heilige Buch

Konstitution: Regeln und Gesetze

Kalendar: Der Kalender, der die Ereignisse seit der Gründung des Klans und seiner Wiederbelebung 1915 datiert. Anno Klan, im Jahre des Klans, wird im allgemeinen AK geschrieben.

Klonvokation: Imperiale gesetzgebende Versammlung: der Kongreß, der alle zwei Jahre stattfindet.

Klavern (ehemals Den): die örtliche Organisation, die Versammlung, der Versammlungsort.

Klecktoken: imperiale Steuer, Beitrag.

Imperial Wizard: Imperialer Hexenmeister, höchster Titel.

Klaliff: Stellvertretender Vorsitzender, der zweite Offizier auf allen Ebenen der Organisation. Als rechte Hand des Imperial Wizard hat er den Vorsitz bei Versammlungen und Kongressen, wenn dieser abwesend ist.

Kludd: Kaplan, Geistlicher, für den religiösen Teil der Veranstaltungen zuständig.

Kligrapp: Sekretär, hält die Mitgliederliste der Organisation auf dem laufenden: Beitritte, Ausschlüsse, Informationen über den Lebenswandel.

Klabee: Schatzmeister.

Klokard: Referent, der auch für die Klankraft verantwortlich ist.

Kladd: Zeremonienmeister, Protokollchef.
Night Hawk: Nachteule; Sicherheitschef, Träger des brennenden Kreuzes und für den Klokann verantwortlich.
Klarogo: Wache, die für innere Sicherheit zuständig ist.
Klexter: Wache, die für den Schutz vor äußeren Gefahren zuständig ist.
Klonsel: Rechtsberater, im allgemeinen ein Anwalt, der Mitglied oder Sympathisant des Klans ist.
Klavalier: Elitesoldaten, die Geheimaufträge durchführen, tragen schwarze Kutten und Kapuzen.
Kleagle: Rangniederster Offizier, aber gleichzeitig das treibende Element des Klavern, da er als »hauptamtlicher Organisator« arbeitet. Er sucht Versammlungsorte aus, kauft Holz und Benzin für das Aufstellen von Kreuzen, richtet für den Klavern ein Bankkonto und ein Postfach ein.
Klokann: Sicherheitsorgan, das aus drei Klavaliers besteht – ein Night Hawk, ein Klarogo, ein Klexter –, und Erkundigungen über das Vorleben potentieller Mitglieder einzieht.
Inner circle: Kleine Gruppe von vier oder fünf Mitgliedern, die solche Aktionen wie das Anzünden von Kreuzen, Angriffe auf Feinde und Sprengstoffanschläge vorbereitet und durchführt. Ihre Mitglieder und Aktivitäten bleiben geheim, und sie ist nur der höchsten Autorität, dem Exalted Cyclops, dem Great Titan, dem Grand Dragon oder dem Imperial Wizard Rechenschaft schuldig.
KBI: Klan Bureau of Investigation: die Geheimpolizei des Klans, zumeist Polizisten oder FBI-Beamte.
Wrecking crew oder *Action squad*: Klavaliers unter dem Kommando des Night Hawk, die gewaltsam gegen Verräter oder Feinde vorgehen. Relativ selbständig, erhalten sie ihre Anweisungen vom Exalted Cyclops. Für ihre Aktionen muß der Kludd grünes Licht geben.
Wrecked: Aktion der Wrecking Crew gegen einen Feind.
Naturalization: Einführung oder »Einbürgerung« der neuen Mitglieder.
Passport: Mitgliedskarte.

Alien: Alles, was nicht zum Klan gehört.
Banished: Aus dem Klan ausgeschlossen.
Kardinal kullors: Die Hauptfarben (weiß, purpurrot oder schwarz). Die Nebenfarben sind grau, grün, blau.

Diesen von den verschiedenen Klans häufig gebrauchten Begriffen ist ein Dutzend kabbalistischer Formeln hinzuzufügen, die sehr verbreitet sind und ein ganz einfaches Strickmuster haben: Die ersten Buchstaben eines Ausdrucks oder eines Satzes werden zusammengesetzt.

Befindet sich ein Klansmann in einer Gegend, in der er nicht ohne weiteres sein MIOK (Mystic Insignia Of a Klansman, Mystische Insignien eines Klansmanns) zeigen kann, das heißt ein dreieckiges Emblem mit den Initialen AKIA, kann er seinem Nebenmann an der Bar, in dem er einen »Patrioten« zu erkennen glaubte, zuraunen: »AYAK?« (*Are You A Klansman*, Bist du ein Klansmann?)

Und wenn der Nebenmann auf ebenso rätselhafte Weise antwortet: »AKIA (*A Klansman I Am*, Ich bin ein Klansmann), hat er sich zu erkennen gegeben.

Wenn sich einer von ihnen von Leuten beobachtet fühlt, die zu neugierig oder direkt feindselig sind, macht er den rätselhaften Ausruf: SANBOG! (*Strangers Are Near, Be On Guard!*, Es sind Fremde in der Nähe, sei auf der Hut!)

Was die anderen Formeln betrifft, die neben dem rituellen KIGY (*Klansmen I Greet You*, Klansmänner ich grüße euch) existieren, mit dem der Imperial Wizard seine Reden oder Leitartikel beginnt, so werden sie fast ausschließlich in schriftlichen Dokumenten verwendet: KABARK (*Konstantly Applied By All Real Klansmen*, Von allen richtigen Klansmännern ständig gebraucht); KLASP (*Klanish Loyalty A Sacred Principle*, Die Treue zum Klan, ein heiliges Prinzip); und vor allem das weihevolle ITSUB (*In The Sacred Unfailing Bond*, Im Namen des heiligen und unvergänglichen Bandes), mit dem jeder Brief endet. Die drei Buchstaben SOR schließlich bedeuten das *Sign Of Recognition*, das Erkennungszeichen: Die Klansleute grüßen sich mit dem ausgestreckten linken Arm, den Daumen nach innen gelegt, die vier anderen Finger gespreizt, als Symbol für die vier Prinzipien des Klans.

Aufmachung, Symbole und Rituale

Die Klans, welcher Couleur auch immer, haben stets das Vermächtnis der Kreuzritter des Mittelalters für sich beansprucht, »deren gefahrvolle Unternehmungen zur Rettung des Heiliges Landes vor den verfluchten Türken unseren Kampf gegen die heranwogenden Horden des Antichristen vorweggenommen haben«, wie es Virgil Griffin ausdrückt. Ist es also verwunderlich, daß die Aufmachung der Klansleute stark der Kleidung der Kreuzritter ähnelt?

Die Kutten und Kapuzen werden schon bald mit Farben oder verschiedenen Zeichen verziert. Der Imperial Wizard trägt offiziell eine violette Kutte und Kapuze. Beim Klaliff sind sie goldfarben, beim Kludd blau, beim Klokard grün, beim Kladd und Night Hawk rot, bei den Klavaliers schwarz und bei den anderen weiß. Sie sind mit gestickten Drachen verziert. Diese Kleidung wird nur bei den Zeremonien getragen. Die meiste Zeit begnügen sich die Würdenträger mit der weißen Kutte und Kapuze, und nur die Streifen auf den Ärmeln deuten auf ihre Verantwortlichkeit und ihren Rang hin.

Alle Imperial Officers haben blaue Streifen, der Imperial Wizard fünf, der Klaliff vier, der Kludd, der Kladd und der Klabee drei, der Night Hawk zwei. Die Offiziere auf der Ebene des Staates haben grüne Streifen, der Grand Dragon vier, die anderen Offiziere drei, der Night Hawk zwei. Für den Distrikt sind sie rot und reichen von drei für den Great Titan bis zu einem für den Night Hawk. Die Kleagles und andere Exalted Cyclopes begnügen sich mit zwei oder drei schwarzen Streifen, je nach der Bedeutung ihres Klaverns.

Es kommt allerdings nicht selten vor, daß Führungspersonen in einer Art und Weise gekleidet sind, die ihrer Funktion nicht entspricht: Virgil Griffin, für das Massaker von Greensboro verantwortlich und Imperial Wizard der Christlichen Ritter des Ku-Klux-Klan, bevorzugt grün, Joe Grady, der Imperial Wizard der Weißen Ritter der Freiheit, hingegen rot und blau!

Darüber hinaus scheinen die neuen Generationen von Klansleuten Kutten und Kapuzen immer mehr zugunsten von Uniformen und militärischen Kampfanzügen aufzugeben. Die Aktivisten der Partei der Patriotischen Weißen (WPP) von Glenn Miller, des Arischen Weißen Widerstands (WAR) von Tom Metzger oder der Weißen Südstaatenritter von Dave Holland sind dafür gute Beispiele.

Wie jede Geheimgesellschaft, hat auch der Klan seine eigene Symbolik, aber im Unterschied zu vielen anderen ist sie völlig bekannt und leicht zu verstehen. Ihre Attribute sind das Schwert des Herrn, das Wasser, das bei der Taufe verwendet wird, und vor allem das Kreuz. In den Veröffentlichungen des Klans – *The Cross*, *The Klansman* oder *The Fiery Cross* – wird sie regelmäßig erklärt: »Das alte Kreuz symbolisierte das Opfer Christi, das es heiligte und aus ihm das Zeichen das christlichen Glaubens machte, für den Millionen von Patrioten starben. Es ist Glaube, Liebe und Hoffnung geworden. Wir haben ihm das Feuer hinzugefügt, um zu sagen, daß Christus das Licht der Welt ist. Denn das Licht vertreibt die Finsternis, die Wahrheit beseitigt die Unwissenheit und den Aberglauben, und das Feuer reinigt das Gold, das Silber und die kostbaren Steine, zerstört aber die Schlacke, das Holz und das Stroh. Und indem wir das Kreuz anzünden, wollen wir durch das Feuer seines Schwertes unsere Tugenden rein halten und stärken und unsere Untugenden zerstören.« Diesen Symbolen sind außerdem die Bibel, die bei allen Zeremonien beim Römerbrief aufgeschlagen wird, und die amerikanische Fahne hinzuzufügen. Seit einigen Jahren ersetzt die Fahne der Konföderierten häufig die amerikanische Fahne, und es kommt nicht selten vor, daß auf dieser das Hakenkreuz der Nazis zu sehen ist.

Alle diese Symbole müssen bei den wichtigen Veranstaltungen eines Klans auf einen Altar gelegt werden, wie beispielsweise bei der Versammlung des Klaverns oder der »Einbürgerungs«-Zeremonie, die zu den Ritualen gehören, auf welche die Klanmitglieder den allergrößten Wert legen. Sie sind nicht nur eine Gelegenheit, die Monotonie einer häufig eintönigen Existenz zu unterbrechen und mit der Kutte und Kapuze eine viel erhebendere Persönlichkeit zu werden, sondern bieten auch die Möglichkeit, sich mit Dutzenden von Brüdern in einem Überschwang mystischer Gefühle eins zu fühlen.

Es sollen hier nicht sämtliche Rituale der Klans beschrieben werden. Wir werden lediglich zwei bedeutende Veranstaltungen im Leben eines Klans darstellen, nämlich die Versammlung eines Klaverns und eine »Einbürgerungs«-Zeremonie, so wie sie im Unsichtbaren Reich der Ritter des Ku-Klux-Klan ablaufen.

Rituelle Versammlung des Klaverns

(Der Versammlungsort ist mit der Fahne des Landes, in dem die Versammlung stattfindet, mit der Fahne des Klans und mit einem Kreuz geschmückt. Ein Altar, auf dem eine Fahne, die Bibel und ein Schwert liegen, ist erwünscht. Der Night Hawk überprüft die Identität der Anwesenden und kontrolliert anhand ihrer Mitgliedskarte, ob sie ihre Beiträge ordnungsgemäß bezahlt haben.)

EXALTED CYCLOPS (klopft einmal mit dem Hammer): Night Hawk, hast du überprüft, ob alle Anwesenden ordentliche Mitglieder sind?

NIGHT HAWK: Mein Gebieter, ich bestätige respektvoll, daß alle Anwesenden ordentliche Klanmitglieder sind.

EXALTED CYCLOPS: Klaliff, entzünde das Licht im flammenden Kreuz!

KLALIFF: Mein Gebieter, das flammende Kreuz brennt.

(Bei allen Versammlungen, die in Innenräumen stattfinden, handelt es sich um Kreuze mit elektrischen Glühbirnen.)

EXALTED CYCLOPS: Klanbrüder, wir sind wieder einmal versammelt, um die Sache dieses Ordens und unserer Rasse voranzubringen und die hohen Prinzipien unserer christlichen Zivilisation zu fördern. Unsere weiße Bruderschaft sei der Eckpfeiler, auf dem wir unsere Bewegung aufbauen. Diese Versammlung des Klaverns Byron de La Beckwith des Staates Florida ist offiziell eröffnet. Erheben wir uns jetzt, um unserem Kludd zu lauschen, der die Versammlung durch ein Gebet segnen wird. (Byron de La Beckwith, der 1965 Medgar Evers, den Vorsitzenden des NAACP ermordete, wird von der Ultrarechten als Held verehrt.)

KLUDD: Unser Gott, wir Klanmitglieder erkennen an, daß wir von Dir und Deinem Wohlwollen uns gegenüber abhängig sind. Möge unsere Dankbarkeit uneingeschränkt und immerwährend sein und uns inspirieren, auf Deinen Spuren zu wandeln. Lasse uns nicht vergessen, daß jedes Klanmitglied durch sein Verhalten und seine Intelligenz sein Schicksal selbst bestimmt, im Guten wie im Schlechten. Mache, daß er das Böse meiden und für das Gute kämpfen kann. Erhalte uns die starken Bande der brüderlichen Vereinigung, der Treue der Mitglieder zueinander und der unbedingten Loyalität gegenüber unserer großen Klan-Bewegung. Lasse uns immer gegenwärtig sein, daß es für ein Klanmitglied nichts Schöneres und Erhabeneres gibt, als seiner Rasse, seiner Gemeinschaft, seiner Nation und seinen eigenen hohen Prinzipien zu dienen. Gott möge unsere Rasse retten und uns helfen, frei und Herren unseres Schicksals zu bleiben. Amen.

ALLE ANWESENDEN: Amen. (Sie wiederholen dann unter der Leitung des Exalted Cyclops den Treueschwur.)

EXALTED CYCLOPS (er leitet die Versammlung, indem er der Tagesordnung folgt, die so ausssehen könnte: »Einbürgerungs«-Zeremonie; Löschen bzw. Ausschalten des Kreuzes durch den Klaliff; Verlesung des Protokolls der letzten Versammlung; Verlesung des Finanzberichts; Zahlung der Beiträge; Prüfung der Aufnahmeanträge; Hilfe für die von der Justiz verfolgten Klanmitglieder; Mitteilung der neuesten Nachrichten aus dem Staat oder dem Reich; Besprechung der laufenden und kommenden Aufgaben; Verschiedenes): Klanbrüder, das Ziel dieser Versammlung des Klaverns Byron de la Beckwith ist voll und ganz erreicht: Die Beratungen dieser Konklave sind beendet. Klaliff, was sind die vier Pflichten eines Klanmitglieds?

KLALIFF: Gott zu dienen, ein Patriot gegenüber seiner Rasse und seiner Nation zu sein, dem Klan und seinen Führern ergeben zu sein, Brüderlichkeit gegenüber seinen Kameraden zu üben.

EXALTED CYCLOPS: Treuer Night Hawk, was liebt ein Klanmitglied mehr als sein Leben?

NIGHT HAWK: Für ein Klanmitglied kommt die Ehre vor dem Leben!

EXALTED CYCLOPS: Ich verkünde feierlich, daß die Klonklave des Klaverns Byron de La Beckwith des Staates Florida des Unsichtbaren Reiches der Ritter des Ku-Klux-Klan satzungsgemäß geschlossen ist. Der Klavern wird am Furchtbaren Tag der Klagenden Woche des Düsteren Monats LXXIV AK, im Jahre 1989 Unseres Herrn wieder zu einer Klonklave zusammentreten. (Mit anderen Worten, am Freitag, dem 17. Februar 1989 des Jahres 74 des Klans.) Euch allen, treue Klanmitglieder ... gute Nacht.

ALLE: Gute Nacht, Euer Exzellenz.

(Der Exalted Cyclops schlägt zweimal mit dem Hammer)

Rituelle »Einbürgerungs«-Zeremonie

(Wenn die »Einbürgerungs«-Zeremonie vorschriftsmäßig durchgeführt wird, wird der Klavern zusammengerufen, um die Anwärter kennenzulernen. Der Night Hawk verläßt die Versammlung, sammelt die Aufnahmeanträge ein und kommt dann zurück.)

NIGHT HAWK: Euer Exzellenz, Euer Treuer Night Hawk

hat Euch wichtige Dokumente und Informationen aus der Außenwelt zur Kenntnis zu bringen.

EXALTED CYCLOPS: Treuer Night Hawk, du kannst jetzt sprechen und uns die wichtige Information mitteilen, über die du verfügst.

NIGHT HAWK: Euer Exzellenz, entsprechend meiner Pflicht, in der Außenwelt große Aufgaben zu suchen, habe ich diese Männer gefunden ... (liest die Namensliste vor). Nachdem sie eine ehrliche Darstellung unseres Klans erhalten haben, streben sie, von hochherzigen Motiven getrieben, nach einem edleren Leben. Also haben sie die löbliche Entscheidung getroffen, die Welt des Egoismus und der rassischen Entfremdung zu verlassen, der Gemeinschaft beizutreten, die unter dem Namen Unsichtbares Reich bekannt ist, und loyale Bürger dieses Reiches zu werden.

EXALTED CYCLOPS: Klanbrüder, ihr habt den Wunsch vernommen, Bürger des Unsichtbaren Reiches zu werden. Ist hier jemand, der in seiner Seele und seinem Gewissen und im Namen des Treueschwurs einen Grund sieht, einem Anwärter diesen Bürgerstatus zu verweigern?

(Bei dieser Zeremonie geht es nur darum, die Entscheidung zu bestätigen, die von den Klanoberen getroffen wurde, nachdem eine vom Kloklann durchgeführte Überprüfung ergeben hat, ob die Anwärter den Maßstäben entsprechen, die für ein gutes Klanmitglied gelten. Außer den entsprechenden politischen Ansichten fordert man von ihnen ein »gesundes« Privatleben und einen grundsätzlichen, starken Haß auf Drogen und Pornographie.)

NIGHT HAWK: Ich bin offiziell ermächtigt, euch mitzuteilen, daß es im Wesen eines Klanmitglieds liegt, diejenigen zu unterstützen, die nach edlen Taten streben, und denjenigen zu helfen, die es verdienen. Darum wurde euer Wunsch, dem Klan beizutreten, ehrlich und im Lichte von Ehre und Gerechtigkeit geprüft. Ihr könnt vorwärtsgehen und einen neuen Schritt machen, indem ihr zu ehrenvollen Mitgliedern des Klans werdet. Wenn ihr aber feige oder ängstlich seid, geht nicht weiter, denn es handelt sich nicht um ein kleines Unterfangen, ihr steht im Begriff, eine feierliche Verpflichtung einzugehen.

KLALIFF: Das Unsichtbare Reich der Ritter des Ku-Klux-Klan ist eine weiße, patriotische und brüderliche Bewegung. Wir haben gegen niemanden wegen seiner politischen oder religiösen Ansichten etwas, solange sie nicht die christlichen Ideale, das Wohlergehen und die Zukunft der weißen Rasse verletzen.

EXALTED CYCLOPS: Unsere Aufnahmebedingungen sind einfach ... aber auch heilig, und wir fordern unbedingt eine Antwort auf die folgenden Fragen:

1. Seid ihr Weiße und Christen?

2. Sind die Gründe für euren Wunsch, dem Klan beizutreten, ehrlich und uneigennützig?

3. Ist ein Aufnahmeantrag schon einmal abgelehnt worden?

4. Glaubt ihr an das Recht unseres Volkes, den illegalen und ungerechten Handlungen entgegenzutreten, die auf allen Regierungsebenen begangen werden?

5. Glaubt ihr an die Rassentrennung?

6. Glaubt ihr an die Religionsfreiheit, die das Recht der Menschen umfaßt, dort den christlichen Glauben zu praktizieren, wo sie sich versammeln, an das Schulgebet und an alle zur Durchführung des Gottesdienstes erforderlichen Mittel?

Die Merkmale, die einen Klansmann auszeichnen, haben nichts mit der Qualität seiner Kleidung oder seinem sozialen und materiellen Status zu tun, sondern sind rassischer und spiritueller Art. Er ist unserer Rasse, unserem Land und unseren Familien treu ergeben. Das sind die Besonderheiten der Klansleute, und Männer wie Frauen bekennen sich mit lauter Stimme zu ihnen!

(Bei jeder Frage, die der Exalted Cyclops stellt, antworten die Anwärter einzeln und wiederholen zusammen seine letzte Formel.)

EXALTED CYCLOPS: Ich nehme euch mit meinem ganzen

Herzen und mit meiner ganzen Seele auf und öffne euch den Weg zur Erlangung des ehrenvollsten Titels auf Erden. Seien wir treu und ehrlich bis zum Tod, und alles wird sich für unser Volk zum Guten wenden ... und wir werden unserer Bestimmung gerecht werden.

Wir beglückwünschen euch zu eurer mutigen Entscheidung, die Welt des Egoismus, der egalitären und rassischen Entfremdung hinter euch zu lassen und unserer rassischen Gemeinschaft, dem Unsichtbaren Reich, beizutreten.

Wenn ihr an eurer Fähigkeit zweifelt, Bürger des Unsichtbaren Reiches zu werden, habt ihr jetzt noch die Möglichkeit, ehrenvoll zurückzutreten, und unsere besten Wünsche werden euch begleiten.

Dies ist kein Spaß: Wir sind nicht zum Vergnügen hier. Seid gewiß, daß derjenige, der seine Hände auf das Gewand des Klans legt und das Gesicht abwendet, nicht dafür geschaffen ist, Bürger unserer rassischen Gemeinschaft zu werden oder unter Klansleuten zu weilen.

Gibt es jemanden, der zurücktreten möchte?

Jetzt werde ich den Eid des Klans sprechen. Ihr werdet eure rechte Hand heben und mir nachsprechen:

»An diesem Trüben Tag der Ungewöhnlichen Woche des Beunruhigenden Monats des Jahres LXXIV des Klans und des Jahres 1989 Unseres Herrn schwöre ich feierlich vor Gott und den Menschen ... (Die Auslassungspunkte kennzeichnen die Unterbrechungen, die es den Anwärtern ermöglichen sollen, die Worte zu wiederholen.) daß ich von diesem Tag an ... mein Leben, mein Vermögen und meine heilige Ehre ... der Erhaltung, dem Schutz, der Weiterentwicklung der weißen Rasse ... und dem großen Orden des Unsichtbaren Reiches der Ritter des Ku-Klux-Klan weihen werde.«

Ihr werdet bei der Verlesung der fünf Teile des Eids die Hand erhoben halten. Am Ende eines jeden Teils werde ich die Frage stellen: »Schwört ihr es?«, und ihr werdet antworten: »Ich schwöre es.«

Erster Teil: Geheimhaltung

Ich schwöre auf Ehre und Gewissen ..., daß ich niemals etwas von dem, was in diesem Augenblick geschieht, preisgeben werde.

Daß ich die Versammlungen, Pläne und Rituale des Unsichtbaren Reiches immer für mich behalten werde.

Ich schwöre, daß ich den Namen eines jeden Klanbruders, der dies wünscht ... immer geheimhalten werde.

Zweiter Teil: Treue

Ich schwöre demütigst, daß ich der Konstitution und den Gesetzen des Unsichtbaren Reiches ... jetzt und in Zukunft treu ergeben sein werde.

Vor Gott und im Angesicht der Autorität des Klans ... verpflichte ich mich feierlich ... alle Interessen des Unsichtbaren Reiches unermüdlich zu verteidigen und dies mit der größten Würde zu tun.

Dritter Teil: Wachstum

Zu diesem Zweck schwöre ich ..., daß ich mich aktiv für das Wachstum und die Weiterentwicklung des Unsichtbaren Reiches einsetzen werde. Daher werde ich mich bemühen, hervorragende Männer und Frauen mit einer untadeligen Moral und mit den reinsten und ehrlichsten Absichten ... für das Unsichtbare Reich des Ku Klux Klan zu gewinnen.

Vierter Teil: Brüderlichkeit

Ich schwöre, daß ich niemals einen Klanbruder oder eine Klanfamilie verleumden, schädigen oder täuschen werde ... und nicht zulassen werde, daß es ein anderer tut, wenn dies in meiner Macht steht ...

Ich schwöre, daß ich ohne Zaudern jedem Klanbruder zu Hilfe eilen werde, der mich darum bittet: Ich werde seinem Ruf folgen ... ich werde mich gegenüber allen meinen Klanbrüdern ... in allem, was ehrenwert und gerecht ist, des Geistes des Klans als würdig erweisen.

FÜNFTER TEIL: WAHLFREIHEIT
Ich schwöre, daß ich glaube, daß die Trennung der Rassen die beste Lösung für alle Rassen ist ... und ich werde mit aller Kraft für das Recht unseres Volkes arbeiten, in allen Bereichen unseres Lebens die Rassentrennung zu praktizieren.

Jetzt könnt ihr die Hand herunternehmen.

(Anschließend beginnt der Exalted Cyclops mit dem letzten Teil der Zeremonie, der Segnung und dem Ritterschlag.)

SEGNUNG UND ANSPRACHE
Kein Sterblicher kann einen unwiderruflicheren Eid ablegen: Allein Wille und Mut werden euch in die Lage versetzen, ihn zu halten. Denkt in jedem Augenblick daran, daß der Respekt vor eurem Eid für euch Glück und Ehre bedeuten wird. Der Bruch des Eides würde Unglück und Unehre bedeuten.

(Dann ergreift der Exalted Cyclops den Kelch, der auf dem Altar steht, schwenkt ihn und wendet sich erneut an die Anwärter.)

Mit dieser Lebensflüssigkeit, die kostbarer und viel wichtiger ist als alle geweihten Öle der Antike weise ich euch abseits von eurem sonstigen Leben einen besonderen Platz zu, damit ihr die ehrenvolle Aufgabe erfüllen könnt, die ihr für euch selbst gefordert habt, indem ihr Bürger des Unsichtbaren Reiches geworden seid. Klansmann, dein Charakter sei genauso rein, deine Ziele im Leben genauso entschieden, dein brüderlicher Geist genauso wirklich wie dieses einfache Wasser.

Beugt jetzt das rechte Knie! (Die alten oder behinderten Personen bleiben sitzen oder stehen.)

Unter dem aufgerichteten flammenden Kreuz, das sein heiliges Licht auf euch wirft, um euch mit seinen heiligen Traditionen der Vergangenheit zu segnen, weihe ich euch mit Körper, Geist, Seele und Leben dem heiligen Dienst an unserer Rasse.

(Der Exalted Cyclops nähert sich den Anwärtern, taucht seine Finger in den Kelch, legt sie dann auf ihre Schulter und sagt »Körper«. Er wiederholt den Vorgang, indem er seine

Finger diesmal auf ihre Stirn legt und »Seele« sagt. Dann sprenkelt er Wasser auf den Kopf der Anwärter und sagt »Geist«. Schließlich zeichnet er vor jedem einen imaginären Kreis und sagt »Leben«, bevor er fortfährt:)

Nachdem Wir euch geweiht haben, weiht euch selbst der heiligen Sache, für die ihr euch entschieden habt.

KLUDD: Die Menschen, die vor diesem Altar knien und von uneigennützigen Motiven bewegt sind, haben beschlossen, die Welt des Egoismus und der rassischen Entfremdung aufzugeben, um sich mit Körper, Geist, Seele und Leben in den heiligen Dienst unseres Klans, unserer Rasse, unserer Familien, unseres Landes und aller Klansleute zu stellen. Helft ihnen, ihrem Eid und unserer edlen Sache treu zu sein. Amen.

EXALTED CYCLOPS: Von jetzt an weilt ihr nicht mehr als Fremde oder Unbekannte unter uns, sondern als unsere Bürger: Da ich überzeugt bin, daß ihr nicht gelogen habt, als ihr vor den versammelten Klansleuten den Treueeid geschworen habt, heiße ich euch im Reich des Rittertums, der Ehre und des Mutes willkommen. Im Namen der Autorität, mit der ich ausgestattet bin, ernenne ich euch jetzt zu Bürgern des Unsichtbaren Reiches der Ritter des Ku-Klux-Klan und verleihe euch den Titel eines Klansmanns, des ehrenvollsten, von dem ein Weißer träumen kann.

(Alle anwesenden Klansleute begrüßen dann die neuen Ritter.)

Die eigentliche Zeremonie ist damit zu Ende, und ein kleines Fest kann ihren guten Abschluß krönen, doch zuerst wird ein Lied angestimmt. Neben einer gewissen Anzahl von protestantischen Chorälen lieben die Klanmitglieder kriegerische und männliche Lieder, die in den dreißiger Jahren von E.N. Sanctuary (sic) eigens für sie geschrieben wurden, und von den Klassikern der amerikanischen Folklore haben es ihnen besonders *Dixie* und *The Old Rugged Cross* angetan, sofern sie nicht als Zugeständnis an die neue ideologische Orientierung im Chor nazistische Militärmärsche singen.

Nazi-Klan-Story
1984

Der Tag des Stricks*
Denver, Colorado

18. Juni 1984. Wie jeden Tag geht Alan Berg nach Hause, nachdem er seine Sendung auf KOA-Radio gebracht und in einem seiner Lieblingsrestaurants gegessen hat. Er parkt seinen VW-Käfer vor dem Haus, steigt aus und geht auf den Eingang zu. Im Mund hat er seine ewige Zigarette, unter dem Arm eine Papiertüte mit Hundefutter, in seiner rechten Hand seinen Schlüsselbund.

In diesem Augenblick kommt hinter einem Busch ein Mann mit einer automatischen Pistole der Marke Ingram Mac 20 hervor, die zu einer extrem schnellen und – fast – lautlosen Maschinenpistole umgebaut wurde. Aus der Waffe werden dreizehn Schüsse abgefeuert, bevor eine Ladehemmung eintritt. Zwölf Schüsse haben getroffen, und das Kaliber 45 hinterläßt nicht weniger als vierunddreißig Verletzungen unterschiedlicher Art und Schwere.

Alan Berg bricht ohne den geringsten Schrei, den geringsten Klagelaut zusammen, mit schweren Hirn- und Rückenmarksverletzungen, das Herz von allen Seiten durchlöchert. Der Schütze steigt in ein Auto, das sofort losfährt und von zwei anderen begleitet wird.

Der Orden hat wieder einmal zugeschlagen und die Ratschläge des Lieblingsbuches der Ultrarechten, *Turner's Diaries*, wortwörtlich befolgt, das den »Soldaten des Rassenkrieges« empfiehlt, sich von Zeit zu Zeit einen »Tag des Stricks« zu gönnen. Diesen »Tag des Stricks« wird man dazu benutzen, einen gekauften Erfüllungsgehilfen der Medien, vorzugsweise einen Juden, zu hängen oder auf andere Weise zu töten.

Einige Monate vorher hat der Orden, der auch Schweigende Bruderschaft genannt wird, die Ermordung von Verrätern der weißen Rasse beschlossen. Als erste werden Henry Kissinger, Da-

---

* Dieser Fall liegt dem Film *Talk Show* von Oliver Stone zugrunde.

vid Rockefeller, Elie de Rothschild und Armand Hammer auf die Liste gesetzt, doch deren Ermordung erweist sich als äußerst schwierig. Daraufhin sucht sich der Orden drei der »schlimmsten Feinde der weißen Rasse« aus: den Fernsehproduzenten Norman Lear, der beschuldigt wird, Neger und Juden zu fördern, den Vorsitzenden von Klanwatch, Morris Dees, der dem Klan schon lange zusetzt, und den jüdischen Journalisten von KOA, Alan Berg, der die rassistische Ideologie im Radio anprangert, nicht zögert, die nazistischen Aktivisten namentlich zu nennen, und sie sogar provoziert.

Dees ist zu weit weg, in Alabama, und wird vom FBI geschützt; Lear pendelt zwischen New York und Los Angeles hin und her, und man weiß nie, wo er sich gerade aufhält. Aber Berg ist eine perfekte Zielscheibe. Er lebt zwar mitten in Denver, aber ohne Schutz und nicht weit von Bevölkerungskreisen entfernt, die für die Theorien des Klans aufgeschlossen sind, Fundamentalisten, Survivalists und Nazis jeder Couleur.

Und auch nicht weit von Robert Matthews – dem Schützen – sowie David Lane, Richard Scutari, Bruce Pierce und Jean Craig, seinen Komplizen, die allesamt Mitglieder des Ordens sind und sich vorher in den gewalttätigsten Gruppen der Ultrarechten getummelt haben.

Sie werden alle verurteilt, mit Ausnahme von Matthews, der, nachdem er dem FBI mehrmals entkommen ist, bei der Explosion eines kleinen von ihm selbst angelegten Waffen- und Sprengstofflagers umkommt und so zu einem neuen Märtyrer der weißen Sache wird.

KAPITEL 6
V-Männer, Polizeispitzel, Provokateure

Die Geschichte des Klans unterscheidet sich nicht wesentlich von der irgendeiner anderen geheimen, umstürzlerischen oder revolutionären Bewegung, was einen besonders heiklen Bereich betrifft: nämlich das Eindringen von Spionen oder V-Männern in die Organisation.

Für diese Infiltration gibt es ganz unterschiedliche Gründe. Der häufigste und wichtigste ist die Überwachung durch die Behörden, sei es die örtliche Polizei, sei es das FBI oder die Behörde für Alkohol, Tabak und Schußwaffen. So rühmte sich J. Edgar Hoover 1966, daß von den 10 000 Mitgliedern der United Klans of America (UKA) fast 2000 FBI-Agenten seien. Die Infiltration macht es möglich, die Ultrarechte zu kontrollieren, aber auch alle möglichen fortschrittlichen Bewegungen auszuspionieren. Für diese Aufgabe werden normale Polizeibeamte ebenso eingesetzt wie zwielichtige Gestalten, die als Polizeispitzel arbeiten.

Es gibt auch die Infiltration zu Informationszwecken. Journalisten treten regelmäßig in die Klans oder ähnliche Organisationen ein, um über sie Reportagen zu schreiben. Das ist der Fall bei Jerry Thompson, der für *The Tennessean* schreibt, und bei Daniel Gearino, der mit den paramilitärischen Kommandos von Louis Beam sechs Monate in den Ausbildungslagern in Texas verbringt.

Nicht zu vergessen ist schließlich die Infiltration durch die politischen Feinde, insbesondere die Mitglieder der Anti-Diffamierungs-Liga (ADL). Der Antifaschist Stetson Kennedy schleicht sich 1946 in die Vereinigten Klans von Georgia ein, und Jim Mitchell, der 1977 Berichte über den Klan des Staates New York vorlegt, entpuppt sich als der Agent Jim Mitchell Rosemberg von der ADL.

Diese Einsätze können drei Monate oder zehn Jahre dauern, je nachdem, ob eine Reportage oder eine polizeiliche Überwachung das Ziel ist. Sie erfordern Unterstützung, Geld und Kaltblütigkeit, denn es geht nicht nur darum, sich anders zu kleiden und anders zu sprechen. Man muß in eine besondere Welt eintauchen und es schaffen, eine andere Ideologie, Kultur, Mentalität und Lebensweise vorzutäuschen, mit dem Risiko, enttarnt zu werden oder »schrittweise abzurutschen«. Das belegen die Beispiele eines Gary Thomas Rowe bei den UKA, eines Bernard Butkovitch in der Nazipartei und, in geringerem Maße, eines Douglas Seymour im Klan von Kalifornien.

Und was bringt das Ganze?

Zweifellos einiges. Die Berichte von Kennedy und von Seymour haben durchaus etwas bewirkt, wenn auch nicht genug. Es ist der Hinweis eines Spitzels, der zur Entdeckung der Leichen der Teilnehmer des Marsches für die Freiheit führt. Die Reportagen von Journalisten haben die Öffentlichkeit informiert und wachgerüttelt. Was die Agenten von Bundesbehörden betrifft, die in ihren Methoden wenig wählerisch sind, so tragen sie ihren Teil zu den Krisen gewisser Organisationen und zu den verbalen und tätlichen Auseinandersetzungen bei, die dazu führen, daß diese oder jene ultrarechte Gruppe regelmäßig durch Ächtungen, Ausschlüsse und Spaltungen destabilisiert wird.

Von den zahlreichen Geschichten dieser Art, mit der die Bewegung immer wieder zu kämpfen hatte, sind fünf erwähnenswert, weil sie eine besondere Bedeutung haben. Manchmal spektakulär, immer aufschlußreich, mitunter von extremer Gewalt gekennzeichnet und dann wieder fast banal, haben alle weitreichende Folgen gehabt und wichtige Erkenntnisse geliefert.

Ihre Protagonisten können indessen nicht alle auf eine Stufe gestellt werden. Manche spielen ihre Rolle freiwillig, um die Öffentlichkeit zu informieren und dem Klan zu schaden; durch persönliche Initiative, wie Stetson Kennedy, oder durch eine professionelle Tätigkeit wie Jerry Thompson. Bei anderen ist das Motiv Tatendrang und Abenteuerlust, wie bei Douglas Seymour, oder Gewinnsucht, wie bei Gary Thomas Rowe. Und wieder andere, wie Ed Dawson, handeln unter Zwang und gegen ihre faschistischen Sympathien, weil das FBI oder die Polizei sie unter Druck gesetzt hat.

Auf jeden Fall sind alle in Geschehnisse verwickelt, die ihnen über den Kopf wachsen und viel Staub aufwirbeln. Einige wirken noch bis in die Gegenwart hinein.

Stetson Kennedy
Superman gegen den Grand Dragon
Georgia 1944–1952

Eine Kindheit im Süden

Stetson Kennedy wird am 5. Oktober 1916 im Kreis Jacksonville in Florida geboren. Seine Kindheit verläuft so wie die der meisten kleinen Jungen. Er ist viel in der freien Natur, angelt im zwölf Kilometer entfernten Julington oder macht Radtouren, die ihn häufig, nachdem er an der Ocean Street die Fähre genommen hat, nach Mandarin führen, wo er einen Orangensaft trinkt und die wunderbaren hundertjährigen Eichen betrachtet.

Manchmal geschieht etwas, das ein wenig mehr Aufregung in dieses insgesamt so brave Leben bringt: So entdeckt er in einem Schuppen eine lange weiße Kutte und eine Kapuze, die seinem Onkel Brad Perkins gehören. Und ein anderes Mal findet in Jacksonville ein nächtlicher Aufmarsch statt, und die ganze Familie betrachtet das phantastische Spektakel einer Parade des Klans, der auf dem Weg ins schwarze Wohnviertel ist. Ereignisse, die aus dem Rahmen fallen und deren

Bedeutung das Kind nicht erfaßt. Der kleine Stetson sagt sich einfach, daß die Großen das Glück haben, sich so verkleiden und solche Spiele veranstalten zu dürfen.

Aber nicht alle sind so harmlos, wie sie dem Kind erscheinen. Eines Tages wird eine junge Hausangestellte seiner Eltern, natürlich eine Schwarze, von Klansleuten geschlagen und verletzt, weil sie es gewagt hatte, vom Busfahrer ihr Wechselgeld zu verlangen. Stetson versteht nicht, was sich da abspielt, aber das, was er gesehen hat, weckt in ihm einen wilden Haß auf den Klan.

Die Anfänge eines Schriftstellers

Er wächst heran und besucht in der Zeit der großen Krise die Universität von Florida. In den dreißiger Jahren arbeitet er am Writers' Project für die Schriftsteller Floridas mit einer Art staatlichem Arbeitsbeschaffungsprogramm für Schriftsteller. Er schreibt Beiträge für den *Guide to Florida* und andere Werke über die lokale Geschichte und Geographie. Gleichzeitig verfaßt er Novellen, sammelt Texte und Lieder, die zum Erbe der Region gehören und … interessiert sich sehr für die Aktivitäten des Ku-Klux-Klan, die er regelmäßig in der Presse verfolgt oder über die ihn Klan-Opfer informieren.

Er schreibt sein erstes Buch, das 1941 erscheint. *Palmetto Country* wird in der Reihe »American Folkways Series« veröffentlicht, die sich mit den verschiedenen Regionen der Vereinigten Staaten befaßt und von Erskine Caldwell herausgegeben wird. Das Buch versteht sich als eine Geschichte Floridas aus der Sicht des Volkes, der kleinen Leute, und Kennedy will in ihm zeigen, daß die offiziellen Werke die gesamte Geschichte des Südens der Vereinigten Staaten verfälschen. Wie später Howard Fast in seinem bewundernswerten Buch *The Road to Freedom*, schildert er, wie nach dem Bürgerkrieg eine echte Demokratie im Entstehen begriffen war, für die befreite schwarze Sklaven, sehr arme, extrem ausgebeutete Weiße und Abolitionisten aus dem Norden eintraten.

In dieser für sie nicht hinnehmbaren Situation gründeten die Besitzer großer Plantagen den Ku-Klux-Klan.

Das Buch *Palmetto Country*, das auf reges Interesse stößt, ist der Beginn einer Freundschaft zwischen Kennedy und dem großen Sänger Woody Guthrie, den die Lektüre begeistert hat.

Das räudige Schaf

Kennedy arbeitet für den gewerkschaftlichen Dachverband CIO an der Herausgabe einer Zeitschrift und einer Werbekampagne mit dem Titel »Operation Dixie«. Er erzählt nicht ohne Humor: »Zu der Zeit hatten ›sie‹ aufgehört, die Organisatoren von Gewerkschaftsversammlungen umzubringen, ›sie‹ begnügten sich damit, ihnen die Zähne einzuschlagen.«

Alle diese Aktivitäten, die die Aufmerksamkeit der Öffentlichkeit auf ihn lenken und in einem offen feindseligen Milieu schockierend wirken, isolieren ihn in seiner Familie und hindern ihn daran, ein normales Leben zu führen. Kaum hat er irgendeine Arbeit gefunden, fühlen sich seine Arbeitgeber durch ihn bedroht und werfen ihn in hohem Bogen hinaus!

In den kommenden Jahren, in denen sich Kennedy mühsam durchschlagen muß, wechselt er häufig seine Tätigkeit und seinen Wohnsitz.

Nachforschungen über den Ku-Klux-Klan

Inzwischen hat sich sein leidenschaftlicher Haß auf den Klan in eine ebenso heftige, aber überlegte und quasi wissenschaftlich kanalisierte Feindschaft verwandelt. Um *Palmetto Country* zu schreiben, hat er Hunderte von Dokumenten, Gesetzen und Presseartikeln für oder gegen den Klan gelesen. Seine Schlußfolgerung ist immer dieselbe: die Angriffe auf den Klan, so berechtigt und mutig sie auch sein mögen, bleiben immer bruchstückhaft und wenig wirksam, weil sie nur im kleinen Kreis vorgebracht werden und weil aus Angst vor Repressalien noch nie jemand bereit war, öffentlich gegen ihn aufzutreten. Kennedy hat Kontakte zu fortschrittlichen Vereinigungen, zu Organisationen von Arbeitern, Schwarzen und Juden geknüpft, und alle sind der Ansicht, daß sich irgend jemand in den Ku-Klux-Klan einschleichen müsse, um endlich unwiderlegbare Beweise für seine Umtriebe und seine illegalen Aktionen zu liefern.

Nachdem Präsident Roosevelt dem Klan einen schweren Schlag versetzt hat, indem er durch das Finanzamt 750 000 Dollar für die seit 1920 erzielten Gewinne eintreiben ließ, hatte er sich buchstäblich aufgelöst. Seine Mitglieder verteilten sich sofort auf eine Vielzahl von halbfaschistischen Organisationen, deren Namen je nach Stadt und Region unterschiedlich waren, die aber alle die gleichen Ziele verfolgte: Weiße Front in Miami, Anonyme Gesellschaft der wachsamen Bürger in Atlanta, Dixie Boys in Chattanooga, Union der Kreuzfahrer in Birmingham – das Etikett ändert sich, aber der Inhalt bleibt derselbe.

Der innere Feind

Kennedy, der nicht zum Wehrdienst eingezogen wurde, findet es richtig, den Faschismus im Inneren zu bekämpfen, wenn er ihn nicht im Ausland bekämpfen kann. Mehrere Jahre lang hält er zahlreiche Vorträge, gibt politische Stellungnahmen ab, veröffentlicht dort Artikel, wo sie angenommen werden, und prangert unermüdlich alle Formen von Rassismus an, ob sie gegen Neger, Juden oder Gewerkschafter gerichtet sind, die fortschrittlicher Ideen verdächtigt werden. Der Krieg hat die Umtriebe der Rassisten aller Art nicht etwa beendet, sondern ihren Fanatismus noch gesteigert. Nazistische Gruppen, wie etwa der Deutsch-Amerikanische Bund, verlangen lautstark einen Separatfrieden mit Hitler und eine gemeinsame Front gegen die UdSSR; Senatoren bekommen Petitionen, in denen sie aufgefordert werden, bei den Militärkommandeuren und der Leitung des Roten Kreuzes darauf hinzuwirken, daß die Flaschen mit Spenderblut Etiketten tragen, die Auskunft über »weißes« und »schwarzes« Blut geben.

Der Tod Roosevelts wird von den Klanmitgliedern und ihren Anhängern freudig begrüßt, da sie ihn für den verheerenden Niedergang ihrer Organisation verantwortlich machen. (»Das ist das Werk von Roosevelt, diesem Niggerfreund, und diesem Juden Morgenthau, seinem Staatssekretär im Finanzministerium«, hatte Colescott, ein hoher Würdenträger des Klans, den Finanzbeamten entgegengeschleudert.)

Die Wahl von Harry Truman, dem Sohn eines Veteranen der Konföderierten, zum US-Präsidenten gibt ihnen wieder neue Hoffnung.

Taten und Untaten

Der Klan reformiert sich, zuerst vorsichtig, dann immer entschiedener. Der Klan oder vielmehr die Klans. Hier, in Stone Mountain, zündet man ein riesiges Kreuz an; dort, in Chattanooga, marschiert man mit brennenden Kreuzen vor ein Geschäft, das einem jüdischen Kaufmann gehört, um ihn zu vertreiben. Anderswo kastriert man einen Schwarzen, weil er eine Weiße angefaßt hat – oder angefaßt haben soll, und man bestraft Indianer mit Teeren und Federn. Selbst der Gouverneur von Georgia, Eugene Talmage, wird von einem erbitterten Gegner des Klans namens Daniel Duke mehrerer Gewalttaten überführt, doch er schafft es, sich aus der Affäre zu ziehen. Nur sehr wenige Menschen sind bereit, sich offen gegen den Klan zu stellen, in dem die unterschiedlichsten Elemente zusammenfinden: Rassisten; sozial deklassierte und haßerfüllte Weiße; Fabrikdirektoren, die die Gewerkschaftler zur Raison bringen wollen; notorische Trinker; Abenteurer und, nicht zu vergessen, richtige Gangster, die dadurch angelockt werden, daß die Mitgliedschaft im Klan gleichbedeutend mit Straflosigkeit ist.

Ein neues Mitglied für den Klan

Als energischer Mann der Tat weiß Kennedy, daß man den Klan nur von innen heraus zerstören kann. Und das will er selbst tun. Da er in Florida, in Jacksonville und besonders in Miami sehr bekannt ist, beschließt er, dem Klan in seiner Hochburg beizutreten, in der Imperial City Atlanta in Georgia.

Drei Gründe rechtfertigen diese Ortswahl. In Florida ist sein Gesicht ziemlich bekannt, da sein Foto mehrmals in den Zeitungen erschienen ist. Außerdem ist der örtliche Klan zwar wichtig, aber nicht so wichtig wie der von Atlanta, der mehrere hundert Mitglieder und Tausende von Sympathisanten hat. In Atlanta wird es für Kennedy leichter sein, nicht enttarnt zu werden. Und schließlich gehen die Befehle und Anweisungen für die ganzen Vereinigten Staaten von Atlanta aus, und wenn es Kennedy gelingt, in die Höhle des Löwen vorzudringen, werden seine Kampagne und seine Aktion eine größere Resonanz finden.

Kennedy wählt einen Namen: John S. Perkins. So hieß sein Onkel Brad Perkins, der Mitglied des Klans war. Er läßt seine Post unter einem anderen Namen an einen zuverlässigen Freund schicken, der sie ihm mit dem Namen Perkins nachsenden wird, und macht sich nach Atlanta auf. Jetzt ist er ganz auf sich gestellt, ein Mann, der einen verzweifelten und wahnwitzigen Kampf führt. Seine finanziellen Mittel sind mehr als bescheiden, da er nur seine Autorenrechte besitzt.

Er sucht sich sofort eine Arbeit, die ihm als Tarnung dienen könnte. Man bietet ihm an, Lexika an der Haustür zu verkaufen, und er nimmt das Angebot begeistert an, denn eine solche Tätigkeit wird es ihm erlauben, viel herumzukommen, ohne den geringsten Verdacht zu wecken.

Als nächstes will er mit dem Klan in Kontakt kommen. Sein erster Besuch gilt Eugene Talmage, dem ehemaligen Gouverneur und Kandidaten bei den nächsten Wahlen, einem notorischen Rassisten und informellen Mitglied des Klans. Kennedy schlägt ihm vor, Werbematerial für ihn zu verteilen, wenn er von Haus zu Haus geht. Talmage ist damit natürlich einverstanden, und mit dieser neuen Beziehung im

Rücken fängt Kennedy an, an den Orten zu verkehren, die der Klan mit seiner Gegenwart »beehrt«.

Es dauert nicht lange, und ein angetrunkener Taxifahrer schlägt ihm vor, gegen 10 Dollar und 15 Dollar für die Kutte Mitglied im Klavern Nathan Bedford Forrest Nr. 1 in Atlanta zu werden, so genannt zum Gedenken an einen der alten Klanoberen, der während des Sezessionskrieges zu den Führern der Rebellen gehört hat. Es genügt, daß seine Kandidatur vom Klokann akzeptiert wird, dem Fünferausschuß oder Nachrichtendienst, von dem Kennedy schnell erfährt, daß er aus fünf Polizisten der Stadt besteht. Aber da er nicht den Eindruck vermitteln will, unbedingt Mitglied des Klans werden zu wollen, zögert er die Sache vierzehn Tage hinaus und teilt dann dem »Aal«, so der Deckname des Taxifahrers, mit, daß er bereit sei, woraufhin dieser ihn den folgenden Antrag ausfüllen läßt:

Antrag auf Einbürgerung in das Unsichtbare Reich der Ritter des Klans.

An Seine Majestät den Imperial Wizard.

Ich, der Unterzeichnete

Ehrlicher und treuer Bürger

Amerikaner von Geburt

Männlichen Geschlechts und Angehöriger der weißen Rasse

Von arischem Blut

Mit gesundem Geist und guten Sitten

Der an die Lehren der christlichen Religion, an die Überlegenheit der weißen Rasse und an alles wahrhaft Amerikanische glaubt

Bitte respektvoll um die Ehre, ein Mitglied der Ritter des Ku-Klux-Klan zu werden.

Klan Nr.1, Königreich von Georgia.

Ich versichere bei meiner Ehre, daß ich alle für meine Einbürgerung notwendigen Regeln und Erfordernisse beachten und gegenüber Eurer durch die Konstitution festgelegten Autorität stets unbedingten Gehorsam üben werde.

Wenn ich mich unwürdig zeige, ein Klansmann zu sein, werde ich aus freien Stücken, weil sie mein Los ist, jede Strafe auf mich nehmen, die Eure Autorität mir auferlegt.

Da er zwei bekannte »Bürgen« braucht, beruft sich Kennedy alias John S. Perkins auf seinen – seit langem verstorbenen Onkel – und auf Eugene Talmage, zu dem er mittlerweile das beste Verhältnis hat.

Man läßt ihn vierzehn Tage schmoren, in denen er freilich nicht untätig bleibt, denn er antwortet auf eine kleine Anzeige in der Zeitung *Southern Outlook*, die klanfreundlich, rassistisch, antisemitisch und antigewerkschaftlich eingestellt ist und deren Sitz sich in Birmingham, Alabama, befindet. Gesucht werden »Vollzeitkräfte«, die die Zeitung in anderen Staaten verbreiten. Und so wird John S. Perkins ein eifriger Verteiler des *Southern Outlook* in Georgia, was eine ausgezeichnete Tarnung für seine gefährlichen Aktivitäten darstellt.

Zum Ritter erhoben

Kaum nach Atlanta zurückgekehrt, erhält er die telefonische Mitteilung, sich am nächsten Tag zu einer bestimmten Zeit an einem bestimmten Ort einzufinden. Er geht zu dem Treffen und wird von vier Männern in der Aufmachung des Klans »entführt«. Sie bringen ihn aufs Land, denn sein erster richtiger Kontakt zum Klan besteht darin, daß er an der feierlichen Zeremonie teilnehmen darf, die in Stone Mountain stattfindet, an dem Ort also, wo der Klan 1915 wiedererstanden ist.

Dort sind mindestens 2000 Menschen versammelt, die aus Georgia, Alabama, Tennessee, Florida, North und South Carolina und Ohio angereist sind. Viele Polizisten sind dabei, die unter der Kutte ihre Uniform tragen, und nach einer grandiosen Zeremonie wird Perkins zum Ritter geschlagen.

Im folgenden Monat nimmt er an Versammlungen teil, lernt das Vokabular der Bürger des Unsichtbaren Reiches und kommt allmählich den Geheimnissen der Organisation auf die Spur. Vor allem ist er von nun an direkt an sämtlichen Aktivitäten des Klans beteiligt. Bei seiner ersten ordentlichen Versammlung findet er bestätigt, was er schon wußte: Der Klan spielt eine eminent politische Rolle. Er ist gerade dabei, den Wahlkampf für Eugene Talmage, den ehemaligen rassistischen Gouverneur, zu organisieren. Er setzt sich aktiv für die Wahl oder Wiederwahl von rassistischen Richtern oder Sheriffs ein. Und schließlich hat er ein regelrechtes Geheimtribunal eingerichtet. Der Klan betätigt sich auch als Hüter der Moral und bringt untreue Ehemänner, die Heim und Herd verlassen haben, mit dem sehr handfesten pädagogischen Mittel von Stockschlägen dazu, wieder nach Hause zurückzukehren. Gegen die Zahlung stattlicher Summen übernimmt er es auch, Gewerkschaftlern, die von einem Arbeitgeber für zu eifrig gehalten werden, ein Bein oder einen Arm zu brechen oder sogar Bomben in Gewerkschaftsversammlungen oder in die politischen Versammlungen fortschrittlicher Bewegungen zu werfen.

John S. Perkins hört zu, registriert, wartet und macht seine Pläne. Zweifellos kann er allein nicht viel ausrichten. Zwar speichert er die Informationen, aber seine Rolle beschränkt sich aufs Beobachten. Um die Untaten des Klans zu verhindern, um seine dunklen Machenschaften zu durchkreuzen, braucht er Unterstützung von außen.

Und die sucht er sich jetzt.

Ein Kampf mit ungewissem Ausgang

Zunächst bekommt er Unterstützung von den linken Gewerkschaftlern des CIO. Man gibt ihm die Telefonnummern von zuverlässigen und energischen Aktivisten, die ihm im Notfall helfen können. Weitere Hilfe kommt von Ellis Arnall, dem amtierenden Gouverneur von Georgia, einem gewieften Politiker, dem es gelungen ist, Talmage zu schlagen, und der kein Interesse daran hat, den Klan zu schonen, der für seinen Gegner Werbung macht. Außerdem wird ihm Unterstützung von verschiedenen Organisationen und Parteien zugesagt, wie beispielsweise vom Nationalkongreß der Christen und Juden, der Anti-Diffamierungs-Liga, dem Nationalen Verband zur Förderung der Farbigen ...

So wichtig diese Unterstützung später auch sein wird, weil sie dafür sorgt, daß die Entdeckungen Kennedys an die Öffentlichkeit kommen, daß sie in den verschiedenen Zeitungen dieser Organisationen erscheinen und auf der höchsten Ebene des Staates Georgia auf dem regulären Rechtsweg Anklage erhoben werden kann, für Kennedys täglichen Kampf ist sie nicht sehr hilfreich. Sie gibt ihm sicherlich moralischen und psychologischen Rückhalt, sein Kampf ist nicht mehr ganz so einsam und selbstmörderisch, doch fehlt ihm eine stärkere, wirksamere Unterstützung.

Die findet sich schließlich in Gestalt von Daniel Duke, dem stellvertretenden Generalstaatsanwalt. Er hatte es in der Zeit, als er Rechtsanwalt im Kreis Fulton war, gewagt, den damals allmächtigen Eugene Talmage anzugreifen. Jetzt leitet er unter anderem das Georgia Bureau of Investigation (GBI), eine Ermittlungsbehörde des Justizministeriums, die trotz ihres Namens nichts mit dem Federal Bureau of Investigation (FBI) zu tun hat. Glücklicherweise, denn Kennedy ist – nicht ohne Grund – davon überzeugt, daß etliche FBI-Leute zum Klan gehören. Kennedy wird Agent des GBI. Um zu vermeiden, daß andere Agenten, die möglicherweise Verbindungen zum Klan haben, ihn enttarnen, bleibt seine Zugehörigkeit zum GBI geheim. Er arbeitet nur mit Daniel Duke zusammen.

Die beiden Männer erstellen einen Arbeitsplan, kommen überein, sich nur in der Kanzlei eines Rechtsanwalts zu treffen, der ein Gegner des Klans ist, und mit äußerster Vorsicht zu agieren. Sie beschließen, täglich per Telefon in Kontakt zu bleiben. Duke hat im Büro und zu Hause eine private Leitung. Er verschafft Kennedy einen Waffenschein. Dieser soll ihn von jeder Aktion unterrichten, die ihm zu Ohren kommt, ihm Unterlagen liefern, die kopiert werden, und mit einem Mini-Photoapparat alles photographieren, was er für interessant hält.

Duke ist entschlossen, den Klan juristisch anzugreifen, indem er zeigt, daß dieser das Gesetz umgeht und daß seine Aktivitäten keineswegs mit denen übereinstimmen, die in der Urkunde beschrieben sind, der er seine Existenz verdankt. Da sich die beiden Männer daran erinnern, daß der alte Klan aufgeben mußte, weil das Finanzamt 750 000 Dollar von ihm forderte, erkundigen sie sich, ob diese Steuerschuld schon getilgt wurde. Nur ein winziger Teil wurde bezahlt, 685 305 Dollar stehen noch aus. Sie setzen dem zuständigen Sachbearbeiter der örtlichen Steuerbehörde zu, der sich jedoch taub stellt, wenden sich dann an eine höhere Instanz, ohne allerdings Gehör zu finden. Der Klan hat einflußreiche Freunde, und 1946 heißt der Präsident nicht mehr Roosevelt.

Mit Supermans Hilfe

Kennedys Kampf nimmt völlig unerwartete Formen an. Zuerst das Finanzamt, dann der Rundfunk. Er versteht es, die wenigen Möglichkeiten, die er hat, zu nutzen, und vor allem ist er sehr findig. Eine der beliebtesten Radiosendungen ist *Superman*. Er setzt sich mit den Leuten in Verbindung, die die Sendung machen. Sie begeistern sich für seinen Vorschlag, eine Reihe »Superman gegen den Grand Dragon« zu senden, in der Superman jeden Tag gegen den Klan kämpft. Kennedy schickt den Autoren Unterlagen über den Klan, seine Rituale, seine Kennworte, seine Aktivitäten und telephoniert regelmäßig mit ihnen, um Änderungen der Kennworte bekanntzugeben und über die Reaktionen in den Versammlungen des Klaverns zu berichten.

Diese sehr populäre Sendung findet gewaltigen Zuspruch und übertrifft alle Erwartungen Kennedys und Dukes. Es ist ein psychologischer Sieg ersten Ranges. Die Klansleute raufen sich in den Versammlungen die Haare und sehen und hören jeden Tag entgeistert, wie ihre eigenen Kinder »Superman gegen den Drachen« spielen, wobei natürlich alle die Rolle von Superman spielen wollen.

Aufstieg

Im Klan selbst, der durch diese Kampagne irritiert, ja geradezu außer sich ist und jetzt mit Sicherheit weiß, daß sich ein Verräter in seinen Reihen befindet, spielt Kennedy seine Rolle gewissenhaft weiter. Sehr schnell stellt man ihn auf die Probe, um zu sehen, ob er würdig ist, in den Klub der Klavaliers aufgenommen zu werden. Der Klavalier ist offiziell, wie der Ritter des Mittelalters, »liebenswürdig, kultiviert, mutig und geübt im Umgang mit Waffen«.

Kennedy schwört auf die Fahne der Südstaaten, läßt sich am Handgelenk einen tiefen Einschnitt machen und schwört, »auf die von den Negern angezettelten Unruhen die richtige Antwort zu geben und alles in seiner Macht Stehende für die Ausbreitung der weißen Rasse zu tun«, und ist nun bewaffneter Ritter der Klavalerie, anders ausgedrückt, eine Art lizensierter Mörder. Am selben Abend nimmt er an einer Strafexpedition teil, ohne vorher Daniel Duke anrufen zu können. Es geht darum, einen schwarzen Taxifahrer zu bestrafen, der weiße Frauen befördert. Nachdem man ihn gegeißelt hat, läßt man ihn vor dem Auto herlaufen. Das Ganze endet tragisch, denn der Mann bricht zusammen und wird vom Auto überfahren. Kennedy kann nichts tun, ohne seine Enttarnung zu riskieren und seine Mission scheitern zu lassen. Aber er schwört, daß dieser Mord nicht ungesühnt bleiben wird.

Der Vorfall hat sich im Kreis Rockledge ereignet, wo der Klan völlige Straffreiheit und den Schutz der Polizei genießt. Kennedy und Duke können nicht mehr tun, als mit Hilfe einiger mutiger Journalisten eine Pressekampagne durchzuführen, in der die sadistischen Praktiken des Klans angeprangert werden, und die Namen von Klanmitgliedern bekannt zu machen, die zu den Klavaliers gehören.

Eines Nachts stehen die Lagerräume der Firma des Klavaliers Carter in Brand; es handelt sich zweifellos um Brandstiftung, begangen von einem Opfer des Klans, und die

Leute, die sich bisher nicht getraut haben, den Mund aufzumachen, machen jetzt in Daniel Dukes Büro ihre Aussagen.

Allgemeiner Abscheu macht sich bemerkbar, wodurch sich Kennedy und Duke in ihrer Annahme bestätigt sehen, daß sich die Leute vom Klan abwenden würden, wenn sie wüßten, was dieser wirklich treibt. Der Klan von Georgia, der mächtigste von allen, gerät in eine ernsthafte Krise. Zu den eilig einberufenen Versammlungen, in denen der Verräter dingfest gemacht und Schutzmaßnahmen ergriffen werden sollen, erscheint nur noch eine winzige Zahl von Mitgliedern.

Von der Charybdis zur Skylla

Als wäre der Kampf gegen den Klan in Atlanta noch nicht genug, eröffnet Stetson Kennedy eine zweite Front gegen einen neuen Feind. Als er zu einem Treffen mit Duke geht, fällt sein erstaunter Blick an einer Straßenecke auf eine konföderierte Fahne, auf der sich ein Kreis mit einem Blitz befindet und deren Inschrift eindeutig ist:

Bewegung der kolumbischen Arbeiter
Für die Rasse. Für die Nation. Für den Glauben.

Der gezackte Blitz läßt keinen Zweifel: er ist das abgewandelte Zeichen der SS und der englischen Faschisten. Kennedy geht in das Gebäude, vor dem die Fahne flattert und stellt sich als Verteiler der Zeitung *Southern Outlook* und als Klanmitglied vor. Er wird mit offenen Armen empfangen, nachdem er drei Fragen positiv beantwortet hat: »Erstens, hassen Sie Neger? Zweitens, hassen Sie Juden? Drittens, haben Sie drei Dollar?«

Kennedy merkt sehr schnell, daß die Bewegung der kolumbischen Arbeiter die gleiche Rolle spielt wie der Klan, außer daß sie offen faschistisch ist und sich in ihren verbalen Äußerungen keinerlei Zwang auferlegt. Bei der ersten Versammlung, an der er teilnimmt, hört er, wie Emory Burke, der Vorsitzende der Bewegung, öffentlich erklärt, daß die Kolumbier »Mitglieder ablehnen, die nicht bereit wären, bis zum Mord zu gehen, um sich endgültig von den Negern und den Juden zu befreien«.

Wie der Klan hat sich auch die Bewegung der kolumbischen Arbeiter eine ganz legale Grundlage verschafft. Als Ziel hat sie offiziell die »Erneuerung der Moral« angegeben, so daß der Staat Georgia der Aktiengesellschaft der Kolumbier den Status einer gemeinnützigen Organisation zuerkannt hat, die keine Gewinne macht und daher auch keine Steuern zahlen muß!

Daniel Duke drängt Kennedy, ein guter Kolumbier zu werden, womit dieser einverstanden ist, obwohl er nicht weiß, in welche Schlangengrube er jetzt geraten ist. Es fällt ihm sehr schwer, an irgendeiner gewalttätigen Aktion teilzunehmen. Man diskutiert eifrig mit ihm und ist froh, daß er an den Versammlungen und Sitzungen teilnimmt, aber weiter geht er nicht. In dieser Zeit wird Atlanta von einer Welle von Sprengstoffanschlägen erschüttert, verübt auf Häuser, die von Schwarzen oder Juden bewohnt werden.

Sexskandal

Ein banaler Sexskandal versetzt der kolumbischen Bewegung einen schweren Schlag: Ihr führender Kopf, Homer Loomis, wird von der Polizei – auf Betreiben Kennedys und Dukes – mit Betty Penland, der Sekretärin der Bewegung, mit der er nicht verheiratet ist, in einem Zimmer überrascht. Ein Richter verurteilt die beiden auf der Grundlage eines Gesetzes, das damals in Georgia unverheirateten Paaren untersagt, zusammen in einem Hotelzimmer zu wohnen. Die Strafe ist zwar gering, 50 Dollar Geldstrafe oder dreißig Tage Gefängnis für jeden, aber dafür schlagen die Nachwirkungen der Affäre um so größere Wellen. Eine Bewegung, die sich »moralische Erneuerung« auf die Fahnen geschrieben hat, vermeidet besser derartige Ausrutscher und die entsprechenden Reaktionen in der Öffentlichkeit.

Ein Müllarbeiter namens Kennedy

Danach organisiert Kennedy, der ganze Arbeit leistet, die »Operation Mülleimer«. Da er bemerkt hat, daß viele Funktionäre der Kolumbier weder ihre Briefentwürfe noch die Post vernichten, die sie erhalten, sondern alles in den Papierkorb werfen, kehrt er nachts zurück, um die Mülleimer zu leeren. Er muß diese für ihn zu riskante Aufgabe allerdings einem alten Neger übertragen, dem er dafür Geld gibt, denn in Atlanta wird der Müll nur von Schwarzen abgeholt.

Viele Briefe sind nicht sehr nützlich, aber einige ermöglichen es ihm, eine Kartei der Leute zusammenzustellen, die mit den Kolumbiern korrespondieren, und einige der geplanten Vorhaben zu durchkreuzen: zum Beispiel das eines gewissen Vick, der in Indianapolis eine Sektion der Kolumbier gründen will. Nachdem die Behörden der Stadt von diesem Plan unterrichtet wurden, stellen sie fest, daß Vick ein langes Strafregister hat, und setzen ihn außer Gefecht.

Vor allem gelingt es ihm, zu beweisen, daß der Vorsitzende Emory Burke, von 1937 bis 1938 als Redakteur einer Nazi-Zeitschrift, des *American Bulletin*, gearbeitet hat, die von amerikanischen Nazis herausgegeben und finanziert wurde, unter anderem von Hubert Schmuelderrich, einem deutschen Einwanderer, der in den Vereinigten Staaten die Amerikanischen Grauhemden ins Leben gerufen hat.

Kennedy läßt Eugene Segal, einem Journalisten der Zeitungskette Scripps/Howards, Unterlagen über die Kolumbier zukommen, und dieser schreibt eine Serie von Sensationsartikeln, die bei den Kolumbiern zu zahlreichen Austritten führt.

Kennedy, ein Opfer der ... Antifaschisten

Diese kommen, wie schon vor ihnen der Klan, zu dem Schluß, daß es Verräter, »Agenten von Daniel Duke«, unter ihnen gibt, und beschließen, in der Kleinstadt Fairburn, in der Duke Bürgermeister ist, eine provokative Versammlung abzuhalten, in der Hoffnung, daß diese Veranstaltung verboten wird und sie so die Gelegenheit haben, Randale zu machen.

Doch Duke verbietet die Versammlung nicht, sondern läßt eine besonders gute Beleuchtung installieren und begibt sich persönlich an den Ort des Geschehens. Nach einigen hysterischen Reden der Kolumbier und heftigen Wortgefechten werfen diese Duke vor, ein »Negerfreund« zu sein. Als Antwort darauf weist der Bürgermeister, der entsprechende Photos vorweisen kann, auf die Verwandtschaft ihrer Bewegung mit dem Nazismus hin, und jetzt schlägt den Besuchern eine offen feindselige Atmosphäre entgegen.

Dann kommt es zur Explosion, man droht, die Kolumbier an den Bäumen aufzuknüpfen, und es folgt eine allgemeine Keilerei, in deren Verlauf Stetson Kennedy, das Zeichen der Kolumbier im Knopfloch und die Arme voller Flugblättern, angepöbelt und geschlagen wird. Die Kolumbier verschwinden eiligst in dem Lastwagen, mit dem sie gekommen sind, und suchen, von Hohnrufen begleitet, das Weite.

Aktivist an vorderster Front

Paradoxerweise erweisen sich die Schläge, die Kennedy einstecken mußte, als sehr nützlich. Er wird jetzt als ein besonders engagierter Aktivist betrachtet, dem man absolut vertrauen kann. Und die Kolumbier, die im Augenblick keine großen öffentlichen Versammlungen abhalten und wieder mehr im Untergrund arbeiten, brauchen ihn. Im folgenden Monat sind ihre Aktivitäten darauf gerichtet, Schwarze daran zu hindern, in die weißen Wohnviertel zu ziehen, indem sie behaupten, daß dann die »Gefahr von Blutvergießen besteht, weil die Schwarzen bis an die Zähne bewaffnet und ihre Häuser Waffenarsenale sind«.

Also stellen die Kolumbier Patrouillen auf, die die Aufgabe haben, »jeden Neger, der seine Zone verläßt«, zu verprügeln, ihn notfalls totzuschlagen. Die Anweisungen sind präzise und streng: »Ihr haltet jeden Neger fest, der auf dem

Bürgersteig der weißen Zone geht. Ihr schlagt ihn, bis er um Gnade fleht. Nachdem ihr ihn geschlagen habt, also erst *danach*, erklärt ihr ihm den Grund für diese Strafe. Ihr sagt ihm, daß er sich in einem weißen Wohnviertel befindet und daß dies für ihn verboten ist. Sollte der Kerl dann etwa frech werden, so daß ihr gezwungen seid, ihn umzubringen, denkt daran, daß ihr nicht umsonst Revolver habt. Schleppt die Leiche hinter irgendein Haus und sagt zum Hausbesitzer, daß ihr den Neger umbringen mußtet, weil ihr ihn überrascht habt, als er gerade die Tür aufbrechen wollte. Die Leute haben Angst. Sie werden euch glauben. Ratet ihnen, die Polizei zu rufen. Wenn die Polizei da ist, wißt ihr, was ihr zu sagen habt.«

Es versteht sich von selbst, daß die neonazistischen Kolumbier mit solchen Anweisungen Oberwasser haben. Wie sollten sie auch nicht, wird doch ein junger achtzehnjähriger Schwarzer, nachdem er zusammengeschlagen worden ist, wegen »Drohungen und Tätlichkeiten« angeklagt.

Nach den Schwarzen die Juden. Die Kolumbier halten eine Versammlung mit dem Ku-Klux-Klan ab, auf der sie einen Boykott jüdischer Geschäfte ankündigen und die alten jüdischen Kriegsteilnehmer, die zu einer Gegendemonstration gekommen sind, in einer Weise anpöbeln, die Hitlers würdig gewesen wäre.

Vorteil für Kennedy und Duke

Da Gewalt Gewalt hervorbringt, wollen einige Kolumbier noch weiter gehen, was bei den neuen Mitgliedern Abscheu und Ablehnung auslöst. Einer von ihnen vertraut Kennedy eines Tages an, daß er ein Versteck für Waffen und Dynamit kenne. Er wolle nicht so tief sinken, so sagt er, daß er solche »Argumente« verwende. Von Kennedy informiert, geht Daniel Duke zum Gegenangriff über, ordnet eine Hausdurchsuchung an und gibt in der Presse bekannt, daß er handfeste Beweise und Aussagen habe, die es ermöglichten, die Kolumbier strafrechtlich zu verfolgen.

Alles scheint bestens zu laufen, und Duke macht Kennedy klar, daß es an der Zeit ist, die Maske fallenzulassen und im Prozeß auszusagen, um der Bewegung der kolumbischen Arbeiter ein für allemal den Garaus zu machen.

Aber manchmal kommt es anders, als man denkt ...

Der Knalleffekt

Während Kennedy den Klan – nur vorübergehend – vernachlässigt hat, um seine Aktivitäten auf die Kolumbier zu konzentrieren, ist dieser trotz der Angriffe nicht untätig geblieben. Er hat aktiv die Wahl von Eugene Talmage zum Gouverneur betrieben. Einschüchterung vor den Wahllokalen, drohende Plakate an Kirchentüren, kleine Särge vor den Häusern von Hunderten von Schwarzen – jedes Mittel war recht. Und es stand tatsächlich viel auf dem Spiel, denn die erneute Wahl von Talmage bedeutete für den Klan und seine kriminellen Aktivitäten Straffreiheit.

Doch Talmage stirbt, bevor er offiziell in sein Amt eingeführt worden ist. Da manche seiner Anhänger dies vorausgesehen haben, haben sie unter der Hand seinen Sohn gewählt, der an dritter Stelle stand, weil sein Vater vor dem Kandidaten der Republikaner gewählt worden war. Dieser hatte in Anbetracht der Situation ein sehr respektables Ergebnis erzielt.

Die Versammlung, die das Recht hat, zwischen den beiden bestplazierten Kandidaten zu wählen, ernennt Hummon Talmage – mit ungefähr 800 Stimmen – zum Gouverneur, nachdem alle Klanmitglieder des Staates, die meisten mit Kutte und Kapuze, in Atlanta eingefallen sind und Krawall gemacht haben. Danach ist die Situation verworren. Ellis Arnall, der scheidende Gouverneur, tritt nicht ab, sondern bemüht die Gerichte von Georgia, die die Wahl seines Nachfolgers M.E. Thompson für gültig erklären sollen.

Daniel Duke ist inzwischen den Säuberungen der neuen Verwaltung zum Opfer gefallen und legt sein Amt nieder, weil man alles daransetzt, ihm seine Arbeit unmöglich zu machen.

Der Klan frohlockt, während er offen verkündet, daß der Veräter immer noch nicht enttarnt und seine Entdeckung das Ziel Nummer eins des ganzen Klans von Georgia sei.

Die Feinde des Klans scheinen also ins Hintertreffen zu geraten, doch drei Ereignisse lassen das Pendel zugunsten der Gerechtigkeit zurückschwingen.

Zwei Monate nach der illegalen und putschistischen Amtsübernahme von Hummon Talmage beschließt der höchste Gerichtshof von Georgia, daß er das Feld für Arnalls Nachfolger Thompson räumen muß. Mit einem Mal müssen die Kolumbier, deren Prozeß aufgrund der Verzögerungstaktik ihrer Anwälte aufgeschoben worden war, vor Gericht erscheinen, und das bei einem Gouverneuer, der ihnen nicht eben wohlgesonnen ist.

Ein weiteres Ereignis: Die Veröffentlichung des zweiten Buches von Stetson Kennedy, *Southern Exposure*, durch den Verlag Doubleday in den ganzen Vereinigten Staaten steigert die Wut der Klansleute noch mehr, soweit das überhaupt noch möglich ist. Sie versprechen nicht nur »1000 Dollar pro Pfund von dieser Ratte«, sondern setzen auch in der ganzen Organisation für ihn ein Kopfgeld aus. Kennedy selbst ist im Osten unterwegs, wo er sein Buch vorstellt und Vorträge über den Klan hält.

Das dritte Ereignis ist die Entwicklung einer ungewöhnlich breiten Opposition gegen den Ku-Klux-Klan, die Kolumbier und die rassistische Gewalt durch die Gründung einer Vereinigung, die sich *Das Erwachen Georgias* nennt und Gewerkschaftler, ehemalige jüdische Kriegsteilnehmer, fortschrittliche Intellektuelle und viele Schwarze umfaßt, die aufstehen und nicht länger passive und resignierte Opfer sein wollen.

Kennedy ist wieder in Atlanta. Besorgt, aber entschlossen, das Übel mit der Wurzel auszureißen, bereitet er sich sorgfältig auf seine Zeugenaussage vor. Er hat nicht viel Zeit; in seiner Post findet er die Aufforderung von Richter Andrew, als Zeuge des Staates Georgia gegen die Kolumbier »persönlich« vor dem Gericht in Fulton, Atlanta, zu erscheinen. Diesmal ist die Situation klar: Der Klan und die Kolumbier sollen in Georgia den Todesstoß erhalten.

In der Höhle des Löwen

Man kann sich leicht vorstellen, wie beklommen Kennedy zumute ist, als er die Flure des Gerichts betritt, die mit Kolumbiern, Klansleuten und Faschisten überfüllt sind. Auch Gewerkschafter, Demokraten und Antirassisten sind gekommen, aber am meisten fallen natürlich die Anhänger der Angeklagten auf.

»John S. Perkins« wird mit offenen Armen empfangen. Man wünscht ihm Glück, man hält ihn für einen Zeugen in eigener Sache. Die Atmosphäre ist aufgeheizt: Jetzt wird man endlich erfahren, wer dieser verfluchte Stetson Kennedy ist.

Er begibt sich in ein Vorzimmer und wartet darauf, als Zeuge der Anklage aufgerufen zu werden. Schließlich kommt der schicksalhafte Augenblick. Er hört, wie der Gerichtsdiener, der die Zeugen aufruft, zwei Worte ausspricht, auf die alle warten: »Stetson Kennedy...« Und dann, inmitten der vielen Leuten, unter Hunderten von gereckten Köpfen, die, je nachdem ob es Klansleute oder Antirassisten sind, sehen wollen, wer die »klebrige Ratte« oder der »Vorkämpfer der Freiheit« ist, in einer fast absoluten Stille tritt Stetson Kennedy vor und sagt nicht sehr sicher: »Hier!«

Ein unbeschreibliches Tohuwabohu bricht los. Man hört Schreie, Gebrüll, Verwünschungen, Beleidigungen, Drohungen. Die Namen Perkins und Kennedy kehren immer wieder, begleitet von wenig schmeichelhaften Ausdrücken wie »Ratte«, »Schwein«, »Verräter«, »gekauft«. »Bringt ihn um«, schreit ein Teil der Zuschauer. Es herrscht große Unruhe, und hätte der Richter den Gerichtsdienern, die den Kronzeugen scheel ansehen, nicht die Anweisung gegeben, Kennedy zu schützen und ihn in den – relativ – sicheren Zeugenstand zu führen, hätten ihn seine ehemaligen Gefährten wohl gelyncht.

Abgesehen von der verbalen Androhung von Gewalt ergreifen die Rassisten Gegenmaßnahmen. Während Kennedy und Duke Zeugen der Anklage sind, lassen die Anwälte des Klans sie zugleich als Zeugen der Verteidigung auftreten, was bedeutet, daß sie nicht im Saal sitzen dürfen, um den Prozeß zu verfolgen. Außerdem haben sie unter den Zuschauern einige Exemplare des Buches *Southern Exposure* verteilt, die auf Seite 343 aufgeschlagen sind, wo es an einer Stelle heißt: »Die einzige Art und Weise, den Negern rassische Gleichheit zu gewähren, besteht darin, daß sie sich von den Weißen bumsen lassen.« Diesen ganzen Leuten, die sich in ihrer heuchlerischen Moral gekränkt fühlen, macht es wenig aus, daß der fragliche Satz von einem Klansmann stammt!

Kennedy, der sich nicht im Zuschauerraum aufhalten darf und ohnmächtig miterleben muß, daß sein Buch wegen des Vorwurfs der Pornographie aus dem Verkehr gezogen wird, läßt sich nicht anmerken, wie sehr es ihn ärgert, daß die wirklich wichtigen Dinge nicht zur Sprache kommen und daß die Hinhaltetaktik seiner Gegner die Sache in die Länge zieht.

Richter Andrew, der die Kolumbier verurteilen will, beschwichtigt die Leute und vertagt den Prozeß auf den nächsten Tag, bevor er Kennedy bittet, als Zeuge gegen die Kolumbier aufzutreten. Dieser willigt ein, allerdings nicht ohne berechtigte Befürchtungen: Er wird nicht nur mit Beleidigungen überschüttet, sondern einer seiner ehemaligen Freunde versucht auch, ihm ein Messer in die Brust zu rammen. Seine Rettung verdankt er nur dem Eingreifen eines intelligenteren Klansmanns, der ihm zwar den Tod wünscht, aber zu einem anderen Zeitpunkt und auf eine diskretere Art und Weise!

Sieg ...

Glücklicherweise wird also die Behandlung der wichtigen Fragen auf den nächsten Tag verschoben, und eine Eskorte von überzeugten, wenn auch nicht muskelbepackten Gewerkschaftlern sorgt dafür, daß Kennedy nichts passiert.

Am nächsten Tag läßt sich der Hauptangeklagte Herbert Loomis, mit dem braunen Hemd und den Zeichen seiner Bewegung angetan, während der Verhandlung mehr als vier Stunden über seine Ideen aus, die stark an die eines gewissen Hitler erinnern. Anschließend führt Richter Andrew, der die von Kennedy und Duke erstellten Unterlagen sehr genau studiert hat, ein unerbittliches Verhör durch und kann die Geschworenen davon überzeugen, daß dieser Mann eine Gefahr darstellt. Die von Burk aufgegriffene Erklärung von Loomis auf der Versammlung von Fairburn, »wir lehnen die Mitglieder ab, die nicht bereit wären, bis zum Mord zu gehen, um sich von den Negern und Juden zu befreien«, wiegt schwer, so daß Loomis zu zwei Jahren Zwangsarbeit in einem Lager und sechs Monaten Gefängnis verurteilt wird, während seine Komplizen leichtere Strafen erhalten.

Der Klan im Aufwind?

Kennedy glaubt, daß der Klan die Folgen des Prozesses gegen die Kolumbier bald zu spüren bekommen wird. Das stimmt auch, aber nur teilweise. Zwar schadet dem Klan der öffentliche Wirbel um die Kolumbier, zwar gibt Kennedy auf Versammlungen von Gewerkschaften, antirassistischen Vereinigungen und fortschrittlichen Parteien Hunderte von Stellungnahmen ab, aber der Klan begnügt sich damit, zum Rückzug zu blasen. Er wartet mit eingezogenem Kopf, bis sich der Sturm gelegt hat.

Die einzige Möglichkeit, ihn wirklich festzunageln, ist das Eintreiben der Steuern. Aber die Unterlagen, die sich Kennedy über die Finanzierung des Klans beschafft, sind wertlos, denn der Klan gibt zu, gegen das Prinzip der Gemeinnützigkeit verstoßen zu haben, was zur Folge hat, daß er nur eine symbolische Geldstrafe bezahlen muß und keine andere Anklage zu gewärtigen hat.

Kennedy ist überzeugt, daß es eine weitverzweigte Verschwörung zur Rettung des Klans gibt. Einmal werden alle Unterlagen, die er über den KKK zusammengestellt hat, gestohlen, ein anderes Mal vertraut der Gouverneur von Alabama eine Untersuchung über die Umtriebe des Klans ausgerechnet einem notorischen Klanmitglied an. Und der Ausschuß für unamerikanische Umtriebe, den Kennedy aufgesucht hat, um ihm Beweise gegen den Klan vorzulegen, wird von J. Parnell Thomas geleitet; dieser gewinnt durch die Prozesse der McCarthy-Ära traurige Berühmtheit, bevor er wegen Betrugs, Untreue im Amt und Korruption ins Gefängnis muß. Zu dieser Zeit ist er jedoch offiziell nur Mitglied der republikanischen Partei und ... ein guter Amerikaner.

Kennedy ist empört darüber, daß Thomas dem Klan nicht etwa zusetzt, sondern ihn noch fördert, indem er erklärt, daß er genauso amerikanisch sei wie der Apple pie! Das ist kaum verwunderlich, beweist Kennedy doch später, daß der Vorsitzende Thomas im Jahre 1925 in New Jersey dem Klan beigetreten war.

Bald löst sich der Untersuchungsausschuß auf, der die Aufgabe hatte, Nachforschungen über den Klan anzustellen, »da nach der Verfolgung aller möglichen Spuren nichts gefunden wurde und er daher keine Existenzberechtigung mehr hat ...«

Kennedy rides again

Kennedy, der seit über einem Jahr im Osten lebt, startet noch mehr Aktionen gegen den Klan. Er gründet sogar einen »Schein-Klan«, der jedermann offensteht und sich der allgemeinen Brüderlichkeit verschrieben hat. Sein Vorstand besteht aus einem Katholiken, einem Baptisten, einem Juden, einem Neger, einer Indianerin und einem *Nisei*, einem Amerikaner japanischer Herkunft. Beunruhigt über die offensichtliche Abwiegelei der Behörden, läßt er sich einen Bart wachsen, setzt eine Sonnenbrille auf und ... kehrt nach Atlanta zurück.

In Georgia ist Hummon Talmage endlich Gouverneur geworden, und dank seiner Protektion und der energischen Hand des neuen Imperial Wizard, Sam Roper, erstarkt der Klan wieder. Kennedy beginnt, Roper auszuspionieren, und gelangt in den Besitz von Dutzenden von Unterlagen, die aus einem Büro der Vereinigten Klans von Georgia entwendet werden und von denen viele mit den Finanzen der Bewegung zu tun haben. Er nimmt das nächste Flugzeug nach Washington, um diese Unterlagen dort abzuliefern, die, so versichert man ihm, explosiv sind. Acht Monate später ist indessen immer noch nichts explodiert!

Kennedy schreibt, protestiert, telephoniert ... nichts tut sich! Enttäuscht erklärt er später: »Wenn die Regierung verlangt hätte, daß der Klan seine Steuerschuld bezahlt, wäre er zum Tode verurteilt gewesen. Aber die Regierung hat dies nicht gewollt.«

Home, sweet home?

Erschöpft von den Kämpfen, die er seit Jahren geführt hat, und nachdem er kurz erwogen hat, sich in New Jersey niederzulassen, wo er vor dem Klan sicher wäre, beschließt Kennedy, nicht klein beizugeben und in seinen Heimatstaat Florida zurückzukehren. In der Nähe von Jacksonville hat er von seinem Vater ein Stück Land geerbt, auf dem er sich ein Haus baut: Beluthahatchee, auf indianisch das »Märchenland«. Er hat nur seinen Vornamen verändert und heißt jetzt Bill Kennedy.

Während er glaubt, daß man ihn vergessen hat, erscheint in der offiziellen Zeitung des Klans eine Nachricht des Imperial Wizard. Man fordert ihn auf, maskiert – oder nicht – bei einer offiziellen Zeremonie des Klans zu erscheinen. Man fügt hinzu, daß man wisse, wo er wohne, und daß seine Tage gezählt seien. Entgegen den Ratschlägen seiner Freunde, sich in Sicherheit zu bringen, beschließt er, Beluthahatchee nicht zu verlassen. Da er allerdings größten Wert darauf legt, daß seine Unterlagen, vier ganze Aktenschränke, niemals in die Hände des Klans fallen, da er dem FBI und noch mehr dem Ausschuß für unamerikanische Umtriebe mißtraut, beschließt er, alles der öffentlichen Bibliothek von New York zu überlassen. Dann geht er in Begleitung seiner neuen Lebensgefährtin wieder auf Vortragsreise.

Bei ihrer Rückkehr finden sie ein verwüstetes Haus vor: kein Möbelstück ist noch heil, alle Leitungen sind herausgerissen. Draußen sind die Bäume gefällt, und der Zaun ist verschwunden; Kennedys Papiere schwimmen auf dem kleinen See ...

Sie reparieren, pflanzen neue Bäume und bewaffnen sich. Außer Stetsons 8mm-Revolver kommen ein Karabiner der Marke Springfield, ein 9,5mm-Revolver, zwei Jagdgewehre mit Doppellauf, ein 5,5mm-Karabiner und ein deutscher Schäferhund ins Haus. An einem der wenigen Abende, an denen Kennedy nicht zu Hause ist, fahren Autos um das Grundstück herum. Seine Frau gibt mehrere Schüsse ab und schlägt damit die Aggressoren in die Flucht, die nicht mit einer so massiven Gegenwehr gerechnet haben.

In den folgenden Monaten lösen sich Freunde ab, um nachts das Haus zu bewachen, unter ihnen Woody Guthrie. Trotzdem brennt eines Nachts der nahegelegene Pinienwald. Schnell breitet sich der Brand aus, und bald ist von der Umgebung des Hauses nichts mehr übrig. Auf einem Baumstumpf findet man die folgende Warnung: »S.K. Du bist verloren. Das ist erst der Anfang. KKK.«

In dieser spannungsreichen Zeit wird er gebeten, vor einem Ausschuß der UNO über Zwangsarbeit zu sprechen, für die es in seiner Region zahlreiche Beispiele gibt. Gewerkschaften und Organisationen von Schwarzen sammeln Geld, um seine Reise nach Genf zu bezahlen. Seine Frau und er haben sich getrennt. Das Haus ist deshalb vorübergehend nicht bewohnt. »Unbekannte« reißen den neuen Zaun nieder, dringen mit Baumaschinen in das Grundstück ein, machen alles nieder und graben tiefe Gräben.

Wir schreiben das Jahr 1952. Während seines Aufenthalts in Europa findet man Kennedy an der Seite von Richard Wright, Jean-Paul Sartre und der Gruppe um die Zeitschrift *Les Temps Modernes*. Stetson Kennedy wird erst 1960 in die Vereinigten Staaten zurückkehren, um den Kampf an der Seite von Martin Luther King wiederaufzunehmen.

Gary Thomas Rowe
Der »Agent provocateur«
Alabama 1959–1965

Ein labiler Charakter

In der amerikanischen Presse wird regelmäßig der »Fall Gary Thomas Rowe« wieder aufgerollt, und die Zeitungen und Zeitschriften der extremen Rechten widmen ihm noch heute gehässige Artikel, die die Skrupellosigkeit und Niederträchtigkeit der zionistischen Besatzungsregierung (ZOG) beweisen sollen. Fairerweise muß man zugeben, daß der Fall Rowe sicherlich einer der mysteriösesten in der Zeit des Kampfes um die Bürgerrechte war. Er belegt jedoch die undurchsichtigen Beziehungen zwischen dem FBI und dem KKK.

In jener Zeit ist der wichtigste Klan zweifellos der von Robert Shelton, also die UKA. Und als das FBI den Auftrag erhält, ihn mit »allen« Mitteln zu destabilisieren, zögert es keinen Augenblick. Unter den Dutzenden von Polizeispitzeln, die – freiwillig oder gezwungenermaßen – für das FBI arbeiten, ist der 1931 geborene Gary Thomas Rowe mit Sicherheit einer der aktivsten und fähigsten.

Von labilem Charakter, für alles und nichts zu gebrauchen, zunächst abwechselnd Fahrer eines Krankenwagens, Kellner und Rausschmeißer in einem Nachtclub, beginnt er 1959 in Birmingham, Alabama, für das FBI zu arbeiten. Man gibt ihm keine wirklich wichtigen Aufträge. Wie viele andere, soll er Informationen besorgen, die im allgemeinen nicht sonderlich wichtig sind, aber das Material abgeben, auf dem 90 Prozent der Arbeit des FBI basieren. Informationen, die ihm nur gelegentliche Trinkgelder von 20 oder 30 Dollar einbringen

Alabama brennt

Aber Alabama erlebt, wie fast alle Südstaaten, besonders unruhige Jahre. Überall im Süden finden Freiheitsmärsche statt, wobei die Teilnehmer manchmal von weit her, aus dem Norden und aus dem Osten der Vereinigten Staaten kommen, um das Ende der Rassentrennung zu fordern und den Kampf zu unterstützen, den Martin Luther King mit Tausenden von Bürgern in Georgia, Alabama, North und South Carolina führt.

Ebenso unermüdlich organisieren weiße Rassisten, Mitglieder oder Sympathisanten des Ku-Klux-Klan, die Gegenwehr, errichten und verbrennen Kreuze, bedrohen die Führer der Anti-Segregations-Bewegung und gehen mehr und mehr zu gewaltsamen Aktionen über. Die Zahl der nächtlichen Überfälle, der Sprengstoffanschläge auf Schulen und Kirchen, der Brandstiftungen nimmt zu.

Das FBI versucht – unter beträchtlichen Schwierigkeiten, da viele seiner Agenten mit den Rassisten sympathisieren –, die aktivsten Organisationen zu unterwandern, darunter die UKA von Robert Shelton. Gary Thomas Rowe gehört zu denjenigen, die unmittelbar von der Situation profitieren, und wird zum typischen FBI-Agenten.

Ein undurchsichtiger Agent?

Nachdem er umstandslos in Sheltons Klan aufgenommen wurde, gewinnt er durch seine aggressiven Reden, vor allem aber durch die Gewalt, die er in dem begonnenen Kampf anzuwenden bereit ist, sehr schnell das Vertrauen der lokalen und regionalen Führer. Er liefert überzeugende Beweise für sein Engagement, und obwohl die Akten des FBI heute auffallende Lücken aufweisen, steht fest, daß er an brutalen Übergriffen beteiligt war, die mit gebrochenen Armen oder Beinen, mit häufig schweren Verletzungen und vielleicht auch mit Toten endeten.

Als Klavalier und Mitglied des Inneren Kreises ist er bei allen Schandtaten mit von der Partie. Er wird lange leugnen, unnötige Gewalt ausgeübt zu haben, und behaupten, daß er nur versucht habe, das FBI von jeder beschlossenen Aktion zu informieren. Die Wirklichkeit ist komplizierter.

Als er 1961 Informationen über eine Aktion gegen

schwarze Teilnehmer des Freiheitsmarsches liefert, die in der Nähe des Busbahnhofs von Birmingham stattfinden soll, ist die fragliche Aktion bereits im Gange und hat Verwundete gekostet.

Als er seine Vorgesetzten über eine Bombe informiert, die man in der Baptistenkirche an der 16. Straße in Birmingham deponiert hat, ist es bereits zu spät. Als die Polizei am Tatort erscheint, liegen die Leichen von vier kleinen schwarzen Mädchen schon aufgereiht auf dem Bürgersteig.

Gewiß liefert er über beide Vorfälle wertvolle Hinweise, aber die sind nicht so entscheidend, daß sie die Dinge in Bewegung bringen.

1965 wird Viola Liuzzo, eine Antirassistin aus Detroit, aus nächster Nähe erschossen. Rowes Aussage ist von größter Bedeutung, und die höchsten Stellen des Landes, die Ergebnisse sehen wollen, allen voran Präsident Johnson, zögern keinen Augenblick. Mit Rowes Hilfe werden die Mörder identifiziert: Eugene Thomas, 41 Jahre alt, und Collie Leroy Wilkins, 20 Jahre alt.

Die amerikanische Öffentlichkeit ist schockiert. Die Ermordung von Viola Liuzzo ist kein Einzelfall, und die beiden Schuldigen werden zu zehn Jahren Gefängnis verurteilt.

Was Rowe betrifft, so wird er vom Klan zum Tode verurteilt. Per Telephon oder Post erhält er zahlreiche Drohungen. Das FBI beginnt jetzt, seinen Agenten Nummer eins zu schützen, der mit 300 Dollar pro Monat auf der Gehaltsliste steht. Rowe verschwindet mit Hilfe seiner Auftraggeber und beginnt unter anderem Namen an einem Ort, den außer dem FBI niemand kennt, ein neues Leben.

Die Rückkehr

Rowe gelingt es, zehn Jahre lang in Vergessenheit zu leben, aber 1975 ist er gezwungen, wieder in der Öffentlichkeit zu erscheinen.

Nachdem dem FBI viele Schnitzer unterlaufen sind, steht es im Blickpunkt der Öffentlichkeit. Immer mehr Menschen kritisieren die dubiosen Praktiken und vor allem den unüberlegten und kostspieligen Einsatz zweifelhafter Individuen zu Zwecken der Informationsbeschaffung und der Unterwanderung. Der Senat setzt einen Untersuchungsausschuß ein, der Rowe und andere verhört. Rowe sagt aus, das Gesicht durch eine Kapuze verhüllt. Einer Flut von sehr präzisen und wenig angenehmen Fragen von seiten der Mitglieder des Ausschusses ausgesetzt, die überzeugt sind, daß die Taktik des FBI, die Informanten zu bezahlen, mehr Verbrechen hervorruft als sie verhindert, verteidigt sich Rowe Punkt für Punkt und erklärt, daß die Beamten des FBI seine Beteiligung an dem Überfall auf die Teilnehmer des Freiheitsmarsches in Birmingham gebilligt und ihm außerdem empfohlen hätten, Frauen von Klanmitgliedern zu verführen, um Zwietracht unter ihnen zu säen.

Nachdem Rowe vor dem Ausschuß ausgesagt hat, verschwindet er wieder. Er macht jedoch schnell wieder von sich reden, und zwar durch das Erscheinen seiner Autobiographie *My Years as Secret Agent in the Ku Klux Klan* im folgenden Jahr. Dann wird es erneut still um ihn.

Neue Enthüllungen

Damit ist es im Juli 1978 vorbei, als sich mehrere Zeitungen aufgrund von gezielten Indiskretionen erneut mit dem Kapitel Rowe beschäftigen. Polizisten aus Birmingham und staatliche Untersuchungsbeamte lassen der Presse Informationen zukommen, denen zufolge Rowe das war, was die Franzosen einen »Agent provocateur« nennen. Sie lassen durchblicken, daß Rowe möglicherweise der Anstifter mancher Aktionen war, die er später dem FBI meldete. Rowe gibt schließlich zu, an Gewalttaten beteiligt gewesen zu sein, und es wird sehr schnell deutlich, daß nicht einmal ausgeschlossen ist, daß er selbst eine Hinrichtung durchgeführt hat.

Wieder wird er von den staatlichen Untersuchungsbeamten in die Mangel genommen. Man schließt ihn zweimal an den Lügendetektor an – und zweimal fällt er durch.

Die Gründe für seine Verfehlungen sind noch immer umstritten. Manche Polizeibeamte in Birmingham sind davon überzeugt, daß er die Klansleute begleitet hat, die die Bombe in der Kirche der Stadt deponierten, aber die staatlichen Untersuchungsbeamten sind der Ansicht, daß er vielleicht nicht so weit gegangen ist und lediglich einige Schlüsselinformationen über das Verbrechen für sich behalten hat.

Zur allgemeinen Überraschung unterbricht Rowe die staatlichen Untersuchungsbeamten während einer Vernehmung und gesteht, daß er 1963 in einer Nacht, in der es in Birmingham zu Rassenunruhen kam, einen Schwarzen umgebracht habe. Er fügt hinzu, daß er sich sofort Byron McFall, einem FBI-Beamten, anvertraut hat und daß dieser ihm geraten hat, »das alles zu vergessen«.

McFall bestreitet, von der Sache etwas gewußt zu haben: Die Polizei der Stadt findet in ihren Akten keinen Hinweis auf einen solchen Mord, kann aber nicht ausschließen, daß es ihn gegeben hat.

In ihren Erklärungen der Presse gegenüber enthüllen die Polizeibeamten von Birmingham, daß sie noch einmal Collie Leroy Wilkins und Eugene Thomas befragt haben, die seit zwei Jahren auf freiem Fuß sind, nachdem sie zehn Jahre abgesessen haben. Die beiden Männer haben nur darauf gewartet, den Fall wieder aufzurollen, und beschuldigen Rowe, derjenige zu sein, der den tödlichen Schuß auf Viola Liuzzo abgegeben hat.

Rowe gibt daraufhin zu, bei dem Mord dabeigewesen zu sein, behauptet aber, nur mit einer Pistole herumgefuchtelt zu haben, um dem Opfer Angst einzujagen, und daß Wilkins der Todesschütze sei. Außerdem bestätigt er noch einmal seine Rolle bei den Angriffen auf die Teilnehmer des Freiheitsmarsches und bei der Ermordung des Schwarzen im Jahre 1963, wodurch er allgemeine Verwunderung und Neugier auslöst.

Warum beschuldigt er sich eines Mordes, von dem niemand etwas weiß, während andererseits die Beschuldigung der zwei Klansleute von den Polizisten nicht ernstgenommen wird? Diese scheinen tatsächlich anzunehmen, daß sich die Tatsache, daß die beiden Männer zwölf Jahre gewartet haben, um diese Version der Dinge vorzubringen, nur damit zu erklären ist, daß sie es Rowe – dessen Aussage für ihre Verurteilung ausschlaggebend war – heimzahlen wollen.

Die Erklärung läßt nicht lange auf sich warten.

Eine gewollte Publicity

Rowe hat nichts mehr zu befürchten. Er hat ein rechtskräftiges Urteil auf seiner Seite, lebt mit einer anderen Identität in Georgia und weiß, daß kaum die Gefahr besteht, daß man dem Auslieferungsgesuch des Staates Alabama stattgibt. Das einzige Ergebnis dieses ganzen Trubels ist eine willkommene Publicity, und die braucht Rowe für einen Fernsehfilm, der auf seiner Autobiographie beruht und in dem seine Person von Don Meredith, einem ehemaligen Spieler des Footballteams Dallas Cowboys, dargestellt wird.

Was ist von diesem Fall nun wirklich zu halten?

Soll man sich auf die Seite des Justizministeriums schlagen, das entschieden hat: Rowe hat Liuzzo nicht getötet, hat keinen Schwarzen umgebracht und keinen Sprengstoffanschlag auf die Kirche verübt? Auf die von Byron McFall, der im Gegensatz dazu erklärt, daß er in der ganzen Zeit, in der er mit Rowe »gearbeitet« hat, diesem empfohlen habe, »jede Gewalt zu vermeiden«, daß er aber, »wenn er in Begleitung von Klansleuten ist und irgend etwas passiert, wählen muß, ob er ein Engel oder ein guter Informant sein will«? Auf die der Klansleute, der Verurteilten und anderer, die ihm seit über zwanzig Jahren vorwerfen, den Agent provocateur gespielt zu haben, um sie zu destabilisieren und sie zu Opfern der polizeilichen Repression zu machen? Oder auf die der Organisationen, die über die Umtriebe der extremen Rechten wachen und an eine tätige Komplizenschaft Rowes glauben?

Vielleicht wird die Zukunft Licht in die Angelegenheit bringen. Über mehrere Jahre befaßten sich auf Betreiben der demokratischen Senatoren Edward Kennedy und James Abourezk Untersuchungsausschüsse mit den früheren Aktivitäten des FBI. 1979 setzt ein vom Justizministerium und Generalstaatsanwalt Griffin Bell eingerichteter Untersuchungsausschuß einen vorläufigen Schlußpunkt unter einen 302 Seiten umfassenden Bericht, der zu einem großen Teil der Rolle Rowes gewidmet ist.

Das FBI und ein Geheimbericht

Der Bericht bleibt geheim. Erst als die Zeitschrift *Playboy* im Namen der Informationsfreiheit einen Prozeß gegen die Behörden anstrengt, wird er 1982 der Öffentlichkeit zugänglich. Es ist unmöglich, hinsichtlich der genauen Rolle Rowes eindeutige Schlüsse aus dem Bericht zu ziehen, aber das FBI kommt auch nicht ungeschoren davon.

Um so weniger, als die Familie von Viola Luizzo und die Opfer des Überfalls von 1961 erneut klagen und ein Bundesrichter im Jahre 1983 im Zusammenhang mit einer Entschädigungsforderung (plus Zinsen), die die fünf Kinder von Viola Luizzo an das FBI stellen, verfügt, daß dieses einen internen Geheimbericht über Rowe veröffentlicht. Seitdem zieht sich die Sache hin.

Ausnahmsweise ist etwas Wahres an der Analyse dieses undurchsichtigen Spiels in der Zeitung des Unsichtbaren Reiches der Ritter des KKK, *The Klansman*: »Wenn dieses Dokument eines Tages veröffentlicht wird, wird es beweisen, daß ein großer Teil der Gewalttaten des Klans in den sechziger Jahren direkt auf das Konto von Polizeispitzeln ging, die nur dann richtig bezahlt wurden, wenn es zu gewaltsamen Übergriffen kam. Wenn sie keine Anzeichen dafür entdeckten, lösten sie sie selbst aus, und das natürlich ohne Risiko, weil sie Immunität genossen.«

Zweifellos wird der Fall Rowe eines Tages wieder die Gemüter bewegen.

Ed Dawson
Ein Yankee am Hofe des Imperial Wizard
North Carolina 1969–1979

Um der Ehre des Namens willen

Edward Dawson ist das Paradebeispiel eines unfreiwilligen Polizeispitzels, der schließlich Gefallen an seinem Auftrag findet. 1979, als Zeitungen, Rundfunk und Fernsehen ausführlich über das Massaker von Greensboro in North Carolina berichten, wird sein Name einer breiten Öffentlichkeit bekannt. Denn Ed Dawson ist einer der vierzehn Leute, die fünf linke Aktivisten bei einer Demonstration umgebracht haben. Von der Polizei und der Justiz geschont, bleibt er selbst im Laufe der Ermittlungen unbehelligt und erscheint nicht einmal zum ersten Prozeß. Es ist offensichtlich, daß sich diese Nachsicht nur dadurch erklären läßt, daß er über die Aktivitäten des FBI in der Region zuviel weiß.

Gekränkt wegen der Gerüchte, die über ihn kursieren und ihn beschuldigen, der eigentliche Anstifter des Massakers gewesen zu sein, während er immer behauptet hat, alles getan zu haben, um es zu verhindern, gibt Dawson 1981 im Institut für Südstaaten-Studien, das eine Dokumentation über den Vorfall in Greensboro vorbereitet, ein vierstündiges Interview. Die Mitarbeiter des Instituts, die sich weigern, alle Erklärungen Dawsons, der durch seine mehr als zehnjährige Spitzeltätigkeit für das FBI mit allen Wassern gewaschen ist, für bare Münze zu nehmen, stellen selbst Recherchen an und kommen zu dem Schluß, daß Dawson ihnen bis auf einige Details die Wahrheit über seinen persönlichen Werdegang, sein Engagement im Klan, seine Rolle bei dem Massaker von Greensboro und seine Arbeit für das FBI gesagt hat.

Der Mann, der aus dem Osten kam

Edward Dawson kommt zu Beginn der sechziger Jahre mit seiner ersten Frau von New Jersey nach Greensboro. Schnell freundet er sich mit Mitgliedern der in dieser Region sehr starken UKA an und wird wegen seines Oststaaten-Akzents zuerst für einen Spitzel des FBI gehalten. Traditionelles Mißtrauen gegenüber allem, was aus dem Osten oder Norden kommt, schlägt ihm entgegen. Dawson kann das Mißtrauen sehr schnell zerstreuen und steigt in der Hierarchie des Klans bis zum Sicherheitschef für ganz North Carolina und Mitglied des Inneren Kreises auf, der geheimen Schwadron, die die Schmutzarbeit macht.

1967, als die Regierung der Vereinigten Staaten härter gegen den Klan vorgeht, werden Dawson und drei Mitglieder des Inneren Kreises nach einer Schießerei im Kreis Alamance festgenommen. Das Auto, in dem die vier Männer gefahren sind, gehört Dawson, und er saß auch am Steuer. Der ursprüngliche Anklagepunkt – »bewaffneter Angriff mit Tötungsabsicht« – wird in »bewaffnet zum Zweck der Terrorisierung der Öffentlichkeit« umgewandelt, ein Delikt, das auf König Edward zurückgeht, fünfhundert Jahre alt ist und zum letzten Mal vor zweihundertfünfzig Jahren angewandt wurde!

Dawson verweigert die Aussage und wird zu achtzehn Monaten Gefängnis verurteilt, von denen er die Hälfte verbüßt. Seine Freunde kommen mit geringeren Strafen davon, und James Buck, sein engster Mitarbeiter, wird mit einer Milde behandelt, die Dawson merkwürdig vorkommt. Er ist davon überzeugt, daß Buck seine nur viermonatige Gefängnisstrafe nicht ohne Gegenleistung bekommen hat. Von diesem Zeitpunkt an vertraut Dawson Buck nicht mehr. Dennoch nehmen beide zwölf Jahre später an der Schießerei von Greensboro teil.

Kaum ist Dawson aus dem Gefängnis entlassen, muß er mit dreizehn Mitgliedern der UKA wieder einsitzen, nachdem es am 4. Juli 1969 eine tätliche Auseinandersetzung zwischen Klansleuten und Schwarzen gegeben hat.

Veruntreuung von Geldern

Jetzt geschehen die Dinge, die dazu führen, daß er FBI-Agent wird. Dawson findet einen Rechtsanwalt – Bob Cahoon –, der bereit ist, die vierzehn Klansleute für 3000 Dollar zu vertreten, aber die Führung der UKA beauftragt an seiner Stelle Arthur Hanes, den Anwalt von James Earl Ray, dessen Honorar sich auf 15 000 Dollar beläuft. Hanes strebt einen Kompromiß an und erreicht für seine Mandanten eine Verurteilung zu einem Jahr Gefängnis auf Bewährung. Außerdem müssen sich alle fünf Jahre lang in regelmäßigen Abständen bei der Polizei melden und 1000 Dollar Geldstrafe zahlen.

Dawson ist schockiert. Er ist davon überzeugt, daß die UKA durch die Wahl des anderen Anwalts einen beträchtlichen Teil des Honorars selbst eingestrichen haben, und fordert Robert Shelton, den Imperial Wizard, schriftlich auf, Beweise dafür vorzulegen, daß er die 15 000 Dollar bezahlt habe. Shelton lehnt ab. Dawson zögert nicht, in die nächste Klonklave zu gehen und den Imperial Wizard der Unterschlagung von Geldern zu beschuldigen. Noch am selben Tag wird er aus den UKA ausgeschlossen.

Zuckerbrot und Peitsche

Schon bald gründet er eine Konkurrenzorganisation, die Ritter des Ku-Klux-Klan von North Carolina, und gewinnt viele Klansleute, die aus den verschiedensten Gründen von Robert Shelton enttäuscht sind. Das FBI ist über die Betrügerei, die Dawson so aufgebracht hat, und über seinen Groll gegen Shelton voll im Bilde. Es nutzt die Situation aus, um ihn unter Druck zu setzen.

Ein Beamter setzt ihm die Pistole auf die Brust. Man droht ihm den Entzug der Aufenthaltserlaubnis für Carolina an. Dawson lebt jetzt seit acht oder neun Jahren in diesem Staat, arbeitet hier und hat nicht die geringste Lust, wieder nach New Jersey zu gehen. Das FBI macht ihn netterweise darauf aufmerksam, daß die fünf Jahre, in denen er unter Aufsicht steht, zu einer wahren Hölle werden können. Da man mit Zuckerbrot und Peitsche arbeitet, malt man ihm zur Abwechslung aus, welche Vorteile er als Spitzel des FBI hätte und welche Schwierigkeiten er den UKA von Robert Shelton machen könnte, wenn er seinen eigenen Klan gründen würde. In die Enge getrieben, erklärt sich Dawson bereit, mit dem FBI zusammenzuarbeiten. »Niemals habe ich irgend etwas getan, was unseren Jungs hätte schaden können. Im Gegenteil, ich habe versucht, ihnen Scherereien zu ersparen«, behauptet er jedoch, als er sich später dagegen wehrt, als Verräter zu gelten.

Wahr? Falsch? Schwer zu sagen, denn solche Beteuerungen sind bei Renegaten und Unterwanderern keine Seltenheit. Bill Wilkinson, Imperial Wizard des Unsichtbaren Reiches der Ritter des KKK, der 1984 beschuldigt wird, für das FBI zu arbeiten, wird nichts anderes sagen.

1976, als er schon sieben Jahre für das FBI gearbeitet hat, ist es aufgrund der Informationen, die er seinen Auftraggebern geliefert hat, möglich, die UKA von Carolina fast völlig zu zerschlagen, aber auch seinen eigenen Klan in der Gegend von Greensboro, denn sein Klavern hat nur noch drei Mitglieder: Dawson selbst, Brent Fletcher und James Buck, der vielleicht auch Informant des FBI ist. Auch die Ritter des Ku-Klux-Klan von North Carolina, die von Virgil Griffin angeführt werden, haben zu dieser Zeit im ganzen Staat nicht mehr als dreißig Mitglieder.

1977 ist das FBI der Ansicht, daß es den Klan in North Carolina nicht mehr gibt, und Dawson verabschiedet sich sowohl von seinem Klavern als auch von seiner Spitzeltätigkeit im Klan.

Freiwilliger V-Mann

Aber er hat an der Tätigkeit, der Heimlichkeit und dem Geld, das er auf diese Weise verdient, Gefallen gefunden, und für seine Auftraggeber im FBI hat er bereits seit drei Jahren einen anderen Status. Er arbeitet weiterhin für sie, jetzt aber freiwillig und nicht mehr unter Zwang. 1974 schleicht er sich in die US Labor Party ein, eine Gruppe, die sich als kommunistisch versteht und die, wie später bewiesen wird, von Rechtsextremisten unterwandert ist. Diese wollten erreichen, daß sich die in manchen Fabriken explosive Situation so zuspitzte, daß die Arbeitgeber einen Grund hatten, lästige Gewerkschaftler hinauszuwerfen.

1977, als diese Bewegung verschwindet, erhält Dawson den Auftrag, so viele Informationen wie möglich über zwei linke Oppositionsgruppen zu sammeln, die Revolutionäre Kommunistische Partei und die Organisation der Arbeiter. Zwei Jahre lang nimmt Ed Dawson an ihren Versammlungen teil und knüpft Kontakte, und als die Partei der Kommunistischen Arbeiter (früher Organisation der Arbeiter) eine Demonstration gegen den Klan ankündigt, wird er von zwei Seiten angesprochen: sein Freund Virgil Griffin, Grand Dragon des Unsichtbaren Reiches des Ku Klux Klan, möchte von ihm möglichst genaue Angaben über die Linken, ihre Mitgliederzahl und ihre Taktik, während ein Mitarbeiter der Polizeibehörde von Greensboro, wahrscheinlich Inspektor Jerry Cooper, will, daß er sich wieder in den Klan einschleicht und in Erfahrung bringt, was dieser in den nächsten Tagen vorhat.

Was dann kommt, weiß man: das Massaker von Greensboro. Noch immer ist es nicht möglich, die genaue Rolle von Ed Dawson richtig einzuschätzen: Hat er ein noch größeres Blutbad verhindert oder geht das Massaker letztlich auf sein Konto? Was wirklich war, bleibt ein Geheimnis, auch wenn ein weiteres Mal erwiesen ist, daß das FBI und die örtliche Polizei mit dem Feuer gespielt haben.

Jerry Thompson
Ein »Redneck« bei den Killern
Alabama 1979–1981

Ein vollkommener »Redneck«

Jerry Thompson ist weder Polizist noch FBI-Agent und noch weniger ein Polizeispitzel. Er ist schlicht und einfach seit zwanzig Jahren Journalist beim *Tennessean*, als Chefredakteur John Seigenthaler (der in den sechziger Jahren ein Opfer des Klans wurde, als er mit den Marschierern für die Freiheit der Bürgerrechte demonstrierte) ihn bittet, den Rittern des Ku-Klux-Klan von David Duke beizutreten. Und zwar in Alabama, wo sie unter der Führung von Grand Dragon Don Black besonders aktiv sind. Der Zweck dieser Infiltration ist eine Reportage direkt aus der Höhle des Löwen.

Was Seigenthaler veranlaßt hat, Thompson zu wählen, ist außer seinem Professionalismus und dem absoluten Vertrauen, das er zu ihm hat, die Tatsache, daß er physisch die perfekte Verkörperung des armen weißen rassistischen Landbewohners, des »Rednecks«, ist. Thompson und Seigenthaler haben sich eine sehr glaubhafte Tarnung ausgedacht. Thompson verläßt Nashville und wird Tischler – ein Beruf, für den er eine gewisse Begabung besitzt – in Birmingham, Alabama. Er hat mehrere Wochen lang alle verfügbaren Dokumente über die Ritter des Ku-Klux-Klan und Don Black, ihren Grand Dragon, gelesen, der bald die Stelle von David Duke als Imperial Wizard einnehmen wird.

Vor Ort entdeckt er etwas, das er noch nicht wußte: Black kandidiert für das Bürgermeisteramt. Das ist eine ausgezeichnete Nachricht, denn so kann er ziemlich leicht in die Mannschaft kommen, die für Black den Wahlkampf führt: Arbeiter sind willkommen. Während des dreiwöchigen Wahlkampfes wird er den Kandidaten jedoch nicht ein einziges Mal zu Gesicht bekommen.

Erste enttäuschende Schritte

Die Begegnung findet zwei Wochen später, in einem Restaurant statt. Thompson hat sich als amerikanischer Tischler verkleidet, mit Trainingsanzug und roter Baseballmütze, und sich eine glorreiche Vergangenheit als Unteroffizier zurechtgelegt. Nach dem üblichen Gespräch, aus dem hervorgeht, daß die Juden, die Neger, die Roten und die Homosexuellen am Niedergang der Vereinigten Staaten schuld sind, bittet Thompson darum, in den Klan aufgenommen zu werden.

Eine Woche später nimmt er in Lexington an seiner ersten Veranstaltung teil: 150 Personen, davon die Hälfte mit Kutte und Kapuze, der Hauptredner ist der Imperial Wizard. Nach einer triumphalistischen Rede, in der vom Erstarken des Klans im ganzen Land die Rede ist und ein Bewohner von Pittsburgh, Pennsylvania, begrüßt wird, der in dieser Stadt einen Klavern gründen will, weist Duke auf die erfreuliche Tatsache hin, daß seine Organisation auf mehreren Militärbasen Fuß gefaßt hat, bevor er Black das Wort erteilt. Dieser schildert die letzten Kämpfe, die das Ziel hatten, »zwei neue rassistische, gegen die Weißen gerichtete Filme« vom Programm absetzen zu lassen, *The Road to Liberty* mit Cassius Clay und *Secret Agent in the KKK* ... dann verwandelt sich die Versammlung in ein freundschaftliches Beisammensein.

Aus den folgenden zwei Monaten, in denen ständig Versammlungen abgesagt werden oder schlecht laufen, zieht Thompson den Schluß, daß bei den Rittern des Ku-Klux-Klan von Don Black ein heilloses Durcheinander herrscht, und mehrmals ist er im Begriff, Seigenthaler um die Beendigung seines Auftrags zu bitten. Ist Black ihm gegenüber mißtrauisch? Sind die Ritter wirklich in Schwierigkeiten? Ein Anruf von Black, der ihn zu einer Versammlung bei einem Arzt einlädt, weckt jedoch sein Interesse.

Klansleute der Luxusklasse

Die Versammlung findet an einem Abend im Februar im Haus eines sehr angesehenen Arztes vierzig Kilometer von Birmingham entfernt statt. Thompson findet so etwas wie eine große Ranch und etwa sechzig geladene Gäste vor, die alles andere als »Rednecks« sind. Freiberufler, Angestellte und Facharbeiter, aber keiner jener sozial schlechtgestellten Weißen, die angeblich die soziale Basis der rechtsextremen Bewegungen darstellen. Ein Tisch ist mit Zeitungen, Zeitschriften, Büchern und Beitrittsformularen bedeckt, Black hält bei gedämpftem Licht eine Rede, und in den großen Glasfenstern spiegelt sich das Wasser des Swimmingpools, der sich im Haus befindet. Am Ende der Versammlung kann Thompson feststellen, daß einige Dutzend Aufnahmeanträge gestellt werden.

Wenn Thompson auch im Gegensatz zu Stetson Kennedy oder Douglas Seymour niemals weit genug in der Hierarchie aufsteigt, um an gewaltsamen Aktionen teilzunehmen, so sind die Informationen, die er als einfaches Mitglied gesammelt hat, doch sehr aufschlußreich.

Wie ein Fisch im Wasser

Wenn er auf der Straße Propagandamaterial des Klans verteilt, erlebt er nicht etwa einen Mißerfolg, sondern erkennt, daß fast die Hälfte der Passanten oder Autofahrer mit dem Klan sympathisieren. Einen gelben Plastikeimer in einer Hand, einige Exemplare der Monatszeitschrift der Ritter des Ku-Klux-Klan, *The Crusader*, in der anderen, sieht er fassungslos, wie es Geldstücke regnet, und es kommt nicht selten vor, daß die Leute einen und sogar zehn Dollar geben. Und noch etwas verblüfft ihn: Die Spender fahren sowohl Durchschnittsautos – Fords, Chevrolets, Toyotas –, als auch Luxuskarossen – Cadillacs und Lincolns.

Da er der Ansicht ist, genug Material gesammelt zu haben, beschließt er, die Maske zu lüften. Seine Odyssee endet mit der Veröffentlichung seiner Artikel und mit einer Pressekonferenz, die Don Black in Tuscumbia abhält und auf der er den lebenslangen Ausschluß Jerry Thompsons aus dem Klan verkündet und auf die Bedeutungslosigkeit der Enthüllungen des »Spitzels« hinweist: »Er hat entdeckt, daß ich Antisemit bin, aber dazu brauchte er sich nicht in den Klan einzuschleichen! Er hat entdeckt, daß manche unserer Mitglieder Waffen besitzen. Schön! Daß sich weitblickende Bürger bewaffnen, wenn die Verbrechen, die Aufstände und die realen Gefahren eines bewaffneten Aufstandes der Minderheiten rasant ansteigen, ist weder schlimm noch beunruhigend!«

In Wirklichkeit hat Thompson, der jede Sensationshascherei vermeidet, eine sehr wichtige Erfahrung gemacht, und das, was er herausgefunden hat, läuft manch herkömmlicher Vorstellung zuwider. Thompson analysiert die Situation, und obwohl er die Dinge nicht dramatisiert, spricht er eine ernstzunehmende Warnung aus: »Vor dieser Recherche hatte ich den Klan niemals als eine persönliche Bedrohung betrachtet, schließlich bin ich weder ein Schwarzer noch ein Jude. Aber ich habe eines begriffen, nämlich daß der Klan uns alle bedroht, solange er eine Bedrohung für irgend jemanden darstellt. Solange auch nur ein menschliches Wesen in Angst und Unsicherheit lebt, leben wir alle in Angst und Unsicherheit.«

Heute arbeitet der »Redneck« wieder beim *Tennessean*, einer der amerikanischen Zeitungen, die ihre Leser regelmäßig über die ständig wiederauflebenden Aktivitäten der Ultrarechten informieren.

Douglas Seymour
Russisches Roulette
Kalifornien 1978–1981

Am 9. Mai 1988 spricht ein Geschworenengericht aus sieben Frauen und fünf Männern in San Diego, Kalifornien, Douglas Seymour 531 000 Dollar an Schadensersatz plus Zinsen zu und zieht so einen vorläufigen Schlußstrich unter einen erbitterten fünfjährigen Rechtsstreit zwischen dem Kläger und der Polizeibehörde der Stadt.

Ein belastetes Erbe

Alles beginnt 1964, als Douglas Seymour, der zu der Zeit zweiundzwanzig Jahre alt ist, Wisconsin verläßt, um sich in San Diego niederzulassen. Er läßt eine lange Familientradition der Gewalt hinter sich, die abwechselnd im Dienste der Ordnung und des Banditentums ausgeübt wurde, und manchmal auch beiden gleichzeitig diente. Ist nicht einer seiner Urgroßväter der berühmte Wild Bill Hickock, ein ebenso berühmter Marshall – und Geächteter – wie Buffalo Bill?

Sein Großvater, Frank Hickock, war zugleich Marshall der Vereinigten Staaten und Mitglied einer jener Bürgerwehren, die in Wisconsin sehr zahlreich waren. Sein Onkel I. J. Hickock ist Polizeikommissar in Altoona, Wisconsin, und der junge Doug ist oft mit ihm im Polizeiauto Streife gefahren.

Als Doug also sein Studium der Kriminologie abschließt, glaubt die Familie, daß er in die Fußstapfen seiner Vorfahren tritt.

Glück, Erfolg und ... Langeweile

Aber in Kalifornien wendet sich der junge Mann dem Bau- und Immobiliengewerbe zu. Und dies mit einem solchen Erfolg, daß er 1974 seine eigene Firma, DK Seymour Construction and Development, gründen kann, die vier Jahre später einen Jahresgewinn von 1,3 Millionen Dollar macht.

Sein Privatleben ist glücklich. Er ist verheiratet, Vater von zwei Kindern; er ist Vorsitzender von zwei Sportvereinen und wird von allen geschätzt, die ihn kennen.

Aber es fehlt ihm etwas, und 1976 schreibt er sich als Volontär in der Polizeiakademie von San Diego ein, um Reserveoffizier zu werden. Nach mehreren hundert Stunden theoretischer Kurse und praktischer Ausbildung wird Seymour für fähig erachtet, gewisse Aufgaben zu übernehmen. Zwei Jahre lang beweist er große Kompetenz, indem er mit Umsicht, Geschicklichkeit und völlig ehrenamtlich in der Drogenszene und unter Taschendieben arbeitet. Diese Arbeit bringt ihm fünf Auszeichnungen der Polizeibehörde von San Diego ein, darunter die vielbegehrte »Auszeichnung als Einsatzleiter«.

1978 wird es ernster. Inspektor Ernest F. Trumper vom Nachrichtendienst, der in der Polizei eine Art Staat im Staate ist, schlägt Seymour einen neuen Auftrag vor: Infiltration des Ku-Klux-Klan, dessen kalifornischer Ableger unter der Führung von Tom Metzger besonders gefährlich ist. Seymour stimmt begeistert zu.

Begegnung mit dem Grand Dragon

Der Nachrichtendienst der Polizei hat ihm eine ideale Vergangenheit mit gefälschten Papieren gebastelt. Seymour ist ein ehemaliger Kriegsgefangener in Vietnam geworden, der einen Haß auf die amerikanische Regierung hat, weil sie nichts für seine Freilassung getan hat.

Anfang Februar 1979 schickt er sein Beitrittsgesuch per Post. Sechs Wochen später erhält er von Tom Metzger persönlich einen Anruf, der ihn nach einem zehnminütigen Gespräch einlädt, ihn in Fallbrook zu besuchen, wo er eine Reparaturwerkstatt für Fernsehgeräte besitzt.

Das Treffen verläuft insgesamt gut. Seymour hat sich sorgfältig auf die Fragen vorbereitet, mit denen Metzger ihn bombardiert, und der Grand Dragon scheint von den Antworten, die ihm der neue Kandidat gibt, überzeugt zu sein. Seiner

Bitte um Aufnahme bei den Rittern des KKK wird entsprochen, und Seymour muß jetzt, wie es die Regel ist, einige Bewährungsproben bestehen.

Die erste Versammlung des Klaverns im Juni beschließt, daß er am Aufstellen eines Kreuzes teilnehmen soll. Das Datum steht fest: der 4. Juli, in den Vereinigten Staaten Nationalfeiertag. An besagtem Tag marschiert eine Gruppe von etwa zwanzig Klansleuten in Militäruniformen und mit Messern, Schlagringen und Gewehren bewaffnet zum Kit-Carson-Park. Von der Polizei in Empfang genommen, die von Seymour benachrichtigt wurde, sind sie gezwungen, das Kreuz anderswo zu verbrennen. Seymour besitzt in der Gegend ein Grundstück. Er schlägt es Metzger vor, der sofort annimmt und ihn für die Dauer der Zeremonie zum Kaplan ernennt. Er verliest also das Klansgebet vor einem riesigen brennenden Kreuz, das von allen Spaziergängern, die an diesem Feiertag den Park in großer Zahl besuchen, von weitem gesehen werden kann. Die Zeremonie wird etwas später von der Polizei unterbrochen, ohne daß es jedoch zu Verhaftungen kommt, da sie auf einem Privatgrundstück stattgefunden hat.

Bis dahin nur das Übliche.

Der zweite Auftrag stellt härtere Anforderungen an Seymour. Es geht um einen »Sicherheitsauftrag«. Er soll mit drei anderen Klansmännern einem Exalted Cyclops auf die Finger klopfen, der aus dem Klan ausgeschlossen wurde und sich jetzt weigert, Kutte und Kapuze sowie das Propagandamaterial der Organisation zurückzugeben. Man geht brutal mit ihm um, dem Widerspenstigen wird eine Pistole ins Ohr gedrückt, während ein anderer Klansmann ihm ein Gewehr unters Kinn hält, um ihn so dazu zu bringen, das Material herauszugeben und sich vor allem bei niemandem zu beschweren.

Das Aufnahmeritual

Seymour hat die ihm gestellte Aufgabe korrekt erfüllt, er ist jetzt würdig, ein Mitglied des Unsichtbaren Reiches zu werden. Das Aufnahmeritual findet bei Georges Pepper, dem Exalted Cyclops des Klaverns von Fontana statt. Es gibt vier Kandidaten, zwei halbwüchsige Burschen, die Freundin eines Klansmanns und Seymour.

Mit verbundenen Augen werden sie in ein großes Zimmer geführt. Als die Binde abgenommen wird, ist das Zimmer in ein Halbdunkel getaucht und wird nur von einer Kerze beleuchtet. Zwölf Klansleute in Kutten und Kapuzen sitzen um einen Tisch herum. An der Wand hängt ein elektrisches Kreuz. Auf dem Tisch liegt eine in Leder gebundene Bibel mit reichlich Patina, überragt von einer Luger, einem Kelch mit »heiligem« Wasser, einem silbernen Zepter und einer Pergamentrolle.

Es folgt eine Zeremonie, die in allen Einzelheiten der ähnelt, die wir im Kapitel »Das Innenleben der Organisation« beschrieben haben.

Die Nacht endet nicht, ohne daß wieder ein Kreuz aufgestellt wird. Etwa hundert Klansleute versammeln sich an diesem Abend um das brennende Kreuz, das auf dem Grundstück von Pepper aufgestellt wurde, unter den entsetzten Augen seiner schwarzen und mexikanischen Nachbarn und gut sichtbar für die Polizeistreifen sowie die Zugpassagiere der Amtrak-Gesellschaft. Bei mehreren Flaschen Whiskey lösen sich die Zungen. Seymour erfährt, daß der Kampf des Klans in Kalifornien in erster Linie der Jagd auf mexikanische Einwanderer gelten muß; und das mit allen Mitteln. Man spricht mit komplizenhaftem Grinsen von einigen Dingen, die mehrfach in der Gegend vorgekommen sind: auf den Feldern wurden Leichen von mexikanischen Saisonarbeitern gefunden, ohne Kopf.

Der unaufhaltsame Aufstieg

Schnell steigt der neue Klansmann auf. Seymour steht immer zur Verfügung, er ist reich und zögert nicht, sein Geld in den Dienst der Sache zu stellen; zweimal bezahlt er die Flugtickets für Versammlungen in Louisiana. Außerdem ist er intelligent, und Metzger, der von seinen Leutnants nicht immer die Hilfe bekommt, die er sich wünscht, weiß dies zu schätzen. Sehr schnell wird er Mitglied des Sicherheitsdienstes, dann des KBI, des Ermittlungsbüros des Klans.

Seymour begleitet Metzger überallhin, insbesondere nach Lousiana, wo sich dieser regelmäßig mit David Duke, zu der Zeit Imperial Wizard der Ritter des Ku-Klux-Klan, und Louis Beam, dem Grand Dragon von Texas, trifft. Bei diesen Treffen geht es häufig stürmisch zu, da Metzger und Beam, verantwortlich für die zwei wichtigsten Staaten und die gewalttätigsten Sektionen, häufig Dukes Autorität in Frage stellen.

Auf einer dieser Reisen zeigen Duke und Metzger ihm ein Versteck, in dem sich Waffen befinden, die für einen Staatsstreich in Grenada bestimmt sind und tatsächlich bei dem Kommandounternehmen gegen die Insel Dominica mitgeführt werden. Bei dieser Gelegenheit beschließen die Ritter des Ku-Klux-Klan eine dreigleisige Strategie: Alle Klansleute – Männer und Frauen – erlernen den Umgang mit Waffen, darum braucht man Ausbildungscamps; ihnen werden juristische Grundbegriffe eingebleut, so daß sie regelmäßig unter allen möglichen Vorwänden Klagen einreichen und so eine Geldquelle für die Organisation erschließen können; die Verantwortlichen nutzen die Wahlen, um die Ideen der Bewegung zu propagieren.

Metzger kann sofort an die Arbeit gehen und sich eine außergewöhnliche Situation im 43. Distrikt zunutze machen: Er ist mit einer Million Einwohnern der am dichtesten bevölkerte der gesamten Vereinigten Staaten und umfaßt einen Teil von San Diego, der Küste, große Teile des landwirtschaftlich geprägten Kreises Imperial sowie ein Stück des Kreises Riverside. Da es keinen Zweifel an der Wiederwahl des Republikaners Clair Burgener gibt, der seit 1972 im Amt ist, ist kein Demokrat bereit, ihn herauszufordern, und der einzige, der ins Rennen geht, ist ein Unbekannter namens Bob Higgins. Bei einer Zeremonie im Kit-Carson-Park, dem Symbol für den Kampf gegen die Mexikaner, kündigt Tom Metzger vor dreihundert Klansleuten mit Kutte und Kapuze und fünfhundert Gegendemonstranten seine Kandidatur an.

Da man eine gewisse Zahl von Unterschriften vorlegen muß, um zur Wahl antreten zu dürfen, erweist sich Seymour für Metzger als unschätzbare Hilfe. Einige Stunden nach Abgabe der Unterschriftenlisten wird Seymour von der Polizei darüber unterrichtet, daß vier Unterschriften fehlen. Man rät Seymour, Mitglieder seiner eigenen Familie unterschreiben zu lassen, damit die Kandidatur von Metzger gültig ist.

Wir haben Anfang März 1980. Aufgeschreckt durch die Möglichkeit, daß der Neonazi Metzger die Vorwahlen gegen den farblosen Higgins gewinnen könnte, präsentiert der Generalstab der Demokraten in letzter Minute den Parteivorsitzenden von San Diego, Ed Skagen, dem Higgins schnell das Feld überlassen wird. Der Kampf um den Sieg bei den demokratischen Vorwahlen hat begonnen.

Hochspannung

Metzger und seine Truppe führen einen provozierenden Wahlkampf. Es finden zahlreiche Versammlungen statt, und zwar vor allem an Orten, an denen real die Gefahr von Zusammenstößen besteht. Zum Beispiel am 15. Oktober in Oceanside, wo der Klan in den John-Landes-Park marschiert, der in einem Viertel liegt, in dem die Liga zur Verteidigung der Juden, die Organisationen der Schwarzen und der Mexikaner und die Partei der Kommunistischen Arbeiter fest verankert sind.

Der Klan verfolgt mehrere Ziele: Er will alle diese Gruppen herausfordern, Publicity und eine ausführliche Berichterstattung in den Medien erreichen und den Teil der weißen Wähler verführen, der sich in einer schwierigen sozialen Situation befindet und dementsprechend frustriert ist.

Nach einer Stunde ungeheurer Anspannung geht die Versammlung in einem unglaublichen Durcheinander zu Ende. Die etwa hundert Klansleute und fünfhundert Gegendemonstranten geraten aneinander. Basketballschläger bei den Klansleuten, Flaschen- und Steinwürfe bei den anderen; erst nach zwanzig Minuten, als es mehrere Verletzte gegeben hat, schreitet die Polizei ein, verprügelt mehrere Klanmitglieder und erschießt den Dobermann eines Klansmanns. Als der Besitzer des Hundes daraufhin einen Revolver zieht, scheint es zu einer regelrechten Abrechnung zu kommen.

Um das Blutbad zu verhindern, stürzt Seymour auf den verantwortlichen Polizeioffizier, Captain Smith, zu und schreit: »Halt, ich bin vom FBI!« Der Zusammenstoß kann gerade noch vermieden werden. Die Klansleute ziehen sich singend zurück, während die Kameras mehrerer nationaler und ausländischer Fernsehsender auf sie gerichtet sind. Der Tag wird mit einem Fest beendet, und der Grand Dragon beglückwünscht seine Truppe und vor allem Doug Seymour, der so geistesgegenwärtig war, mit den Worten FBI/KBI zu spielen!

Im April wird Seymour auf einer Sitzung der Exalted Cyclops der ganzen Region zum Chef des KBI ernannt; man beschließt auch, den Hinweis auf den Klan aufzugeben, sich White Americans' Political Association (WAPA) zu nennen und sich als zukünftige »weiße Massenbewegung« zu betrachten. Schließlich wird Seymour persönlicher Leibwächter von Metzger.

Es vergeht ein weiterer Monat, in dem es turbulente Versammlungen gibt, Kreuze aufgestellt werden und man Patrouillen losschickt, um die Flut der illegalen Einwanderer einzudämmen. Die nationalen Medien berichten ausführlich über den Wahlkampf, und Metzger wird eine Art Berühmtheit.

Am 4. Juni lachen und scherzen die Klansleute, die sich in Metzgers Haus befinden, um auf die Wahlergebnisse zu warten. Man glaubt nicht an den Erfolg, aber der Wahlkampf hat ihnen eine große Resonanz verschafft, das Geld floß reichlich und viele neue Mitglieder wurden gewonnen.

Als das Fernsehen bekanntgibt, daß Tom Metzger bei den Vorwahlen der Demokratischen Partei mit mehr als 34 000 Stimmen den ersten Platz erreicht hat, bricht ein wahrer Begeisterungstaumel aus, und Metzger und Seymour führen wilde Freudentänze auf. Seymour erinnert sich später: »An dem Abend war ich ein Klansmann. Wir waren alle eine Familie.«

Douglas Jekyll und Seymour Hyde

Jetzt klickt es. Ihm wird klar, daß er »die Linie überschritten« hat. Wenn er die Berichte über seine Aktivitäten schreibt, weint er manchmal vor Scham, aber sobald er bei Metzger und seinen Freunden ist, wird er wieder zum Klansmann.

Seit April 1979 verbringt er die meiste Zeit mit Metzger, vernachlässigt seine Frau, seine beiden Kinder und sein Geschäft. 1978 hatte seine Firma 1,3 Millionen Dollar Gewinn gemacht. Im nächsten Jahr sinkt dieser auf 28 000 Dollar, und 1980 nähert er sich der Nullmarke an.

Seymours Frau trifft sich mit dem Kontaktmann ihres Mannes, Inspektor Trumper, und erklärt ihm: »Doug weiß nicht, was er tut, er dreht durch. Er muß um jeden Preis da raus!« Die Polizei lehnt das ab. Sie braucht ihren besten Agenten noch, denn die faschistischen Aktivitäten beunruhigen die Bundesbehörden, und Metzgers Gruppe muß ständig überwacht werden. Seymour ist der erste Agent, dem es gelungen ist, in der Hierarchie des Klans so hoch aufzusteigen, und die wöchentlichen Berichte, die er seit Beginn seiner Mission schickt und die mit Zahlen, Daten und Namen gespickt sind, hält sie über alles auf dem laufenden, was Metzger und seine Leute unternehmen.

Die Persönlichkeitsspaltung wird stärker. Der Psychiater,

den das Paar 1979 aufsucht, Dr. George Sargent, gesteht, daß er völlig perplex war: »Anfangs wußte ich nicht, was ich glauben sollte. War Seymour ein in den Klan eingeschleuster Spitzel, ein Durchschnittstyp, der Opfer seiner krankhaften Lügensucht ist, oder ein Mitglied des Klans? Nach und nach habe ich geglaubt, was er mir erzählte, aber gleichzeitig wurde unser Verhältnis immer schwieriger ...«

Im September 1980 schlägt Metzger seinen republikanischen Konkurrenten. Zwar erzielt er mit 43 000 Stimmen oder 40 Prozent der Wähler ein mehr als ehrenvolles Ergebnis, aber es ist klar, daß er niemals in den Kongreß gewählt werden wird. Die Demonstrationen gegen den Klan werden häufiger und entschlossener, und die Gegner des Klans beginnen, die gleichen Methoden anzuwenden wie diejenigen, die sie verurteilen.

Am Tag vor Weihnachten 1980 sitzt Seymour mit seinem Schwiegervater unter dem Vordach seines Hauses, als es plötzlich laut knallt. Glassplitter fliegen zu ihnen herüber. Seymour greift nach einer Waffe und geht auf die Straße. Sein Van hat keine Windschutzscheibe mehr, und die Karosserie weist mehrere Einschüsse auf. Fünf Tage später, als er nicht weit von seinem Haus mit dem Auto seiner Frau fährt, fliegt auf der Fahrerseite ein schwerer Stein durchs Fenster. Mit blutverschmiertem Gesicht, eine Hand am Steuer, in der anderen eine Waffe, jagt Seymour einem Auto hinterher und schießt mehrmals auf dessen Insassen, die ihn jedoch abhängen können. Er ist überzeugt, daß es sich um Aktivisten der Partei der Kommunistischen Arbeiter handelt.

In der Falle

Das Jahr 1981 beginnt unter schlechten Vorzeichen. In der Umgebung Metzgers sind manche auf den »Günstling« eifersüchtig. Sie fanden schon Seymours Eingreifen merkwürdig, daß er rief »Ich bin vom FBI«, auch wenn Metzger glaubt, daß er den KBI mit dem FBI verwechselt hat. Hat irgend jemand Informationen erhalten, die Seymour anschwärzen? Selbst wenn er noch so viele Vorsichtsmaßnahmen ergreift und seinen Kontaktmann Ernest Trumper nur in einem Restaurant trifft, in dem vorwiegend Schwarze verkehren, kann er nicht ausschließen, daß man ihm auf die Schliche gekommen ist. Eine Möglichkeit ist etwa, daß bei den Treffen zwischen Metzger und den Extremisten der schwarzen nationalistischen Bewegung von Louis Farrakhan die letzteren ihn zum Zeichen des guten Willens und als Gegenleistung für diverse Unterstützung von seiten der Metzger-Gruppe »ausliefern«.

Wie dem auch sei, Seymour spürt die feinen, aber sicheren Veränderungen in der Organisation. Ist es die Wirkung des Alkohols, den er seit Monaten ständig in sich hineinschüttet, oder seines ausgiebigen Drogenkonsums? Er hat auf jeden Fall das Gefühl, daß man ihn verdächtigt.

Als er am 24. Februar einen Telefonanruf von Metzger erhält, der ihn für den nächsten Abend zu einer Sitzung über Sicherheitsfragen in seinem Haus in Fallbrook einlädt, macht er sich ernsthafte Sorgen. Und am nächsten Tag geht er mit seinem alten Freund Roy Brady, der im Van auf ihn wartet, zu dem Treffen. Als er Metzgers Haus betritt, wird er sofort vom Exalted Cyclops des Klaverns El Cajon, Winston Burbage, durchsucht. Seine beiden Waffen werden ihm abgenommen, und Metzger, Burbage und die Klansmänner John Gaines, Edgar Leitzen und Wayne Twining führen ihn in das große Wohnzimmer von Metzger.

Man fordert ihn auf, sich in die Mitte des Zimmers zu setzen. Metzger sitzt ihm gegenüber, eine Pistole auf ihn gerichtet, die Luger, die am Tag seiner »Einbürgerung« auf der Bibel lag. Burbage und Twining stehen rechts neben ihm und haben ihre Waffen auf sein Herz gerichtet. Gaines, der als einziger unbewaffnet ist, steht links. Leitzen setzt sich hinter Seymour und drückt ihm den Lauf seiner Waffe in den Nacken. Das Verhör kann beginnen.

»Wie ist dein richtiger Name?«

Seymour antwortet und hört ein »Klick«. Der Schlagbolzen des Revolvers von Leitzen fährt in eine leere Kammer.

»Bist du Agent des Fed?«

Seymour antwortet nein. Ein neues Klicken.

Metzger grinst und spielt mit seiner Luger, die er von einer Hand in die andere legt.

»Wer bezahlt dich, um uns auszuspionieren?«

Seymour merkt, wie ihm die Stimme versagt.

»Niemand.«

Wieder grinst Metzger.

»Du behauptest, daß du Kriegsgefangener warst?«

Seymour bejaht.

»Das werden wir gleich sehen.«

Metzger legt die Luger weg und holt etwas aus einer dunklen Ecke im Zimmer. Als er sich wieder vor Seymour aufpflanzt, hält er einen Teller und zwei Bleistifte in der Hand.

»Zeig uns, wie man damit umgeht!«

Seymour nimmt den Teller in eine Hand und versucht, die Bleistifte wie Eßstäbchen zu halten. Seine Finger zittern, die Bleistifte fallen ihm aus der Hand. Dann hört er einen lauten Knall und fällt ohnmächtig zu Boden.

Als er wieder zu sich kommt, liegt er in einem Krankenhausbett, und zwar im Mesa Vista in San Diego. An ihm sind keine Verletzungen festzustellen, aber in den zwei Tagen, die er im Krankenhaus verbringt, ist er ständig im Delirium; dann kommt seine Frau und holt ihn nach Hause.

Der Alptraum

Die nächsten achtzehn Monate sind ein wahrer Alptraum. Er hat Nervenzusammenbrüche und Anfälle von Depressionen und muß dreimal für längere Zeit ins Krankenhaus.

Er trinkt viel, und befindet sich in einer prekären finanziellen Situation: Seine Firma hat bankrott gemacht, und die Polizei kann die Arzt- und Krankenhauskosten nicht übernehmen, weil seine Krankheit nicht als berufsbedingt betrachtet wird.

Anfang 1982 hat Patty Seymour, die am Ende ihrer Kräfte ist, ihren Mann verlassen. Sie hat alles in ihrer Macht Stehende getan. Der Klan und die Polizei haben ihr Leben zerstört.

Mit Hilfe einer neuen Nachbarin kommt Seymour wieder auf die Beine. In nur sechs Monaten gelingt es ihr, ihn vom Alkohol und von den Drogen wegzubringen, und außerdem kann sie ihn dazu bewegen, seine Erlebnisse niederzuschreiben.

Im Mai 1982 ist er entgiftet und nimmt seine Arbeit als Polizist wieder auf. Bis Juni 1983 arbeitet er weiterhin als Informant und Ermittler bei Einbrüchen, Diebstählen und Bandenkriminalität. Aber er bleibt psychisch sehr labil, und seine Nachbarin, die inzwischen seine Lebensgefährtin ist, bittet ihn, einen neuen Psychiater aufzusuchen. Dieser, Dr. Richard Fowler, überzeugt ihn davon, daß er nicht vollständig geheilt werden kann, solange die ganze Wahrheit nicht ans Licht gekommen ist und die Polizei ihre Verantwortung für seinen schlechten körperlichen und seelischen Zustand nicht anerkennt.

Juristische Konfusion

Seymour ersucht also offiziell darum, daß man seinen Status als Reservist der Polizei anerkennt und er eine Entschädigung bekommt, weil seine Krankheit berufsbedingt war. Seine Bemühungen laufen ins Leere. Die Sache ist nämlich viel komplizierter, als es scheint, denn es gibt ein Gesetz, das 1966 vom Kongreß verabschiedete Hatch-Gesetz, in dem es heißt: »Ein Offizier oder ein Angestellter der Stadt, des Kreises oder des Staates darf seine Autorität nicht benutzen, um das Ergebnis einer Wahl oder eine Ernennung für ein Amt zu beeinflussen ...« Seymour ist Mitglied der Polizei, und sei es auch nur als Reservist. Indem er es Metzger auf den Rat der Polizei hin und mit ihrer Erlaubnis ermöglicht hat, die fehlenden Stimmen zu bekommen, die ihn für die Vorwahlen bei den Demokraten qualifizierten, hat er gegen das Gesetz verstoßen. Wäre Seymour dagegen ein einfacher Informant, wie er betont, »wurde kein Gesetz gebrochen und er riskiert keine strafrechtliche Verfolgung«, da er nicht zum Polizeipersonal gehört.

Um eine Entschädigung zu erwirken, klagt Seymour im Juni 1983 gegen Polizeichef William Kolender und die Stadt San Diego, die seiner Ansicht nach »für seinen körperlichen Verfall, seine Depressionen, das Scheitern seiner Ehe und den Bankrott seiner Firma verantwortlich sind«. Trotz der »Diplome« und »Auszeichnungen«, die ihm die Polizei verliehen hat, trotz des kleinen Empfangs, der zwei Jahre zuvor gegeben wurde, um »ihren besten Agenten zu feiern«, herrscht bei den Polizeibehörden jedoch eisiges Schweigen. Man gibt weniger als je zuvor Seymours wirkliche Funktion zu, zumal viel Staub aufgewirbelt wird, als Tom Metzger plötzlich eine Pressekonferenz abhält, auf der er verkündet, daß er Beweise dafür besitze, daß Seymour zu der Zeit, als er sich in den Klan eingeschlichen habe, mehr als ein einfacher Spitzel war und daß er die Polizeibehörde folglich wegen verschiedener Verstöße gegen die amerikanische Verfassung und amerikanisches Recht verklagen werde.

Merkwürdigerweise folgen den Drohungen keine Taten. Gab es einen Kuhhandel, wie es Seymour und seine Anwälte behaupten? Metzger *vergißt* die Klage, die dazu führen könnte, daß die Polizei und die Stadt eine hohe Geldstrafe zahlen müssen, und dafür *vergißt* die Polizei von San Diego, daß die Bewegung von Metzger zweieinhalb Jahre lang unerlaubte, häufig ungesetzliche und immer gewalttätige Aktionen durchgeführt hat ...

Erklärt dies, daß Seymours Berichte mit Ausnahme weniger Blätter vernichtet werden, obwohl sie seiner Meinung nach die endgültigen Beweise für mindestens vierundvierzig schwere, vom Klan provozierte Zwischenfälle enthalten? Werden sie »im Zuge der normalen Polizeiroutine« vernichtet, weil sie nicht mehr nützlich sind, wie die Polizei behauptet, oder »nachdem Metzger seine Klage angedroht hat«, wie Seymour und sein Anwalt glauben?

Semantische Nachwirkungen

Der Fall zieht sich fünf Jahre lang hin und hat seltsame Nachwirkungen, nicht zuletzt die, daß die Justiz ein von der Polizei vorgelegtes Dokument verwendet, das verwirrende Eigentümlichkeiten enthält: Im Gegensatz zur sonst üblichen Schreibweise sind die Eigennamen nicht in Großbuchstaben geschrieben, und das Aufstellen und Anzünden von Kreuzen, das in den Polizeiberichten als *Cross Burning* bezeichnet wird, wird hier *Cross Lightning* genannt, ein Begriff aus dem Vokabular des Klans. (*Cross Burning* bedeutet, daß man ein Kreuz *verbrennt*, Cross Lightning, daß man es *erleuchtet*, ein subtiler Unterschied!)

Es scheint, daß die Polizei, um die Risiken und die finanziellen Folgen des von Seymour angestrengten Prozesses zu vermeiden, mit Metzger einen Vergleich geschlossen und sogar einen Bericht verwendet hat, den dieser verfaßt hat.

Obwohl die ganze Angelegenheit höchst verworren ist und trotz der kaum verhüllten Drohungen der Polizei, einer Verleumdungskampagne und der erklärten Absicht des WAR, ihn kaltzumachen, bleibt Seymour standhaft und erhält seine Klage aufrecht. (Nachdem die Organisation von Metzger eine Zeitlang White American Political Association hieß, nennt sie sich jetzt White Aryan Resistance, WAR)

Unterdessen haben tiefgreifende Veränderungen stattgefunden. Seymour ist wieder verheiratet, hat das Sorgerecht für seine beiden Kinder erhalten – ein Beweis dafür, daß er sich von Alkohol und Drogen völlig befreit hat – und ein neues Unternehmen gegründet. Er hat keinerlei Kontakt mehr zur Polizeibehörde von San Diego; er ist für den Bereich extremistischer Aktivitäten Berater am Gericht geworden und arbeitet in einer Vereinigung mit, die von Polizisten gegründet wurde, die gegen Gewalt und rassische Diskriminierung bei der Polizei eintreten.

Während des Prozesses, der am 21. März 1988 beginnt, ist er ein Mann, der im Vollbesitz seiner körperlichen und geistigen Kräfte ist und eine Woche lang aussagt, keiner Frage der Anwälte oder der Geschworenen ausweicht und seine Aussagen mit einer eindrucksvolle Fülle von Dokumenten untermauert. Am 9. Mai warnt Richter Paul Rosado, der zur allgemeinen Überraschung alle Anschuldigungen gegen den Polizeichef fallengelassen und einige Anklagepunkte in weniger schwerwiegende umgewandelt hat, die Geschworenen vor »zuviel Sentimentalität«. Was diese nicht daran hindert, nach einstündiger Beratung die Polizeibehörde und die Stadt San Diego für schuldig zu erklären, »die verfassungsmäßigen Rechte von Douglas Seymour schwer verletzt zu haben, als dieser für sie als Reservepolizist arbeitete«, und sie dazu zu verurteilen, »ihm einen Betrag von 531 000 Dollar Schadensersatz plus Zinsen zu zahlen«.

Wie zu erwarten ist, gehen die Anwälte der Stadt San Diego in die Berufung, und am 2. Juni 1988 setzt Richter Rosado die Geldstrafe auf 16 000 Dollar herab, mit der Begründung, daß eine zu großzügige Entschädigung alle möglichen Leute zu Klagen gegen die Städte ermuntern würde und daß Seymour außerdem »bei sehr guter Gesundheit zu sein scheint und eine sehr hübsche Frau hat«!

Unterstützt von den schockierten Geschworenen, die sogar einen kleinen Empfang für ihn geben, und ermutigt durch einen großen Teil der Öffentlichkeit, legt Seymour Berufung ein und hat Erfolg. Zwar kann er eine Entschädigung in der von ihm geforderten Höhe nicht durchsetzen, doch erkennt die Stadt San Diego seinen Anspruch prinzipiell an. Heute arbeitet Douglas Seymore als Berater des Zentrums für demokratische Erneuerung in Atlanta und anderer Organisationen, die rechtsextremistische Gewalt bekämpfen.

Nazi-Klan-Story
1985

Ein Blutbad an Weihnachten
Seattle, Washington

Die Familie Goldmark trifft die letzten Vorbereitungen, bevor die Gäste kommen. Als es an der Tür läutet, öffnet einer der beiden kleinen Jungen des Ehepaares. Der Mann trägt einen Tarnanzug. Er ist sehr groß, über einen Meter neunzig, trägt einen langen schwarzen Bart und schulterlange Haare. Er hat ein weißes Paket für Charles Goldmark in der Hand. Das Kind ruft seinen Vater, der sofort kommt, gefolgt von seinem anderen Sohn. Da zieht der Mann einen Revolver, bedroht sie und geht mit ihnen in den ersten Stock, wo Mrs. Goldmark gerade duscht. Charles Goldmark bietet ihm Geld an und gibt ihm seine Bankkarte und die Codenummer, ohne den Eindringling jedoch loszuwerden.

Mrs. Goldmark ist aus dem Badezimmer gekommen. Der Mann befiehlt ihnen, sich mit dem Gesicht nach unten auf den Boden zu legen. Er zieht zwei Paar Handschellen aus einer Tasche und legt sie den Goldmarks an, dann bindet er den Kindern die Hände auf dem Rücken zusammen. Aus einer anderen Tasche holt er ein Tuch und eine Flasche Chloroform und schläfert sie damit ein. Er hat noch zwanzig Minuten Zeit. Solange hat er am Tag zuvor gebraucht, um wieder wachzuwerden, nachdem er sich selbst betäubt hatte. Er geht in die Küche, holt ein Messer mit einer langen Klinge und ein schweres Bügeleisen. Er kehrt in das Zimmer zurück, stößt das Messer in die betäubten Körper und schlägt die Schädel mit dem Bügeleisen ein.

Nachdem er das Anwesen seiner Opfer verlassen hat, mit ihrem Blut an seiner Kleidung, geht er zur Seafish Bank und versucht, Geld aus dem Automaten zu holen. Goldmark hat ihm zwar seine private Karte gegeben, aber in seiner Aufregung hat er ihm die Codenummer seiner Geschäftskarte genannt. Während der Mörder den Automaten bearbeitet, wird eine photographische Zelle ausgelöst, und die so entstandenen Photos ermöglichen am nächsten Tag die Verhaftung von David Lewis Rice, eines siebenundzwanzigjährigen arbeitslosen Verkäufers, der der rechtsextremen Organisation Duck Club nahesteht. Die Ermittlungen und die Aussagen seiner Angehörigen fördern die unglaublichen Motive für dieses Blutbad zutage: »Ich bin ein Soldat im Krieg der Rassen. Und manchmal kommt es vor, daß die Soldaten töten müssen«, wird Rice sagen. Einem Freund gegenüber, der zur selben rassistischen Gruppe gehört, hatte er einige Stunden vor seiner Festnahme einfach erklärt: »Ich habe in Seattle einen Kommunistenführer erledigt.«

Doch Charles Goldmark, mit den Vorbereitungen für das Weihnachtsessen beschäftigt, war weder Jude noch Kommunist!

KAPITEL 7
Der Klan-Chef im Schafspelz:
Dave Holland, Grand Dragon

Im Juli 1988 treffe ich Dave Holland, Grand Dragon der Southern White Knights of The KKK, in Atlanta. Er ist liebenswürdig, ja geradezu begeistert – ich bin offensichtlich, so sagt er mir, weder ein Jude noch ein Neger –, lehnt es aber völlig ab, daß ich unser Gespräch aufzeichne oder mir Notizen mache. »Der Klan hat genug Scherereien, er braucht sich nicht noch mehr aufzuhalsen«, teilt er mir lakonisch mit. Dave Holland plaudert glücklicherweise gerne aus dem Nähkästchen, und der größte Teil des hier wiedergegebenen Gespräches stammt aus der Presse der Klanbewegung.

David W. Holland war damals dreiunddreißig Jahre alt. Hellblaue Augen, ein noch etwas jungenhaftes Gesicht, ein freundliches Lächeln, angenehme Umgangsformen. Dave, wie ihn seine Freunde nennen, ist zweifellos die große Entdeckung der Ultrarechten in den achtziger Jahren. Es vergeht keine Woche, ohne daß die Presse in Atlanta, im Süden und sogar in den gesamten Vereinigten Staaten über seine Aktionen oder die seiner Organisation berichtet.

Der Parteikongreß der Demokraten vom Juli 1988, der ausgerechnet in Atlanta stattfand und bei dem eigentlich Dukakis und Jesse Jackson im Rampenlicht standen, gab dem amerikanischen Volk die Möglichkeit, einen der profiliertesten Führer der rassistischen Bewegung kennenzulernen. Denn die Gegendemonstrationen, an denen unter einem Wald von konföderierten und südafrikanischen Fahnen mehrere hundert Klansleute, Nazis und Skinheads teilnahmen, wurden von Dave Holland und seinen Weißen Südstaatenrittern angeführt.

Wenn derzeit auch das Unsichtbare Reich der Ritter des KKK der wichtigste Klan ist, so werden die Weißen Südstaatenritter von Dave Holland zweifellos die Speerspitze der rassistischen und faschistischen Aktivitäten von morgen sein. Er selbst dürfte dabei eine herausragende Rolle spielen.

Wie und warum sind Sie Klanmitglied geworden?
Meinem moralischen Engagement an der Seite des Klans liegen Vorfälle zugrunde, die sich auf der höheren Schule von Cross Keys im Kreis Dekalb in Atlanta abgespielt haben. Meine Klassenkameraden – Weiße – und ich hatten irgendwann genug von den Angebereien der Neger, die in unserer Klasse waren. Diese Typen trugen T-Shirts mit dem Aufdruck »I'm black, and I'm proud« und anderem ähnlichen Blödsinn. Sie provozierten uns, und man konnte ihr Kauderwelsch nicht mehr ertragen. Dann gab es eine Keilerei!

(Es scheint, daß für die meisten neuen Klanoberen irgendwelche Erlebnisse in ihrer Jugend als Vorwand für ihre heutige Berufung herhalten müssen. Ed Stephens vom Unsichtbaren Reich erzählt jedem, der es hören will, daß ihm Schwarze in der Schule das Geld für das Frühstück gestohlen haben, und Danny Carver von derselben Organisation, daß seine Schwester in Houston von aggressiven Schwarzen umgebracht wurde. Aber die Polizei hat keine Spur eines solches Mordes gefunden.)

Welchem Klan sind Sie beigetreten?
Den Nationalen Rittern des Ku-Klux-Klan, die 1975 von James Venable geführt wurden. Das war nicht der wichtigste, auch nicht der aktivste Klan, aber Jim Venable war ein Symbol und eine unanfechtbare Figur der rassialistischen Bewegung unseres Landes.

Das Problem war, daß die Nationalen zu altmodisch waren. Sie waren überholt. Die meisten Mitglieder waren alt und haben nur immer die alten Geschichten wieder aufgewärmt, aus der Zeit, als der Klan vier Vorsitzende und über fünf Millionen Mitglieder hatte!

Ihre fixe Idee war, wieder ganz im Untergrund zu operieren, 100 000 Mitglieder zu gewinnen und dann massiv aufzutreten. 1985 habe ich die Nationalen verlassen, aber ohne Groll, denn ich respektiere Jim Venable und mag ihn sogar. Er ist ein großer Patriot und ein großer Klansmann.

(Seit einigen Monaten kämpft Dave Holland dafür, daß der Park, den James R. Venable in den vierziger Jahren der Stadt Stone Mountain vermachte, nach ihm benannt wird. Ein Ende der Kontroverse, die sich an dieser Frage entzündet hat, ist nicht abzusehen. Sie wird durch so überraschende Erklärungen wie die einer schwarzen Bewohnerin der Stadt namens Gloria Brown angeheizt, die Mitglied des NAACP ist und das Projekt eines James-Venable-Parks verteidigt: »Er ist ein Bürger dieser Stadt und hat wunderbare Dinge für sie getan. Wenn er Mitglied des Klans ist, so ist das seine Sache und hat nichts zu bedeuten.«)

Sie hätten einem anderen Klan beitreten können, aber Sie haben beschlossen, Ihre eigene Organisation zu gründen ...

Ich wollte nicht vom Regen in die Traufe kommen. Die Nationalen waren ineffizient, aber zumindest ehrlich! Was man von den anderen nicht unbedingt sagen kann. Es gab damals im Unsichtbaren Reich oder bei den Rittern zu viele Intrigen, Geldgeschichten oder Streitereien.

Ich habe also die Weißen Südstaatenritter des KKK gegründet, die in weniger als zwei Monaten fast siebzig Mitglieder allein in Atlanta hatten. Junge Leute, zwischen achtzehn und vierzig, denn wie ich schon gesagt habe, will ich keine alten Kämpfer, die ständig über ihre Heldentaten von damals schwadronieren und die anderen bremsen. So in der Art: »Ach, Junge, was ist schon so 'ne Versammlung gegen unsere Zeit«.

Wenn die Jungen, die zwei Wochen geschuftet haben, um alles vorzubereiten, das hören, sinkt ihre Moral auf Null!

Und wenn diese »Berater« uns fragen, warum wir es nicht so machen, wie sie es damals gemacht haben, muß man ihnen die Wahrheit um die Ohren schlagen: Wir machen es so, weil eure Generation zugelassen hat, daß der Kongreß schurkische Gesetze verabschiedete, die uns knebeln und fesseln und es der Regierung, der Polizei und denen vom Bund erlauben, uns ständig im Nacken zu sitzen. Man kann keine rote Ampel überfahren oder ein bißchen die Geschwindigkeit überschreiten, ohne daß man gleich das ganze GBI* am Hals hat!

Aber diese jungen Leute, wie gewinnen Sie sie?

Nicht ich gewinne sie, sondern die Sache! Und Vorsicht, das sind keine Leute, die eine Macke haben, arme Schlucker, Zukurzgekommene, wie die verjudeten Medien es gerne darstellen. Meine Jungs sind sportliche Typen, die fast alle die höhere Schule besucht haben. Aber sie haben die Nase voll, so wie die Patrioten des Unabhängigkeitskrieges, sie wollen ihr Land retten.

Sie sprechen von der Sache. Können Sie mehr dazu sagen?

Haben Sie Amerika gesehen? Schauen Sie sich Atlanta an. Das war einmal die Hauptstadt des Südens. Jetzt sieht man hier nur noch Neger auf den Straßen. Und unser Land geht an der Kriminalität, den Drogen und der Unmoral zugrunde.

Und wer tötet? Die Schwarzen! Wer steht hinter dem Drogenhandel? Ausländer, die schwarze, jüdische und italienische Mafia! Und die Pornographie. Wer hat ein Interesse daran, das Land zugrunde zu richten?

Das ist nicht alles. Unsere Farmer sind am Ende. Jeden Tag machen Betriebe pleite. Wer hat in diesem Land die Finanzen in der Hand? Die Juden. Sie haben die größten Nachrichtenmittel, Fernsehen und Zeitungen. Das alles ist unmöglich.

Und Aids, es sind doch nicht die Weißen, die Aids verbreitet haben!

---

* Georgia Bureau of Investigation: Ermittlungsbehörde des Justizministeriums, die nichts mit dem FBI zu tun hat. Es gibt sie in jedem Staat.

Sie rechtfertigen also den Rassismus? Glauben Sie nicht, daß das Beispiel Nazideutschland einem zu denken geben sollte?

Ja, ich rechtfertige den Rassismus. Wir müssen stolz darauf sein, Weiße zu sein. Aber ich glaube, daß jede Rasse ihre Qualitäten hat. Das Schreckliche ist die Vermischung. Bestreite ich etwa, daß die Schwarzen besser tanzen und laufen als die Weißen? Und so müssen die Schwarzen anerkennen, daß wir ihnen in puncto Intelligenz und Organisationsfähigkeit überlegen sind. Wissen Sie, das sage nicht ich, sondern die Arbeiten großer Wissenschaftler wie des Nobelpreisträgers William Shockley, der durch Tests die Überlegenheit der Indianer über die Schwarzen und der Weißen über die Indianer und die Schwarzen bewiesen hat, belegen das.

Im übrigen respektiere ich einige schwarze Führer, wie Louis Farrakhan, die die Integrität ihrer Rasse verteidigen. Mit ihnen kämpfen wir für die Rassentrennung.

Wie in Südafrika?

Genau. Gleich, aber getrennt!

Und die Juden?

Die Juden haben Christus gekreuzigt. Seitdem die Welt besteht, stehen sie hinter allen Anschlägen auf die weiße Rasse. Außerdem sind alle Kommunisten Juden. Sie sind die Verantwortlichen, denn sie verkörpern das Böse, sie sind des Teufels. Sehen Sie nur, wie sie diese makabre Holocaust-Farce inszeniert haben. Damit läßt sich massenhaft Kohle machen. Und Israel existiert nur durch den amerikanischen Steuerzahler. Mehr als 70 Prozent seines Budgets stammen aus unseren Steuern!

Propagieren Sie Ihre Ideen auch mit Gewalt?

Überhaupt nicht! Wenn wir gewalttätig sind, haben wir gleich die Polizei auf dem Hals.

Was Sie sagen, glauben viele Leute, wenn sie zu uns kommen. Sieben von zehn neuen Mitgliedern hoffen, daß die

SWK so operieren wie der Klan in den sechziger Jahren, vor Verabschiedung der Bürgerrechtsgesetze. Wenn sie merken, daß man nicht auf die Straße gehen und verrückt spielen kann, ist der Fall für sie erledigt.

Ich werde ständig um Hilfe gebeten. Neulich hat mich eine Frau aus dem Kreis Walton angerufen. Sie ist alt und krank und diese Dreckskerle von jüdischen Immobilienmaklern versuchen, billig an ihr Grundstück zu kommen. Sie wollte, daß der Klan das regelt! Ein anderes Mal schreiben mir Mütter, daß ihre Tochter einen kleinen Negerfreund hat und daß wir ihm eine Abreibung geben sollen!

Ich sage allen, daß es nicht in Frage kommt, daß die SWK wegen ihrer schönen Augen die Gesetze verletzen. Würde man mich einbuchten, würden sie keine müde Mark geben, um mir einen Anwalt zu bezahlen! So etwas kann man sich nicht leisten: Man hat das GBI auf dem Hals, und es gibt Spitzel in unserer Bewegung. Sie warten nur darauf, uns fertigzumachen.

Aber wenn Sie wirklich Gewalt vermeiden, warum dann dieser kriegerische Aufzug, den Ihre Klansleute so sehr mögen?

Weil wir, auch wenn wir keine Gewalt anwenden, dem amerikanischen Volk zeigen müssen, daß wir wehrhaft sind. Militärische Kleidung, weil wir Krieger im Krieg der Rassen sind. Drillich, Koppel, Schnürstiefel, Waffen, das ist unsere Uniform.

Also keine Kutten und Kapuzen mehr?

Doch, aber nur bei rituellen Versammlungen und Zeremonien. Die paramilitärischen Uniformen sind außerdem genau das Richtige für unsere sehr jungen, sehr dynamischen Mitglieder.

Wie viele seid ihr bei den SWK?

Geheimnis. Aber bei unseren letzten beiden Demonstrationen im Umkreis von Atlanta sind allein für dieses Gebiet dreihundert marschiert. Und wir sind in ganz Georgia, in North Carolina und Alabama organisiert.

Ihre Organisation wächst?
Wir sind der Klan, der am schnellsten wächst. Das ist auf jeden Fall die Meinung der Anti-Diffamierungs-Liga und des Zentrums für demokratische Erneuerung!

Sie nehmen Katholiken auf? Und Frauen?
Frauen, natürlich. Sie spielen bei den SWK eine sehr große Rolle. Was nur normal ist. Sie sind ja schließlich die Hauptopfer der aggressiven Neger und der jüdischen Abtreiber, oder? Aber, wissen Sie, das ist amerikanische Tradition. Das war schon zur Zeit der Pioniere so!

Katholiken, wenn sie weiß und bereit sind, auf den Unfehlbarkeitsanspruch und die Autorität des Papstes zu verzichten.

Merkwürdig: Sie sind nur Grand Dragon der SWK. Wer ist der Imperial Wizard?
Es gibt keinen. Ich hasse Organisationen, in denen es mehr Offiziere als Soldaten gibt, wie in den südamerikanischen Armeen. Da gibt es Typen, die sich selbst zum Imperial Wizard ernennen und gerade mal zehn Leute unter sich haben!

Welche Publikationsorgane haben Sie und wie finanzieren Sie sich? Was sind Ihre Aktivitäten?
Wir haben eine Zeitung, *The Cross and the Sword*. Wir veröffentlichen Broschüren und Flugblätter und haben das Glück, daß unsere Freunde J. B. Stoner und Ed Fields uns in der besten weißen amerikanischen Zeitung *The Thunderbolt* ausführlich zu Wort kommen lassen.

Was die Finanzierung betrifft, so zahlen die Mitglieder Beiträge. Wir haben gerade Computer gekauft, und ich hoffe, daß wir uns bald ein Auto leisten können. Wir bekommen auch Spenden.

Unsere Aktivitäten zielen darauf ab, die Leute aufzuklären. Wir organisieren Vorträge und Filmvorführungen über das Überleben der weißen Rasse mit Rednern der Bewegung. Zur Zeit führen wir zum Beispiel eine große Kampagne »Danken wir Gott für Aids« durch oder prangern mit Hilfe von J. B. Stoner von der Vereinigung »Kreuzzug gegen die Korruption« die Lügen der offiziellen Stellen an und stellen die einzigen möglichen Lösungen des Problems dar.

Wir demonstrieren öffentlich sowohl für internationale Belange, Hilfe für Südafrika, als auch für nationale, Solidarität mit den notleidenden amerikanischen Farmern, Abschaffung des Martin-Luther-»Kong«-Tages, oder für regionale Belange, Verurteilung von Negergewalt in den Schulen, Verteidigung der rassischen Reinheit im Kreis Forsyth.

Zu unseren Aktivitäten vor Ort gehören Strafexpeditionen gegen Drogenhändler und Pornokraten, gegen Leute, die Kinder mißbrauchen, gegen Lehrer, die in der Schule darwinistische Theorien lehren. Wir kämpfen auch dafür, daß das Schulgebet nicht eine Möglichkeit, sondern Pflicht ist.

Glauben Sie nicht, daß Ihre Bewegung keine Zukunft hat, weil sie zu zersplittert ist und kein Programm hat?

Das ist einer der Fehler der weißen Bewegung bei uns. Aber es gibt Fortschritte. Wir haben es in den letzten Monaten geschafft, eine große Welle der Solidarität zwischen den verschiedenen Klans und rassialistischen Parteien und Bewegungen zu schaffen, und ich glaube, daß sich zur Zeit etwas Historisches ereignet. Was das Programm betrifft, wenn Sie finden, daß es kein Programm ist, Amerika den Amerikanern zurückzugeben, dann haben Sie einfach nichts begriffen!

Auch wenn das heißt, sich mit Nazis zu verbünden?

Wenn Nazi sein bedeutet, daß man will, daß die Neger nach Afrika zurückgehen und mit ihnen Aids, daß die Juden – dafür, daß sie sechs Millionen von den ihren verloren haben, gibt es immer noch sehr viele – aufhören, die Welt auszuplündern, daß die Kommunisten aufhören, Völkermord zu betreiben, daß die Homosexuellen aufhören, unsere Kinder zu vergewaltigen, daß die Neger aufhören, zu stehlen, zu töten und das Land mit Drogen zu verseuchen, dann bin ich auch ein Nazi.

Sehen Sie nicht, daß in Amerika nur etwas für die Minderheiten getan wird? Hier Sozialhilfe, da kostenlose medizinische Versorgung, Quoten, die die Neger, Latinos und Asiaten bei den Arbeitsplätzen bevorzugen, es reicht!

Ich bin nicht gegen Juden, Neger, Frauen, ich bin *für die Weißen*.

Lee Walburn hat in der Atlanta Constitution *geschrieben, daß Sie »gewinnend, ruhig, effizient, ein guter Redner, überzeugend«, aber auch »sehr gefährlich« seien.*

Gefährlich? Für wen? Für alle diejenigen, die versuchen, mein Land zu zerstören? Ja, dann bin ich stolz darauf, gefährlich zu sein. Was den Rest betrifft, so glaube ich, daß ich nicht der einzige bin, der diese Kennzeichnung verdient, und das irritiert unsere Gegner. Sie bekämpfen nicht mehr analphabetische, versoffene und lärmende »Rednecks«, sondern Leute, die durch Reflexion und die Analyse der Entwicklung der Gesellschaft zu dem geworden sind, was sie heute sind.

Überall in der Welt erheben sich Stimmen, die das gleiche sagen, auch in Frankreich. Das zeigt die Richtigkeit dieser Analyse.

Dave Holland, wie sehen Sie die Zukunft der Vereinigten Staaten?

Nachdem ich eine Zeitlang pessimistisch war, bin ich jetzt wieder optimistisch. Immer mehr Menschen erkennen die Richtigkeit unserer Thesen und unseres Kampfes. Die Leute sind die Rassenvermischung, die Unsicherheit, die Morde, die Drogenprobleme und die Einwanderer leid, die Tausende von alteingesessenen Amerikanern arbeitslos machen. Ich bin überzeugt, daß unsere Bewegung eine große Zukunft hat.

Nazi-Klan-Story
1987

Jahwes Rache an den Homosexuellen vollziehen
Shelby, North Carolina

Es ist der 17. Januar 1987, noch nicht ganz Mitternacht, als drei Männer in den »Buchladen für Erwachsene« von Shelby eindringen. Die Buchhandlung, die pornographische Zeitschriften, Bücher, Audio- und Videokassetten verkauft, ist nachts geöffnet. Dieser Besuch wäre also nichts Überraschendes, wenn die drei Männer nicht das Gesicht durch Skimützen verdeckt hätten.

In der Buchhandlung befinden sich fünf Personen. Ein Angestellter und vier Kunden. Die Besucher holen Waffen, Gewehre und Revolver, hervor und befehlen den fünf Menschen, sich mit dem Gesicht nach unten auf den Boden zu legen. Ohne ein Wort zu sagen, schießen sie ihnen eine erste Kugel ins Genick. Dann weitere. Im Weggehen stecken sie das Geschäft in Brand und verschwinden dann in einem Auto, das von einem vierten Mann gefahren wird.

Im Laden sterben Travis Don Melton, Kenneth Ray Godfrey und Paul T. Weston, neunzehn, neunundzwanzig und sechsundzwanzig Jahre alt, auf der Stelle.

Die zwei Überlebenden, James Parris und John Anthony, schaffen es schwer verletzt, sich aus dem Raum zu schleppen, kriechen auf den Parkplatz bis zu ihrem Auto, wo sie von Feuerwehrleuten entdeckt werden, die von einem Passanten herbeigerufen worden sind.

Die polizeilichen Ermittlungen führen das Massaker auf eine Abrechnung in der Drogenszene oder im Milieu des organisierten Verbrechens zurück, und obwohl der Fall nicht abgeschlossen ist, wird er von den Ermittlern keineswegs vorrangig behandelt.

Acht Monate später wird er auf spektakuläre Weise wieder aktuell. Ein gewisser Bob Stoner, Aktivist der White Patriot Party, nimmt durch einen Journalisten des *Fayetteville Observer* Kontakt mit der Polizei auf. Für das Entgegenkommen der Justiz – und einen

Straferlaß – verrät er das Versteck von Glenn Miller, des vom FBI gesuchten Führers der faschistischen Bewegung ... und enthüllt die Wahrheit über das Massaker von Shelby.

Am 15. November werden Robert Eugene Jackson und Douglas Sheets, ehemalige Mitglieder der seit Oktober 1986 für illegal erklärten White Patriot Party in sechzehn Punkten unter Anklage gestellt, wobei drei Anklagepunkte auf Mord lauten.

Die beiden Männer gestehen nicht, wer ihre zwei Komplizen waren. Was ihre Motivation betrifft, so läßt sie sich in wenigen Worten zusammenfassen: »Wir wollten Jahwes Rache an den Homosexuellen vollziehen.« In North Carolina, wo die Gesetze, die es erlauben, jeden, der sich der »Homosexualität« oder unbestimmter »Verbrechen gegen die Natur« schuldig gemacht hat, ins Gefängnis zu stecken, nur gegen Homosexuelle Anwendung finden und wo sich Homosexuelle, die Opfer von Übergriffen und Brutalitäten geworden sind, nicht trauen, Anzeige zu erstatten oder die Polizei um Hilfe zu bitten, glauben die Jacksons und Sheets, daß sie eine quasi göttliche Mission zu erfüllen haben. Sie glauben das um so mehr, als sie jahrelang in der umfangreichen rassistischen Presse ihrer Bewegung so subtile Texte wie den folgenden gelesen haben: »Die sexuelle Aktivität muß vor allem der Vermehrung der weißen Rasse dienen. Einer der Gründe für den Niedergang der weißen Zivilisation ist das Verschwinden des alten Macho-Denkens und die Überschwemmung durch Legionen von Homosexuellen und Schwächlingen, von ängstlichen, schlaffen, verweichlichten, energielosen, unentschlossenen, genußsüchtigen Typen, die nicht in der Lage sind, die Frauen von den Negern fernzuhalten ...«

Wenn sie nicht selbst zum Mord aufgerufen haben ...

Im übrigen scheinen Jackson und Sheets, die immer noch im Gefängnis sitzen, Opfer einer Machenschaft von Glenn Miller geworden zu sein; dieser hat sich zum Polizeispitzel und Zeugen des FBI gewandelt, ist aber wahrscheinlich derjenige, der wirklich hinter dem Massaker stand. Für unschuldig befunden, verbüßen Jackson und Sheets dennoch eine Gefängnisstrafe wegen Waffenhandels und diverser anderer Gewalttaten.

KAPITEL 8
1990–1995
Bilanz, Entwicklungen, Tendenzen

Neue Kampffelder: Abtreibung, Homosexualität, Waffengesetz

Die letzten Jahre der Amtszeit von Präsident Bush sind geradezu ein Segen für die meisten extremistischen Organisationen, die darüber frohlocken können, daß die führenden politischen Repräsentanten des Landes ihre Thesen auf mehr als nur einem Gebiet aufgreifen. Nur Gruppen wie WAR oder die Arischen Nationen denken und sagen weiterhin, daß die Regierung Bush genauso von den Juden unterwandert ist wie es eine demokratische Regierung sein könnte, während die meisten Klans die Politik Bushs unterstützen und zu seiner Wiederwahl aufrufen.

Heil Saddam!

Paradoxerweise ist einer der beiden einzigen Punkte, in denen man nicht mit der republikanischen Politik einverstanden ist, der Golfkrieg, der die eingefleischten Kriegsfreunde in neuartige Pazifisten verwandelt. Auch wenn sich die Argumente der Ultrarechten zugunsten des Friedens im wesentlichen um die Idee drehen, daß der Zionismus schuld an dem Konflikt ist, und auch wenn Tom Metzger nach dem Abschuß der ersten Rakete auf Tel Aviv Saddam Hussein mit den Worten grüßt: »Ein Feind meines Feindes ist mein Freund«, scheinen die Regime von Kuwait und Saudi-Arabien, die von »superreichen und moralisch heruntergekommenen Scheichs regiert« werden und die Sorge um den möglichen Tod vieler »arischer« Soldaten doch einige Fragen aufzuwerfen. Außerdem lenkt Metzger die Aufmerksamkeit auf die Tatsache, daß dieser Krieg ein Experimentierfeld für neue Waffen ist, die später gegen die »amerikanischen Patrioten« eingesetzt werden könnten, die »gegen die ZOG kämpfen«. Während er zur Kennzeichnung des amerikanischen Staates die zitierte Formulierung von Jack London aufgreift, warnt er die Survivalists: »Alle diese exotischen Waffen, die gegen die Araber eingesetzt werden, könnten in Zukunft gegen die arischen Separatisten eingesetzt werden, wenn diese versuchen werden, Amerika vor dem kapitalistisch-kommunistisch-zionistischen Komplott zu retten. Die gleichen Spionagesatelliten, die heute euren Beifall finden und euer Nummernschild vom Himmel aus lesen können, dieselben Präzisionswaffen, die im Irak getestet werden, werden morgen von den Renegaten in Washington gegen eine Rebellion der weißen Arier eingesetzt werden.«

Weitere Opposition gegen die republikanische Regierung kommt von den ultrarechten Survivalists, genauer gesagt, von den Leuten, die in Protestbewegungen organisiert sind. Hochverschuldete Farmer, die der Posse Comitatus angehören, Steuerzahler, die gegen die »illegalen Steuern der Bundesregierung« sind, Gegner einer eventuellen Änderung des Waffengesetzes. Die meisten spektakulären Vorfälle, die seit 1990 der Ultrarechten zuzuschreiben sind, gehen im allgemeinen auf ihr Konto. Man muß hinzufügen, daß viele Aktivisten der Survivalists die Autorität der Regierung nicht anerkennen, alle offiziellen Papiere wie Personalausweis, Sozialversicherungskarte oder Führerschein ablehnen und bekunden, daß sie nur dem Gold vertrauen und für die Banknoten der Nationalbank nur Verachtung übrig haben. Was Europäern absonderlich erscheinen mag, führt in den USA jedes Jahr zu Dutzenden von Vorfällen, die nicht selten als Drama enden.

Fahne, Familie, Vaterland

Die Wahl des Gespanns Clinton/Gore am 3. November 1992 hat der Ultrarechten in keiner Weise geschadet. Das liegt zum einen daran, daß die Wahlergebnisse stark verfälscht wurden, ein lachender Dritter in die politische Arena vorgedrungen ist, dessen 19 Millionen Stimmen alles andere als eine fortschrittliche Alternative zum traditionellen amerikanischen Zweiparteiensystem darstellten. Die Mehrheit der Wähler von Ross Perots haben lieber einen Kandidaten gewählt, der populistische und moralistische Töne anschlug – Fahne, Familie, Vaterland –, als einen Clinton, der unter anderem von der feministischen und homosexuellen Bewegung, von den Minderheiten und vielen Künstlern unterstützt wurde. Die Wahl Clintons glich eher der Niederlage einer gespaltenen Rechten als dem Sieg einer gemäßigten, wiedererstarkenden Linken. Was teilweise erklärt, daß Clinton und die demokratische Partei schon zwei Jahre später eine Minderheit im Land darstellen und die reaktionärsten Republikaner einen erdrutschartigen Sieg erzielten.

Obwohl die Zahlen eindeutig belegen, daß die Lage bei Clintons Amtsantritt katastrophal war, und in wenigen Jahren beachtliche Fortschritte erzielt wurden, wird die Ära Reagan/Bush jetzt von den Rechten zu einem goldenen Zeitalter verklärt. Eine solche Verzerrung der Realität machen im wesentlichen nicht Clintons wirtschaftspolitische oder außenpolitische Entscheidungen möglich, sondern seine Ungeschicklichkeit und seine ständige Zögerlichkeit in bezug auf die großen Fragen, die die amerikanische Gesellschaft bewegen. Man könnte meinen, daß die Reform des Systems der sozialen Sicherheit, die Fragen der Aufnahme von Homosexuellen in die Armee und die Marine, der Einschränkung des Besitzes von Schußwaffen und der Schwangerschaftsunterbrechung sowie die sozialen Maßnahmen zugunsten der Opfer des Wirtschaftsliberalismus und der Minderheiten mehr zur schwindenden Popularität des Präsidenten beigetragen haben als seine außenpolitischen Stellungnahmen.

Es ist genau dieses Gebiet, das die moralistische und puritanische Rechte, deren Sprachrohr die Fernsehprediger sind, zu ihrem Kampffeld erkoren hat, was ihr um so leichter gefallen ist, als gleichzeitig eine Kampagne über die vergangene, gegenwärtige und künftige Amoralität des Präsidenten aufgezogen wurde. In diesem erbitterten Kampf spielt die Ultrarechte keineswegs die letzte Geige. Durch eine konservative Wende im politischen Klima ermuntert, richten sich ihre Aktivitäten fast ausschließlich auf ebenso populäre wie brisante Themen.

Laßt sie leben!

So steht die Frage der Abtreibung in der extremistischen Propaganda an erster Stelle. Die Klans, Neonazis und andere Suprematisten haben vor allem zwei Aktionsformen entwickelt. Die erste ist legal. Es handelt sich um Petitionen, die vor Ort die Schließung von Abtreibungskliniken fordern oder in manchen Staaten die Durchführung von Volksabstimmungen erreichen wollen. Es wurden viele Klagen eingereicht, und man sollte nicht glauben, daß sie niemals Erfolg haben werden.

So gibt es zum Beispiel den unglaublichen Sieg von Ralph Forbes in Atlanta. Captain der amerikanischen Nazipartei in den sechziger Jahren, rechte Hand von David Duke bei den Rittern des KKK, dann Pastor der Religiösen Identität und einflußreiches Mitglied der populistischen Partei, hat Forbes mehrmals Anzeige gegen Kliniken oder Krankenhäuser erstattet. 1992 hat er das Krankenhaus der Universität von Arkansas mit der Begründung verklagt, daß die Steuerzahler nicht für die Bedürftigen aufzukommen hätten. Seine Klage hatte Erfolg: Das Gericht erließ ein Urteil, das dem Krankenhaus untersagte, Schwangerschaftsabbrüche bei Frauen vorzunehmen, die den Eingriff nicht selbst bezahlen können. Aber der skandalöseste Aspekt dieser Angelegenheit besteht darin, daß der amerikanische Senat es 1994 ablehnt, einen sehr ähnlichen Beschluß aufzuheben, der es verbietet, Schwangerschaftsabbrüche bei sozial schwachen Frauen mit Bundesmitteln zu finanzieren.

Wenn die rechtlichen Schritte nicht ausreichen, tritt das ein, was Präsident Clinton selbst als »Akte des inneren Terrorismus« bezeichnet hat. Das beginnt mit der Aufstellung von Beobachtungsposten um Kliniken und Zentren für Familienplanung. Diese ursprünglich friedlichen Aktionen, die von der Pro-Life-Bewegung und Dutzenden von anderen Gruppen unterschiedlicher Bedeutung organisiert werden, schlagen bald in gewalttätige um – Belästigungen von Ärzten, brutale Übergriffe auf Patientinnen, Verwüstung von Räumen –, so daß der Oberste Gerichtshof der Vereinigten Staaten die Schaffung einer etwa zehn Meter breiten »Bannmeile« um medizinische Gebäude herum gestattet und der Kongreß – zwischen zwei Stühlen sitzend – ein Gesetz »über den freien Zugang zu den Krankenhäusern« verabschiedet, während er gleichzeitig »friedliche Demonstrationen« erlaubt.

Durch diese Nachsicht ermutigt, steigern die extremistischsten Gruppen, allen voran Rescue America und Operation Rescue, die beide der Ultrarechten nahestehen, ihre Gewalt. Im März 1993 tötet Michael Griffin, Mitglied der christlich-fundamentalistischen Gruppe Rescue America, der einen Monat zuvor seine Kinder aus der staatlichen Schule genommen hat, weil »man ihnen dort die Evolutionstheorien beibrachte und Sexualkundeunterricht gab«, den Arzt David Gunn vor einer Klinik in Florida mit drei Schüssen in den Rücken. Am selben Tag gründet John Burt, der Führer von Rescue America, ein Unterstützungskomitee für Griffin. Burt, ehemaliges aktives Klanmitglied, hat schon 1986 die allgemeine Aufmerksamkeit auf sich gezogen, als er mit anderen Klansleuten eine Klinik in Pensacola besetzte, zwei Krankenpfleger zusammenschlug und medizinische Geräte zerstörte.

Obwohl die meisten Abtreibungsgegner behaupten, daß Griffin ein überspannter Einzelgänger sei, ist allgemein bekannt, daß Randall Terry, der Gründer der Operation Rescue, einer der stärksten und aktivsten Gruppen der Anti-Abtreibungs-Bewegung, weniger als einen Monat vor dem Mord einen kleinen »Steckbrief« herausgegeben hat. Unter dem üblichen WANTED konnte man lesen: »Wir brauchen Sie, um ihn zu stoppen: Dr. Gunn. Gesucht wegen Mordes und Verbrechen gegen die Menschlichkeit und gegen ungeborene Kinder, die sich nicht wehren können. Achtung: Dieser Mann ist gefährlich!«

Außer seinem Photo waren auf dem Plakat die Adresse und der Tagesablauf von David Gunn angegeben.

Mit diesem Verbrechen ist der Terror keineswegs beendet. Zählte die amerikanische Polizei 1991 93 Gewalttaten gegen Kliniken, in denen Abtreibungen vorgenommen wurden, so ist deren Zahl 1992 auf 186 und 1993 auf 201 gestiegen. Nichts deutet auf eine Abnahme hin, im Gegenteil. Von der Ultrarechten, aber auch von einem großen Teil der Republikaner und der öffentlichen Meinung unterstützt, werden die Abtreibungsgegner immer dreister. Im Juli 1994 schlagen sie in Pensacola wieder zu. Paul Hill, ein langjähriger Aktivist in verschiedenen suprematistischen Bewegungen, erschießt einen weiteren Arzt, John Britton, der als einziger bereit war, Nachfolger von David Gunn zu werden, und seinen Chauffeur James Barrett. Dieser ist ein fünfundsiebzigjähriger Mann, der seine Arbeit ehrenamtlich tut, Pilot im Zweiten Weltkrieg und ehemaliger Lehrer. Britton trug zwar eine kugelsichere Weste, aber der Mörder hat ihm direkt in den Kopf geschossen. Trotz der Ermordung von Gunn weigert sich die örtliche Polizei, die Kliniken zu schützen.

Sofort startet Tom Metzger eine Kampagne zur Unterstützung von Paul Hill: »Man muß zugeben, daß dieser Mensch Klasse hat. Er fleht nicht um Milde und lächelt seinen Wärtern stolz ins Gesicht ... Wenn er auf die eine oder andere Weise arische Frauen und Kinder geschützt hat, dann sagen wir deutlich, daß WAR den Mord verzeiht.« Eine Position, die auch vom Grand Dragon des Unsichtbaren Reiches von Florida, John Baumgartner, geteilt wird, der darin nichts weiter sieht als »einen politischen Mord, der durch eine sehr gesunde Abwehrreaktion der weißen Rasse gerechtfertigt ist.« Diese Solidarität drückt sich nicht nur in Worten aus, denn sein Klan organisiert mit Hilfe der Templar Knights von J.D. Adler mehrere Demonstrationen vor Kliniken in Melbourne (Florida).

Seitdem sind die Dinge weiter eskaliert. Im Dezember 1994 tötet ein extremistischer Abtreibungsgegner zwei Frauen und verletzt fünf weitere Personen bei Überfällen auf Kliniken in Brookline in der Nähe von Boston. Der Mörder, John Salvi, ein 22jähriger Friseurlehrling, wird am nächsten Tag tausend Kilometer entfernt, in Norfolk, Virginia, verhaftet, nachdem er sein Magazin bei einem Angriff auf eine andere Klinik leergeschossen hat, ohne daß es diesmal Opfer gab.

Donald Spitz, der aus der Operation Rescue ausgeschlossen wurde und in Virginia Pro Life gegründet hat, zögert nicht, den Mörder zu unterstützen: »Salvi ist ein Kriegsgefangener, dem man für das danken muß, was er getan hat, denn das Leben einer Sprechstundenhilfe ist weniger wichtig als das von fünfzig unschuldigen Babys.«

Die Situation ist sehr ernst. Immer mehr Ärzte arbeiten mit kugelsicherer Weste. Viele, die Abtreibungen durchführen, erhalten äußerst detailgenaue Drohungen. Die Operation Rescue hat in Florida sogar ein Trainingszentrum eröffnet, in dem ihre Aktivisten lernen, eine Person anhand ihres Nummernschildes zu identifizieren und die Adressen der »kriminellen jüdischen Abtreiber« zu ermitteln. Kein Wunder also, daß es zwischen 1984 und 1994 600 Gewalttaten gegen medizinische Einrichtungen – Morde, Entführungen, Sprengstoffanschläge, Brandstiftungen, Todesdrohungen, Mißhandlungen – gibt, daß die Zahl der medizinischen Einrichtungen, die Abtreibungen durchführen, um 18 Prozent gesunken ist daß sie in den letzten beiden Jahren noch einmal drastisch zurückgegangen ist und daß 84 Prozent der amerikanischen Landkreise diese Leistung nicht mehr bereitstellen, so daß ganze Landstriche in den Vereinigten Staaten in diesem Bereich nicht mehr versorgt sind.

Zwar hat eine Umfrage von Times/CNN vom Dezember

1994 ergeben, daß 61 Prozent der Amerikaner meinen, die Aktionen gegen die Abtreibung förderten die Gewalt, und daß 57 Prozent für diejenigen, die sie ausüben, keine Sympathien haben, aber immerhin 43 Prozent der befragten Amerikaner äußern Verständnis, auch wenn sie Gewalt nicht immer unterstützen. Und es besteht die große Gefahr, daß die Erklärungen der führenden Republikaner, die die letzten Wahlen im November 1994 gewonnen haben, in den kommenden Jahren schwerwiegende Folgen haben werden.

Krieg den Homosexuellen

Die zweite Gruppe, der die Ultrarechte den Kampf angesagt hat, sind die Homosexuellen, die traditionellen Opfer der schweigenden Mehrheit. Die Entscheidung Clintons, die Diskriminierung der Schwulen und Lesben in der Armee zu beenden, hat lautes Protestgeschrei ausgelöst, das zuerst aus den Reihen des Generalstabs kam. Nach monatelangen Auseinandersetzungen kapituliert Clinton schließlich vor der Anti-Homosexuellen-Lobby. Haben nicht vier Marines zwei Tage nach seiner ersten Erklärung einen Homosexuellen in North Carolina offen auf der Straße angegriffen? Bei ihrem Prozeß erklären sie lediglich, daß »die falsche Entscheidung der Regierung« ihren Zorn hervorgerufen hätte. Und ihr Freispruch – der offiziell mit einem Verfahrensfehler begründet wird – gibt den Anstoß zu einer großen Kampagne der Rechtsextremisten, die von Hunderten von Rundfunkstationen und Fernsehkanälen der konservativen Kirchen mitgetragen wird. Der berühmte Fernsehprediger Jerry Falwell bekommt in weniger als vierzehn Tagen mehr als 100 000 Anrufe – zu 1,95 Dollar –, und die Koalition der traditionellen Werte von Lou Sheldon veröffentlicht in den Sonntagsblättern von 25 000 Gemeinden Anzeigen, die gegen Homosexuelle gerichtet sind. Seitdem häufen sich in mehreren Staaten die Versuche, Verfassungsänderungen durchzusetzen, die Homosexualität unter Strafe stellen. Manchmal haben sie Erfolg, wie in Colorado, Idaho und Oregon. Die Ultrarechte hat ihre Angriffe auf die Homosexuellen verstärkt, und das FBI schätzt, daß von zehn Verbrechen, die durch Haß motiviert sind, derzeit zwei auf die sexuelle Neigung der Opfer zurückzuführen sind. Das Zentrum für demokratische Erneuerung weist außerdem darauf hin, daß die homosexuellenfeindliche Politik mancher Staaten, die es ablehnen, diese Art von Verbrechen eindeutig zu klassifizieren, und der Armee, die sich systematisch weigert, sie der Polizei zu melden, dazu führt, daß das Ausmaß dieser Delikte unterschätzt wird.

Ohne noch einmal auf den Fall der vier Marines in Wilmington zurückzukommen, sollen einige Beispiele von Hunderten anderer erwähnt werden: die Ermordung des Bordfunkers Allen Schindler durch einen anderen Marine namens Terry Helvey in Tokio; die Gründung der Geheimgruppe »Team of Eagles« durch sieben Polizeioffiziere in North Carolina, die vier Jahre lang Obdachlose und Homosexuelle belästigt und drangsaliert, bevor sie angezeigt wird. Und schließlich das von Kenneth Junior French verübte Massaker. French, ein Soldat, der in Fort Bragg (North Carolina) – einem Militärstützpunkt, auf dem der Klan immer erfolgreich Mitglieder geworben hat – stationiert ist und für seine Schmähschriften gegen die Schwulen bekannt ist, eröffnet in Fayetteville das Feuer auf eine Homosexuellenbar, tötet dabei vier Menschen und verletzt acht weitere.

Wenn die Beschuldigten zum Zeitpunkt ihrer Vergehen auch nicht unbedingt zu einer der zahlreichen extremistischen Gruppen gehören, so ist doch erwiesen, daß sie in den meisten Fällen dort irgendwann einmal aktiv waren, und in der Wohnung der allermeisten findet man Propagandamaterial des Klans oder der Neonazis. Auffällig ist auch, daß die Gewalttätigkeiten gegen Homosexuelle in vielen Fällen als unbedeutend eingestuft werden. Das trifft auf North Carolina, aber auch auf Idaho zu, wo die Polizei ein Eingreifen mehrmals unter dem Vorwand abgelehnt hat, daß Übergriffe, die durch die Unterschiedlichkeit der sexuellen Neigung motiviert sind, nicht unter das Gesetz über strafbare Belästigung fielen.

Es scheint erwiesen, daß der Kampf gegen die Homosexuellen der Ultrarechten mehr als gelegen kommt, denn er ermöglicht ihr eine breitere Streuung ihrer Ziele, ihrer Kampagnen und ihrer Aktionen und ruft in großen Teilen der Bevölkerung ein eher positives Echo hervor. Die Organisationen, die in den Vereinigten Staaten die Rechte der Minderheiten verteidigen, die Opfer von Vorurteilen und Gewalttaten sind, sehen es nicht immer gerne, wenn alles in einen Topf geworfen wird. Manche wollen nur die Schwarzen, die Juden oder die Asiaten verteidigen, aber nicht die Homosexuellen oder die »Abtreiber«. So konnte sich bei den Schwarzen eine sehr starke puritanische und reaktionäre Strömung entwickeln. Und viele Amerikaner, die sich heute der Gleichheit der Rassen verpflichtet fühlen, weigern sich noch immer, Homosexuelle als normale Menschen zu betrachten. Man muß sich nur einmal vor Augen führen, welche Vorbehalte in Frankreich etwa die Mitglieder der Résistance bei den Gedenkfeiern zur Befreiung der Konzentrationslager gegen die Vertreter von Homosexuellenorganisationen haben, um zu ermessen, wie schwerwiegend dieses Problem ist. Wir haben von Amerika immer ein verzerrtes Bild. In den Hollywood-Filmen wohnen die Homosexuellen in New York oder San Francisco. Sie leben in Milieus, in denen es viele von ihnen gibt, und in Staaten, in denen sie ein beträchtliches politisches Gewicht haben und mit ihren Stimmen die Wahl eines Bürgermeisters oder Gouverneurs erreichen können. Aber im anderen Amerika, in North und South Carolina, in Colorado, Utah oder North und South Dakota werden sie noch allzu häufig als »Schwule« oder »Schwuchteln« bezeichnet und diskriminiert.

Als bevorzugte Zielscheibe der Ultrarechten werden die Homosexuellen jetzt auch per Computer erfaßt. Schlimmer noch, in Seattle im Staate Washington hat eine extremistische Gruppe eine Gay Agenda Resistance erstellt, ein Computerprogramm, das seinen Abonnenten offiziell alle Informationen gibt, die notwendig sind, um die Initiativen und Aktionen der Organisationen legal zu behindern, die sich die Verteidigung der Rechte der Homosexuellen zur Aufgabe gemacht haben. Mit dem richtigen Paßwort können dieselben Leute allerdings auch weniger legale Ratschläge erhalten, die alle möglichen gewaltsamen »Abschreckungs«-Maßnahmen umfassen. Und diese »Agenda« macht Furore, seitdem sie in gut fünfzehn Staaten übernommen wurde.

Du willst meine Waffe? Komm, hol sie dir!

Ein anderes großes Kampffeld der Ultrarechten ist neben der Ausdehnung der Todesstrafe auf alle Staaten und der Abschaffung der Berufung nach Todesurteilen die bedingungslose Verteidigung des freien Verkaufs von Waffen in ganz Amerika. (Die Todesstrafe, die es in 37 der 50 amerikanischen Bundesstaaten gibt, wurde im Staat New York wieder eingeführt – das Urteil wird durch eine tödliche Injektion vollstreckt –, nachdem der Republikaner George Pataki zum Gouverneur gewählt wurde, der sofort erklärt hat, daß »das Gesetz über die Todesstrafe im Staat New York das effizienteste des ganzen Landes« sei.)

Viele führende Politiker der Vereinigten Staaten läuten seit Jahren die Alarmglocke, zusammen mit einer knappen Mehrheit der Bürger, die über die wachsende Zahl von Todesopfern schockiert ist; denn aus den Statistiken geht hervor, daß die Zahl der Menschen, die erschossen wurden, am Ende des Jahrtausends größer sein wird als die der Verkehrsopfer. Eine der ersten Amtshandlungen Clintons bestand darin, den Verkauf von Schußwaffen zu begrenzen. Das Brady-Gesetz, das vor jedem Verkauf einer Schußwaffe eine Wartezeit von fünf Tagen vorschrieb, in denen in einer nationalen Kartei Erkundigungen über den potentiellen Käufer eingezogen wurden, ging zwar nicht sehr weit, war aber schon ein verdienstvoller Versuch, ein erster Schritt in die richtige Richtung. Das von Clinton 1994 unterzeichnete Bundesgesetz, das den freien

Verkauf oder den Besitz von neunzehn Waffenarten untersagt und die Kapazität der Magazine auf zehn Patronen begrenzt, geht da schon weiter.

Aber da ist noch die Waffenlobby, die durch mehrere Organisationen repräsentiert wird: die allmächtige National Rifle Association (NRA), die von Millionen von Jägern und Bürgern unterstützt wird, die zwar die Gesetze achten, aber überzeugt sind, daß ihre eigene Sicherheit nur durch den Besitz von Schußwaffen gewährleistet wird; die viel »radikalere« American Pistol and Rifle Association und vor allem die Guns Owners of America, die von dem Antisemiten Larry Pratt angeführt werden. Sie stehen den Survivalists und der Ultrarechten nahe und haben alle »Patrioten« aufgefordert, die zu lasche NRA zu verlassen und sich ihren 100 000 Mitgliedern anzuschließen.

Die Frage der Einschränkung des Waffenbesitzes ist sehr schnell zu einer echten »Staatsaffäre« geworden und hat ein typisch amerikanisches Phänomen wiederaufleben lassen: Milizen und befestigte Camps. Der Fall Randy Weaver aus dem Jahre 1992 und der kollektive Selbstmord der Davidianersekte im texanischen Waco im Jahre 1993 haben viele Amerikaner nicht etwa von der Schädlichkeit der paramilitärisch-religiösen Sekten und Gruppen überzeugt, sondern aufgrund des falschen Vorgehens des FBI die Vorstellung aufkommen lassen, daß ihre Grundfreiheiten massiv in Frage gestellt wurden.

Ist es da verwunderlich, daß sich unter den Verteidigern der Familie Weaver sowie der überlebenden Davidianer von Waco der Anwalt Kirk Lyons befindet, der für die aggressivste Ultrarechte in die Bresche springt?

Diese Vorfälle haben auf jeden Fall das Entstehen und Anwachsen von Bürgermilizen in mehr als fünfzehn Staaten gefördert, und es wäre ein Fehler, die Mitglieder als fanatische Einzelgänger zu sehen, die sonntags im Tarnanzug ihre Übungen machen und dann Bier trinken gehen. Das erklärte Ziel all dieser Milizen ist ein erbitterter Widerstand gegen die

Bundesregierung und ihre Repräsentanten und die Ablehnung jeglicher Waffenkontrolle. Ihre Mitglieder rechtfertigen ihre Position mit dem zweiten Zusatz (Amendment) zur amerikanischen Verfassung, in dem es heißt, daß »eine gut organisierte Miliz für die Sicherheit eines freien Staates notwendig ist und daß das Recht der Menschen auf den Besitz und das Tragen von Waffen nicht eingeschränkt werden darf«.

Die Vorwürfe an die Adresse der Bundesregierung sind bekannt: Die Bauern werden von den Bankiers, die natürlich Juden sind, um ihr Land und ihren Besitz gebracht; die traditionellen amerikanischen Werte werden mit Füßen getreten; die Leute, die das Land regieren, sind Diebe, die die Menschen mit dem GATT, das »unsere Sicherheit und unser Leben dem Ausland ausliefert«, oder durch die Freihandelszone mit Mexiko verraten, die »Amerika zugunsten von Millionen von Mexikanern ausbluten läßt, die keine Lust zum Arbeiten haben«. Die Schule ist in den Händen von Atheisten, die Gesundheit obliegt jüdischen Abtreibern, die sich verschworen haben, die weiße Rasse auszurotten, indem sie ihre Kinder töten. Amerika ist in tödlicher Gefahr und hat das Recht und die Pflicht, sich zu verteidigen.

Folglich entstehen fast überall Milizen. In Idaho – ist es ein Zufall, daß die Kolonie der Arischen Nationen in Hayden Lake nicht weit entfernt ist? – hat der ehemalige Oberstleutnant James »Bo« Gritz mit seinem Programm SPIKE begonnen (Specially Prepared Individuals for Key Events: Personen, die für besondere Ereignisse ausgebildet werden). Zusammen mit dem Ex-Polizisten Gerald »Jack« McLamb hat er für 135 000 Dollar »nach einer genauen Untersuchung der Geologie, der Topologie, der Wasserreserven und der Zugangshindernisse für die Bundespolizei« ein etwa 120 Hektar großes Gelände mitten in einem Reservat der Nez-Percés-Indianer, hundert Kilometer von der Grenze zu Washington und Oregon entfernt, gekauft. Dort, in einem Camp mit dem Namen »Fast im Paradies«, nehmen die beiden Männer jedes

Jahr »Patrioten« auf, die eine für das Überleben der weißen Rasse notwendige Ausbildung erhalten wollen. Diese können ganz beruhigt sein: »Waffen und Munition werden gestellt, einschließlich halbautomatischer Ruger-Pistolen, die mit Laser oder Zielfernrohr mit rotem Punkt ausgestattet sind«.

Andere weniger bedeutende Camps wurden unter der Leitung von SPIKE in Oregon, Arizona, Kalifornien, Georgia und Florida gegründet. Viele von ihnen sind erst kürzlich entstanden: Zum Beispiel in Longswamp Township (Pennsylvania) das Camp von Mark Thomas, der in *The Watchman* die Morde an Ärzten rechtfertigte und dem Gerüchte, die sich immer mehr verdichten, sexuellen Mißbrauch und Folterung von Minderjährigen vorwerfen. Warum wird nicht wirklich etwas gegen die Ausbreitung der Camps unternommen, wo es doch in den meisten Staaten Gesetze gibt, die paramilitärische Trainingslager verbieten oder streng reglementieren? Es gibt mehrere Antworten auf diese Frage, und eine hat etwas mit Taktik zu tun. Es sieht so aus, als würden die Bundesbehörden es lieber sehen, daß die gefährlichen Extremisten an einem Ort konzentriert sind, der ziemlich abgelegen und leicht zu überwachen ist – der Fall Waco hat gezeigt, was von diesem Optimismus zu halten ist.

Aber es gibt noch einen anderen, den die Behörden nicht gerne zugeben: Wie kann man die paramilitärischen Camps effektiv bekämpfen, wenn es in manchen Fällen die amerikanischen Behörden selbst sind, die diese Einrichtungen decken und sie mit Waffen und anderen Dingen beliefern? Denn wie ließe sich sonst erklären, daß man ein Camp der Miliz von Florida verbieten will, während in den Everglades im Kreis Collier ein paramilitärisches Camp besteht, das von Frank Sturgis, einem an der Watergate-Affäre beteiligten Einbrecher, mit dem Segen seines ehemaligen Arbeitgebers, der CIA, für die Partido Unidad National Democratia geführt wird, eine militante Bewegung castrofeindlicher Kubaner?

Die Hauptsorge der fortschrittlichen amerikanischen Gruppen und oft auch der Behörden ist die Zunahme der Milizen. Es gibt einige Dutzend, von denen manche mehrere hundert – ja sogar mehrere tausend – Mitglieder haben. In Montana zum Beispiel, wo die Brüder John, David und Randy Trochmann die Militia of Montana (MOM) gegründet und zwischem dem 15. Februar und dem 11. Mai 1994 nicht weniger als elf Werbeveranstaltungen mit durchschnittlich 200 Teilnehmern organisiert haben; oder in Colorado, wo die Free Militia von John Schlosser behauptet, 3000 »Soldaten« zu haben. Von den Gruppen, die am besten organisiert sind und die Bundesbeamten ständig beschäftigen, muß noch die United States Militia Association von Samuel Sherwood erwähnt werden, die während der turbulenten Weaver-Affäre in Blackfoot (Idaho) gegründet wurde und 400 bis 500 gut bewaffnete Männer umfaßt, sowie der Blue Ridge Hunt Club von James Roy Mullins in Virginia, der ebenso wie Norman Olson, Führer der Miliz von Michigan*, mehrmals wegen Waffenhandels und Lagerung von Kriegswaffen verhaftet wurde.

Sind die Milizen eine »spontane« Bewegung, die aus der Empörung einfacher zorniger Bürger hervorgegangen ist, wie ihre Initiatoren uns weismachen wollen?

Der Konvent in Seattle – Seattle Preparedness Expo '94 –, der im September 1994 stattfand und auf dem 300 begeisterte Teilnehmer mehrere Tage lang den Tiraden von »Bo« Gritz und »Jack« McLamb – in Polizeiuniform – lauschten, aber auch den Reden von Don McAlvaney, einem führenden Mitglied der John Birch Society, von Larry Pratt, GOA, und von George Green, Hauptverteiler von antisemitischen Mach-

---

* A.d.Ü: Nach dem Bombenanschlag auf ein Regierungsgebäude in Oklahoma City, bei dem am 19. April 1995 mehr als 150 Menschen starben, rückte insbesondere die Miliz von Michigan ins Blickfeld der Öffentlichkeit. Zwischen ihr und Timothy McVeigh, einem der beiden Attentäter, bestanden offensichtlich enge, im einzelnen noch nicht aufgeklärte Verbindungen.

werken in den Vereinigten Staaten, zeigt, daß eine mächtige und gut bewaffnete Protestbewegung entstanden ist, die über prozeßerfahrene Rechtsanwälte verfügt und unbestreitbar die Unterstützung von Sheriffs und Polizeioffizieren genießt.

Chip Berlet von den Political Research Associates hat Beweise vorgelegt, denen zufolge es heute in dreißig Staaten bewaffnete Milizen gibt, allen voran in Idaho, Michigan, Montana und Ohio. Daß Dutzende in zehn anderen Staaten im Entstehen begriffen sind. Daß über zehntausend schwerbewaffnete Personen ihren harten Kern bilden und die Zahl der Sympathisanten mehrere Hunderttausend beträgt. Die politische Situation des Landes und die neuerliche starke politische Stellung von Senator Jesse Helms aus North Carolina, der die faschistische Partei von Major Roberto d'Aubuisson in El Salvador gegründet hat, können diese Milizen nur stärken und ihre Ausdehnung fördern.

Gritz und seinesgleichen können natürlich nicht die »Große Weiße Revolution« auslösen, die sie beschwören, aber sie können viel Unheil anrichten und werden im ländlichen Amerika ebenso einen beträchtlichen Einfluß ausüben wie auf nationaler Ebene bei den Diskussionen über Einwanderung, Todesstrafe und die Rechte von Minderheiten und Homosexuellen.

Und die anderen?

Abtreibung, Homosexualität, Waffengesetz – es wäre ein Irrtum anzunehmen, daß diese Fragen, auch wenn sie Hauptthemen der Ultrarechten geworden sind, eine Vernachlässigung anderer Kampffelder und traditioneller Feindbilder zur Folge gehabt hätten. Schwarze, Juden, Hispanoamerikaner und Asiaten sind weiterhin bevorzugte Zielscheiben ultrarechter Gewalt. Und mit ihnen die Indianer, weil sie vor Gericht und auf der Straße Rechte einfordern, die über ein Jahrhundert lang verletzt wurden. Das bezeugen unter vielen anderen die wiederholten Zwischenfälle in Wisconsin, wo der Suprematist Dean Crist, Gründer von Stop Treaty Abuse und Protect American's Rights and Ressources, drei Jahre lang gewalttätige Übergriffe gegen die Chippewa-Indianer organisierte, denen man vorwarf, in den Gewässern des Flambeau-Sees mit der Harpune zu fischen, ein Recht, das ihnen in den bestehenden Verträgen zugestanden wird. Diese Übergriffe forderten jedesmal Verletzte, und Crist wurde schließlich zu mehreren Geldstrafen verurteilt.

Obwohl den militanten Rechtsextremisten nicht jedes Verbrechen zur Last gelegt werden kann, das durch rassische, religiöse oder sexuelle Andersartigkeit motiviert ist, sprechen die jüngsten Statistiken, die vom FBI veröffentlicht wurden und das Jahr 1993 betreffen, eine deutliche Sprache. Dabei sind sie noch unvollständig: Auf den Berichten von 6850 Stellen basierend, die in 46 Staaten und im Distrikt Columbia eingerichtet wurden, betreffen sie in Wirklichkeit nur 56 Prozent der amerikanischen Bevölkerung. Dennoch sprechen die Zahlen für sich: 7684 durch Haß motivierte Verbrechen, von denen 62 Prozent auf rassische, 18 Prozent auf religiöse, 12 Prozent auf sexuelle und 8 Prozent auf verschiedene andere Vorurteile zurückzuführen sind. Von 7421 verhafteten Personen waren 61 Prozent weiß und 35 Prozent schwarz.

Es wäre falsch, die Rolle der Vordenker und Theoretiker der Ultrarechten zu unterschätzen. Sowohl die offiziellen, die sich um *Spotlight* oder das revisionistische Geschichtsinstitut scharen, als auch andere, die getarnt daherkommen. Während die Veröffentlichung von *The Bell Curve*, einem Werk von 800 Seiten, demzufolge die Weißen eine genetisch bedingte geistige Überlegenheit gegenüber den Schwarzen aufweisen, in den Vereinigten Staaten heftige Kontroversen auslöste, weiß die Öffentlichkeit nicht, daß die beiden Autoren Murray und Herrnstein für ihre Schlußfolgerungen Unterlagen und Arbeiten von Forschern verwendet haben, die seit 1937 vom Pioneer Fund subventioniert werden, einer Stiftung, die die Untersuchung »rassischer Überlegenheit«

fördert. Die Tatsache, daß Charles Murray, der 1981 das Buch *Losing Ground* verfaßte, das die Sozialhilfe heftig angriff und Reagans Bibel war, es in jüngeren Jahren nicht verschmähte, »Kreuze zu verbrennen«, scheint kaum jemanden gestört zu haben!

Die ultrarechte Galaxie: Tote Gestirne und neue Sterne

Seit Ende der achtziger Jahre haben viele Veränderungen die ultrarechte Galaxie erschüttert. Zwar existieren die meisten der beschriebenen Klans, Neonazi-Bewegungen und paramilitärisch-religiösen Gruppen weiterhin, doch haben sich Umschichtungen vollzogen, die hauptsächlich auf die chronische Unfähigkeit der amerikanischen Ultrarechten zurückzuführen sind, Personalfragen und Finanz-»Skandale« zu überwinden. Aber man muß auch sehen, daß die Bemühungen der antirassistischen Organisationen und – mitunter – auch der Behörden Früchte getragen haben. Nach der Zerschlagung der Vereinigten Klans von Amerika (UKA) von Robert Shelton, die heute fast von der politischen Bühne verschwunden sind, was übrigens auch für die Nationalen Ritter gilt, die den Tod von James Venable 1993 nicht überlebt haben, hat das Southern Poverty Law Center mit Hilfe des Zentrums für demokratische Erneuerung erreicht, daß Dave Holland, der Grand Dragon der Weißen Südstaatenritter, zu hohen Geldstrafen verurteilt wurde. Seitdem halten sich diese mühsam über Wasser. Doch Holland hat die Turbulenzen überstanden und bleibt zweifellos einer der populärsten Klansmänner der gesamten Ultrarechten.

Ein weiterer Sieg: Das harte Urteil gegen das Unsichtbare Reich von James Farrands, das sich selbst auflöst, nachdem es auf ein Zehntel seiner früheren Stärke geschrumpft ist. Zwar hat Farrands sofort eine neue Organisation gegründet, den

Vereinigten Ku-Klux-Klan, aber die Furcht vor weiteren strafrechtlichen Verfolgungen belastet ihre Zukunft. Interne Streitereien und sehr präzise Beschuldigungen, die Führer anderer Klans gegen ihn vorbringen und die besagen, daß das Unsichtbare Reich seine persönliche Bereicherung und den Kauf eines Grundstücks im Wert von 300 000 Dollar in Gulf (North Carolina) zugelassen hat, haben wahrscheinlich das politische Ende des Imperial Wizard besiegelt.

Dieser Zusammenbruch des Unsichtbaren Reiches kommt zunächst den Rittern des Ku-Klux-Klan, der Organisation von Duke, zugute, die dann in die Hände von Don Black und danach von Stanley MacCollum übergeht. Dieser vertraut die Leitung der Organisation sehr bald Thom Robb an, der ihr in Arkansas eine Basis verschafft und aus ihr schnell den wichtigsten Klan macht, indem er einen sehr gewalttätigen Kurs verfolgt und die Skinheads mit offenen Armen aufnimmt. Gleichzeitig knüpft Robb enge Kontakte zum Ausland, insbesondere zu Kanada und Deutschland. Ende 1993 ist sein Klan wohl der bei weitem mitgliederstärkste und gewalttätigste. Aber die schwer kontrollierbare Gewalt der Skins, die den WAR von Tom Metzger nach der Ermordung eines äthiopischen Einwanderers vor die gleichen Probleme stellen wird, veranlaßt ihn sehr schnell zu einem strategischen Rückzug. Da Robb den strafrechtlichen Verfolgungen, die das Unsichtbare Reich destabilisiert haben, um jeden Preis entgehen will, verkündet er, daß sein Klan Gewalt ablehne und die amerikanische Verfassung respektiere.

Diese »weiche« Linie dient als Vorwand für eine Reihe von Abspaltungen. Die Hälfte der Klanmitglieder von Texas verlassen den Grand Dragon Michael Lowe und gründet die Wahren Ritter des KKK mit Robert Spence an der Spitze. Es kommt noch schlimmer, denn Robb wird von wichtigen Führern im Stich gelassen, darunter Ed Novak, der aus Illinois einen Staat gemacht hat, in dem der Klan sehr aktiv ist, Shawn Slater, der in Colorado sehr militante Klavernen organisiert hat, James Cheney in Kalifornien und Will Burchfield in Alabama. Bevor sie eine neue Bewegung ins Leben rufen, nämlich die Konföderation der Klans, K.KKK, werfen die Dissidenten Robb – dem »Ku Klux Klown« – Tyrannei, Nepotismus und vor allem persönliche Bereicherung vor.

Zur Zeit gibt es in Amerika über dreißig Klans. Es vergeht kein Monat, ohne daß ein neuer gegründet wird. Man schaue sich nur die folgende Liste ist, die keineswegs vollständig ist. In Georgia etwa herrscht ein regelrechter Wirrwarr:

Aryan White Knights
True K. KKK (1994 aufgelöst, nachdem der Imperial Wizard wegen Mordes verhaftet wurde)
Northern Georgia Klans (Dom Romine)
US Klans (auch in Missouri und Deutschland, Keith Smith)
Friendly Knights KKK
Rebel K. KKK (Jerry Lord)
Christian Knights KKK (Charles Murphy)
Cavalier Knights

Auch anderswo sind sie reichlich vertreten. Erwähnt seien die Keystone Knights (Pennsylvania und Georgia), die Independent Knights und ihre Rivalen, die Florida White Knights (Florida), die Knights of the Flaming Sword (North Carolina, gegründet von Jordan N. Gollub, nachdem er wegen »Geiz« aus den Christian Knights von Virgil Griffin ausgeschlossen wurde), die Royal Confederate Knights, die White Power Knights, die Revolutionary Knights, die Bound for Glory Knights, die Fraternal ... Unified ... Fiery ... Territorial ... Imperial ... Templar ... Nationalist ... Knights.

Dieses Sektierertum ist vielleicht nicht bedeutsam, was aber andererseits nicht heißt, daß diese Gruppen nicht eine reale Gefahr darstellen können. Neben dem Klan von Robb, der nicht mehr als tausend Mitglieder hat, aber schnell wieder Auftrieb erhalten kann, und der neuen Föderation, die erfahrene Mitglieder und Führer hat, liegt die größte Gefahr woanders. Nämlich bei den Confederate Knights of America des Imperial Wizard Terry Boyce, die ihr Hauptquartier in

North Carolina haben und denen es in drei Jahren gelungen ist, im ganzen Süden Fuß zu fassen, mit Hochburgen in Virginia und Florida. Boyce, dessen äußerst gewalttätiger Kurs den nazistischen Thesen vollkommen entspricht, arbeitet eng mit dem WAR von Tom Metzger zusammen.

Ein Leutnant von WAR namens Dennis Mahon hat in Missouri die White Knights gegründet, die in der Monatszeitschrift *The White Beret* als eine »Abteilung« der CKA dargestellt werden. Mahon, ein tüchtiger Organisator, ist sozusagen der Louis Beam der neunziger Jahre. Er gehört zusammen mit Boyce zweifellos zu den gefährlichsten Männern Amerikas, und aus diesem Grund betrachtet das FBI die White Knights als »den intelligentesten und radikalsten Klan, der potentiell der größte Unruhestifter ist«.

Es steht fest, daß Mahon und Boyce nicht das Ziel haben, möglichst viele Mitglieder zu gewinnen, sondern eine halb geheime, extremistische Bewegung aufzubauen, die dem Geist der Arischen Nationen, des Ordens und der White Aryan Resistance (WAR) nahesteht. Die Gruppe von Boyce und Mahon hat eine internationale Strategie entwickelt und geholfen, in Europa mehrere »Reiche« zu gründen. In Deutschland, wohin Mahon 1991 gereist ist – seitdem ist er noch zweimal dort gewesen –, ist das Deutsche Reich der Weißen Ritter offiziell ins Leben gerufen worden, und auch in Schweden, Finnland und Norwegen gibt es heute eigene Klans. Weil Boyce und Mahon erfahrene Suprematisten sind, weil sie es verstanden haben, internationale Kontakte zu knüpfen und ihre Strategie perfekt zu den neuen Tendenzen in Politik und Strategie der Ultrarechten paßt, werden sie in den kommenden Jahren wahrscheinlich eine große Rolle spielen.

Wir haben gesehen, daß fast überall in den Vereinigten Staaten Milizen und befestigte Camps entstanden sind. Die Neonazis haben an dieser Entwicklung einen beträchtlichen Anteil. Vielleicht deswegen, weil sich die Situation bis auf einige wenige Ausnahmen – im wesentlichen in der Skinhead-Bewegung, wo sich Gruppen schnell bilden und wieder auflösen – nur wenig verändert hat. Die Organisationen sind dieselben geblieben. Höchstens die Rückkehr von Harold Covington hat man gefeiert. Dieser war einige Jahre im Exil in Großbritannien, wo er beim Aufbau einer gewalttätigen Geheimorganisation geholfen hat, die sich Combat 18 nennt (1 für A – Adolf, 8 für H – Hitler). Die englische Polizei glaubt, daß die Mitglieder dieser Gruppe für die schweren Zwischenfälle in Dublin Anfang Februar 1995 verantwortlich sind. Der Fanclub des Fußballvereins FC Chelsea ist beispielsweise stark von den Neonazis der Gruppe unterwandert.

Combat 18 ist auf Einbrüche und die Zerstörung der Räume von antirassistischen Bewegungen spezialisiert und hat auf diese Weise eine Kartei mit 3000 Aktivisten bzw. Sympathisanten in die Hände bekommen. Um die National Socialist White People Party wieder hochzubringen, hat sich Covington, der sich im Staat Washington niedergelassen hat, zwei Jahre Zeit gegeben. Zwar hat er einige Erfolge erzielt, aber seine Streitereien mit den Anführern rivalisierender Gruppen, denen er regelmäßig vorwirft, Juden oder Homosexuelle zu sein, scheinen ihn, wie in der Vergangenheit, daran zu hindern, eine Vereinigung der Nazigruppen anzustreben.

Zwei Bewegungen haben tatsächlich strategische Bedeutung gewonnen. Die erste ist die Schöpferkirche, die nach dem Selbstmord des Pontifex Maximus Ben Klassen einen schnellen Aufschwung nahm, bevor sie erneut in internen Grabenkämpfen versank. Die zweite ist die Nationale Allianz von William Pierce, die ihr Camp in Westvirginia hat und zu der zahlreiche Neonazis aus anderen Bewegungen übergelaufen sind. Pierce hat beschlossen, seine ganzen Bemühungen auf die Ausbildung von kompetenten Funktionären sowie auf die Ausweitung nach Europa, insbesondere nach Großbritannien und in die ehemaligen sozialistischen Länder, zu konzentrieren. Da die Nationale Allianz gezielt Minderjährige aus der Schöpferkirche aufnimmt, verjüngt sie sich zur Zeit erheblich und breitet sich in den Vereinigten Staaten, in Kanada und Europa schnell aus. Obwohl sie behauptet, sich strikt an die Gesetze zu halten und nur Radioprogramme für etwa zwanzig regionale Rundfunkstationen zu produzieren, veröffentlicht und finanziert die Nationale Allianz Nazischriften, die nach Großbritannien und Deutschland gehen: *The Oak*, *Putsch* und *Lebensraum*. *Putsch* zum Beispiel verherrlicht die Morde an Schwarzen und Juden, bringt »Rezepte« zur »Herstellung der eigenen Bombe« und kämpft für die Schaffung eines weißen Territoriums im englischen Lincolnshire, wo die Nationale Allianz Land gekauft haben soll. Diese Bewegung ist derzeit unbestreitbar die reichste und einflußreichste Neonazi-Organisation in den Vereinigten Staaten und in Europa. Nur die NSDAP/AO von Gerhardt Lauck kann es mit ihr aufnehmen.

Auf dem Weg zur braunen Internationalen: Kanada, Südafrika, Europa ...

Schon 1989, als ich die erste Auflage von *AmeriKKKA* fertigstellte, hatte Eva Sears, ein führendes Mitglied des Zentrums für demokratische Erneuerung, auf meine Frage nach den europäischen Ablegern des KKK geantwortet: »Die Ultrarechte hat auch außerhalb der Vereinigten Staaten Fuß gefaßt. Es gibt offensichtlich Verbindungen, die durch die Geographie (Kanada), durch die Sprache (Australien, England) und durch die Ideologie (Südafrika) bedingt sind, aber auch andere, die beweisen, daß es eine ›braune Internationale‹ gibt. Es gibt regelmäßige enge Kontakte zu Neonazi-Gruppen in Deutschland oder Belgien, Besuche der Anführer dieser Gruppen in den USA und der amerikanischen Extremisten in

Europa. Die wichtige Rolle einer sehr internationalistischen Skinhead-Bewegung nicht mitgezählt.« Im folgenden sollen skizzenartig Informationen über einige der oben erwähnten Länder gegeben werden, in denen die Öffentlichkeit in den letzten Jahren auf die Aktivitäten der Klansleute und der Neonazis aufmerksam geworden ist.

Kanada über alles

An dem Versuch einer Invasion der Insel Dominica waren, man erinnert sich, auch Mitglieder der kanadischen Sektion der Ritter des KKK und der Westlichen Garde beteiligt, u.a. Alexander McQuirter und Wolfgang Droege. Aber Ende der achtziger Jahre geht es erst richtig los. Auf dem gesamten kanadischen Territorium schießen ultrarechte Gruppen wie Pilze aus dem Boden. Besonders zu erwähnen: ARM (Aryan Resistance Movement), PNC (National Party of Canada) und die Ritter des KKK, der kanadische Ableger des von James Farrands geführten Unsichtbaren Reiches. Die Übergriffe auf Asiaten, Schwarze, Tamilen eskalieren am 12. Mai 1990 in Montreal in einer Auseinandersetzung, bei der 150 Skinheads von ARM in einem Vergnügungspark und dann in der Metro eine Gruppe von Schwarzen angreifen, bevor sie dann der Polizei die ganze Nacht über eine Straßenschlacht liefern.

Dieselben Skinheads veranstalten am 30. Juni und 1. Juli desselben Jahres ein »Festival« in Metcalfe in der Nähe von Ottawa auf dem Grundstück eines reichen Geschäftsmannes, Ian McDonald, ehemals hoher Beamter im Außenministerium, dann Immobilienmakler. 250 Neonazis und Klansleute hören sich die englische Skin-Gruppe Lionheart an und planen die nächsten Aktionen. Seit einiger Zeit schwelt ein Konflikt zwischen der kanadischen Regierung und den Mohawk-Indianern, die sich der Vergrößerung eines Golfplatzes im Distrikt Kanesatake im Südwesten von Montreal widersetzen. Die Mohawks, die immerhin das Gesetz auf ihrer Seite haben, errichten Barrikaden, um den Beginn der Arbeiten zu verhindern. Am 11. Juli stürmt die Sicherheitspolizei von Quebec die Barrikaden. Von beiden Seiten werden über tausend Schüsse abgegeben, und ein Korporal kommt bei den Auseinandersetzungen ums Leben. Kanada erlebt eine schwere Krise.

Bereits seit einigen Wochen steht die Ultrarechte in den Startlöchern. »Longitude 74«, der kanadische Ableger der Ritter, die James Farrands verlassen haben, um sich der Organisation von Thom Robb anzuschließen, tritt auf den Plan. Zwischen dem 20. Juli und dem 30. August sind die Mitglieder der Gruppe überall zu finden, schüren den Haß und versuchen, die beiden örtlichen Gruppen zu unterwandern, die die Demonstrationen gegen die Mohawks organisieren, Solidarité-Chateauguay und LaSalle. Sie verteilen nicht nur Flugblätter über die »Verteidigung der Rechte der Mehrheit« oder gegen »das Komplott des Bundes und der Irokesen gegen die Nation Quebec«, sondern errichten auch zusammen mit der rechtsextremen Gruppe Carrefour de la résistance indépendantiste Barrikaden in LaSalle auf der Insel, auf der auch Montreal liegt. Die Tageszeitung *La Presse* weist darauf hin, daß es bewaffnete Patrouillen gibt, die den Auftrag haben, die Mohawk-Demonstranten abzufangen. Ein internationales Beobachterteam protestiert gegen die gewalttätigen Drohungen, die es von den »Kommandos bewaffneter Weißer« erhält.

Am 28. August kommt es zum Drama, als auf der Mercier Brücke 300 Weiße, unter ihnen zahlreiche Mitglieder ultrarechter Gruppen, 200 Frauen, Alte und Kinder der Mohawks angreifen, die versuchen, der erwarteten Intervention der Armee zu entfliehen. Die Bilanz ist blutig. 12 Mohawks werden durch Steine und Baseballschläger verletzt, sechs davon schwer, ein alter Mann stirbt an den Folgen eines Herzanfalls.

Aus diesem Konflikt geht »Longitude 74« gestärkt hervor. Die Ereignisse haben es der Gruppe nicht nur ermöglicht, mehrere KKK-Einheiten zu gründen, sondern das Medienecho hat ihnen auch eine beträchtliche Publicity verschafft.

In den folgenden Monaten machen ihre Mitglieder sowie ihre Freunde von den Arischen Nationen und von ARM viel von sich reden. In Edmonton wird ein ehemaliger Journalist schwer verletzt, in Ottawa ein junger Mann zusammengeschlagen, der ein antirassistisches T-Shirt trägt, während in Toronto ein früheres Mitglied der kanadischen Streitkräfte, Kevin Dyer Lake, einen vietnamesischen Studenten ersticht.

Die Rassisten haben die Indianer und Homosexuellen im Visier, aber auch die Aktivisten des neugeschaffenen Kanadischen Zentrums gegen Rassismus und Vorurteile (CCRP). Die Drohungen und Übergriffe häufen sich. 1993 gibt Helmut-Harry Loewen, der Leiter des Bündnisses gegen Rassismus und Apartheid von Manitoba (MCARA), bekannt, daß seine Bewegung in Kanada nicht weniger als 60 rassistische und nazistische Organisationen gezählt hat, und betont, daß diese sich mitunter einer besorgniserregenden Nachsicht von seiten der Polizei erfreuen. Was die immer zahlreicheren Auftritte von revisionistischen »Historikern« betrifft, so erregen sie viel Aufmerksamkeit, zumal anscheinend nichts unternommen wird, um sie zu bekämpfen. So kann die Gruppe SS-Action ungestraft Propagandamaterial über die »Holocaust-Lüge« verbreiten, der Revisionist David Irving kann in Ottawa vor 300 Personen sprechen und die Kanadische Rechts-Liga kann zusammen mit der Internationalen Liga gegen den Kommunismus Vorträge der Hauptvertreter der Auschwitzlüge, Ernst Zundel, David Irving und Fred Leuchter, organisieren.

Trotz der Untätigkeit der Behörden haben jedoch neuere Enthüllungen die Kanadier alarmiert und merkwürdige Verbindungen ans Licht gebracht. Da ist zunächst der Fall Nerland. Der Besitzer eines Waffengeschäftes wird verdächtigt, im Jahre 1991 aus rassistischen Motiven einen Cree-Indianer namens Léo LeChance umgebracht zu haben. Die Polizei, die bei Nerland »keinen Beweis für irgendeinen Haß gegen Indianer finden« kann, kommt zu dem Schluß, daß es sich um einen »Unfall« handelte. Aber nach einer Intervention des MCARA ergibt eine genaue Untersuchung der Behörden von Saskatchewan, daß Nerland, der 1989 ein führendes Mitglied der Arischen Nationen war, dies auch noch zum Zeitpunkt des »Unfalls« war.

Im Januar 1995 wird Kanada, obwohl verschiedene Organisationen schon ein Jahr zuvor die Zustände angeprangert haben, von einer regelrechten Schockwelle erschüttert, als ein Fernsehkanal zwei Amateurvideos zeigt, die von Elitesoldaten des Luftlanderegiments von Petawawa, 115 Kilometer von Ottawa entfernt, aufgenommen wurden. Die erste Kassette zeigt einen schwarzen Rekruten, der mit nacktem Oberkörper auf dem Boden kriecht und auf dem Rücken die Aufschrift »Ich liebe den KKK« trägt. Einen anderen Rekruten hat man gezwungen, ihm die Aufschrift mit seinen Exkrementen aufzumalen. Dann wird ein Soldat gezwungen, Brotscheiben zu essen, die vorher in Urin getaucht wurden. Und das ist noch nicht alles: Man sieht auch Szenen, in denen Masturbation und Fellatio praktiziert werden und auf einen schwarzen, an einen Baum gefesselten Soldaten kübelweise Staub und Dreck geschüttet wird.

Die zweite Kassette wurde in Somalia aufgenommen, wo das Eliteregiment bei den Blauhelmen eingesetzt war. Ein Soldat, von einem anonymen Gesprächspartner nach der humanitären Mission des Regiments in Somalia gefragt, antwortet höhnisch: »Niemand verhungert. Hier wohnen 150 Leute, die Weizen essen. Sie arbeiten nie. Das ist Abschaum. Und sie stinken.« Ein anderer Soldat nennt dann die Operation der UNO »Operation Jagd auf die Neger ... Bring deine Waffe in Anschlag. Ta-Ta-Ta-Ta«.

Seitdem werden die Militärbehörden nicht müde zu beteuern, daß all dies gottlob der Vergangenheit angehöre und daß das Regiment von schwarzen Schafen gesäubert wurde. Scott Taylor, Herausgeber der Zeitschrift *Esprit de corps*, der die Kassetten entdeckt hat, ist jedoch ganz anderer Meinung: »Das Regiment ist moralisch so tief gesunken, daß man es sich nicht vorstellen kann. Es handelt sich keinesfalls um Einzelfälle.«

Es scheint, als hätten die Bemühungen der Armee und einiger Regierungsmitglieder nicht ausgereicht, um die Kanadier zu überzeugen. Denn zwei Monate zuvor veröffentlichten mehrere kanadische Zeitungen Farbphotos, die jeden Zweifel ausschließen. Auf diesen »Trophäen«, um den Ausdruck eines Beteiligten zu gebrauchen, posieren Soldaten des Luftlanderegiments, die bei der Friedensmission in Somalia eingesetzt waren, stolz neben dem Körper eines sechzehnjährigen Somali, Shidane Arone, der gefesselt, gefoltert und dann totgeschlagen wurde. Eines der Bilder zeigt, wie sie eine Waffe auf den Kopf des bewußtlosen, aber noch lebenden jungen Mannes richten. Arone war festgenommen worden, als er im Quartier der kanadischen Truppen etwas zu essen suchte.

Die Tatsachen sind im übrigen seit längerem bekannt, denn sie gehen auf Ereignisse im März 1993 zurück, doch erregten sie damals nur wenig Aufmerksamkeit. Der Kriegsgerichtsprozeß gegen die neun angeklagten Soldaten überrascht außerdem durch die Milde der Militärrichter. Ein Angeklagter wird zu fünf Jahren Gefängnis verurteilt, die anderen werden freigesprochen. Überdies werden die Anklagepunkte gegen fünf von ihnen fallengelassen. Nur Korporal Clayton Matchee, der zwei Tage nach dem Tod von Arone versuchte, sich zu erhängen, und der Soldat Elvin Kyle Brown werden wegen Mordes verurteilt, zwei weitere Angehörige der Einheit wegen Folter und Fahrlässigkeit angeklagt.

Die Voruntersuchung fördert allerdings einige merkwürdige Dinge zutage. Eine Gruppe von Angehörigen des Regiments hat sich »Die Rebellen« genannt, die Südstaatenfahne als Emblem genommen und aus ihren rassistischen und nazistischen Neigungen keinen Hehl gemacht. Die Untersuchung kommt jedoch ein wenig spät, denn antirassistische Organisationen haben bereits Enthüllungen gemacht, die wesentlich aufschlußreicher sind und ergeben, daß das ganze Regiment sowie weitere Einheiten der kanadischen Armee von nazistischen Ideen infiziert und von Vertretern der Ultrarechten unterwandert sind.

So beweist das Kanadische Zentrum gegen Rassismus und Vorurteile (CCRP) auf einer Pressekonferenz in Montreal, daß sich ein Korporal des Luftlanderegiments, Matt MacKay, mit einem T-Shirt hat photographieren lassen, auf dem Hitler und ein Hakenkreuz zu sehen waren, und daß er Mitglied des KKK war. Diese Tatsachen aus dem Jahre 1990 werden 1992 bekannt, wobei MacKay angeblich auf den Klan verzichtet hat, um seine Karriere zu retten. In dieser Zeit wurde er zum Korporal befördert. 1990 waren dem CCRP zufolge auch andere Mitglieder des Luftlanderegiments bei den Neonazis aktiv. So beispielsweise Sergeant Erik Fischer, der seitdem zur Miliz gegangen und gleichzeitig Sicherheitsoffizier der Neonazi-Gruppe »Schöpferkirche« geworden ist. Er sitzt zur Zeit wegen Entführung und Folterungen im Gefängnis. Fünf weitere Armeeangehörige, von denen drei in eine andere Einheit versetzt wurden, nachdem sie sich verpflichtet hatten, nicht wieder aufzufallen, waren ebenfalls aktive Neonazis. Nach einer neuen »Affäre« – man entdeckte Videokassetten, auf denen einige Mitglieder des Regiments sich selbst und anderen zu »Übungszwecken« Elektroschocks verpassen, wurde das Regiment inzwischen aufgelöst.

Die Aktivitäten der kanadischen Ultrarechten haben keineswegs abgenommen. Die jüngsten Vorfälle hatten jedoch zumindest den Vorteil, beim größeren Teil der Bevölkerung eine sehr deutliche Ablehnung hervorzurufen. Heute treffen alle ihre Aktionen auf lebhafte Gegenwehr, und es haben sich Organisationen gebildet, die aktiv und wirksam gegen Rassismus und Fremdenfeindlichkeit kämpfen.

Heil AfriKKKa!

Die amerikanische Ultrarechte hat nicht nur Verbindungen zu den kanadischen Neonazis. Südafrika, das bis zur Wahl von Nelson Mandela ihr Vorbild war, wurde lange von ihr u.a. durch Solidaritätskampagnen unterstützt, wobei man sagen muß, daß das Beispiel dafür von ganz oben kam. Hat die amerikanische Regierung unter Präsident Bush nicht die Inkatha Freiheitspartei des Zuluhäuptlings Mangosuthu Buthelezi unterstützt? Während Organisationen, die direkt von der Moon-Sekte abhängig waren, wie etwa die American Freedom Coalition und ihre Presseorgane, die *Washington Times* und insbesondere die *National Review*, offiziell ihre Unterstützung der südafrikanischen Ultrarechten, der Afrikaaner Volksfront und ihres militärischen Arms, der von dem Neonazi Eugène Terre Blanche geführten Afrikaaner Weerstandsbeweging (AWB), bekundeten, gab es auch Unterstützung für noch zweifelhaftere Gruppierungen. Die Bewegung von Terre Blanche, aber auch die Wit Wolves (Weiße Wölfe), mehr oder weniger unabhängige Mitglieder der AWB, die sich offen auf den Nazismus berufen, der Orden des burischen Volkes, eine Geheimorganisation, sowie andere ebenso gewalttätige und nazistische Gruppen wie der Orden des Todes, die Partei des Burenstaates und der Weiße Widerstand wurden jahrelang und werden noch heute bedingungslos von amerikanischen weißen Suprematisten unterstützt. So von der Amerikanisch-Afrikaanischen Union (Virginia), den Arischen Nationen (Idaho), der NSDAP-AO (Nebraska), der Amerikanischen Nazipartei (Illinois), der Nationalsozialistischen Liga (Kalifornien), den Weißen Südstaatenrittern von Dave Holland (Georgia) oder Tom Metzgers WAR. Manche dieser Gruppen sind sogar in den südafrikanischen Bewegungen verankert. So zum Beispiel die Schöpferkirche von Ben Klassen, deren südafrikanische Sektion von Jan Smith und dem ehemaligen SS-Offizier Kurt Van der Cuil geführt wird. Oder die Nationale Allianz von William Pierce, die eine starke Stellung im Orden des burischen Volkes hat.

Es wäre falsch zu glauben, daß es sich hier nur um Randerscheinungen handelt. Diese Neonazigruppen sind unbestreitbar für diejenigen eine echte Hilfe, die auf geeignete Gelegenheiten warten, um die von Präsident Mandela geführte Regierung zu destabilisieren. Im Oktober 1994 entdeckte die südafrikanische Polizei in Pretoria ein Waffenversteck. Der Wert der beschlagnahmten Waffen belief sich auf drei Millionen Dollar. Es handelte sich um hochmoderne Waffen amerikanischer Herstellung, die im August 1993 geliefert worden waren: automatische Gewehre, Granatwerfer, Brandgeschosse, Boden-Luft-Raketen. Eine Lieferung, die von einem amerikanischen Ehepaar, Robert und Nancy Mahler aus Salem (Oregon), Besitzer eines Waffengeschäfts, verschickt worden war, bevor sie 1992 unter verdächtigen Umständen Konkurs anmeldeten. Die Polizei ist davon überzeugt, daß es auf südafrikanischem Territorium mindestens drei weitere Verstecke vergleichbarer Größe gibt.

Diese enge Zusammenarbeit zwischen der amerikanischen und der südafrikanischen Ultrarechten erklärt sich nicht allein durch den gemeinsamen Glauben an die Überlegenheit der weißen Rasse und an die Apartheid. Die gewalttätigsten amerikanischen Extremisten sind fest davon überzeugt, daß sich die politische Situation in Südafrika nur verschlechtern kann und daß sich die Spannungen zuspitzen werden. Insofern ist dieses Land für sie zugleich Modell der Vergangenheit und Hoffnung für die Zukunft.

Die Kreuzritter Europas

Bei ihren neuen Bemühungen, sich international auszuweiten, hat die amerikanische Ultrarechte Europa nicht vergessen. Und das gilt besonders für Großbritannien, das wiedervereinigte Deutschland und einige ehemals sozialistische Länder.

In Deutschland gibt es mindestens drei Klans. Der älteste ist ein dem Unsichtbaren Reich von James Farrands angeschlossenes Königreich. Er war ursprünglich auf den amerikanischen Militärstützpunkten organisiert und richtete seine Hauptaktivität gegen die schwarzen Soldaten. So gab es in Büdingen, nicht weit von Frankfurt entfernt, mehr als achtzehn Monate lang gezielte Aktionen – rassistische Graffiti, telephonische Drohungen, Vandalismus, gewalttätige Übergriffe – gegen Schwarze, ob einfache Soldaten oder Offiziere. Da der Klan aus der Welle des Rassismus in Deutschland Kapital schlagen konnte, hat er in den letzte Jahren einen Ableger bekommen, der Türken, Zigeuner und Homosexuelle im Visier hat. Dieser Klan ist allerdings unbestreitbar auf dem absteigenden Ast, da ihm zwei aktivere Gruppen Konkurrenz machen. Die eine steht mit den US Klans in Verbindung und wird von Dennis Witt geleitet. Sie wächst zur Zeit stark und arbeitet einvernehmlich mit der aktivsten Gruppe, den Weißen Rittern Deutschlands, zusammen, die von Carsten Szczepanski, Berlin, angeführt wird. Dieser Klan, der in der Region München und in Westfalen, speziell in Bielefeld, stark verankert ist, ist an den Konföderierten Rittern von Boyce und Mahon orientiert und in ganz Deutschland recht aktiv, wobei er seit zwei Jahren eine besondere Vorliebe für die ehemalige DDR entwickelt hat. 1991 werden drei seiner Mitglieder in Neuenrad im Ruhrgebiet festgenommen, nachdem sie auf ein Gebäude geschossen haben, in dem türkische, bulgarische und albanische Einwanderer untergebracht sind. In der Region von Königswusterhausen bildet der Klan zusammen mit der Nazigruppe Nationale Alternative eine Front, der 300 bis 400 ultrarechte Aktivisten angehören. Die deutsche Presse berichtet mehrmals über nächtliche Veranstaltungen, bei denen Kreuze aufgestellt und »erleuchtet« werden, und RTL Plus kann den Fernsehzuschauern eine rituelle Zeremonie zeigen, die in derselben Region gefilmt wurde und mitten in einem Wald unter den wohlwollenden Blicken von Dennis Mahon stattfand, der eigens angereist war, um der »Einbürgerung« neuer Mitglieder beizuwohnen. Vielleicht nur Folklore, die aber nicht darüber hinwegtäuschen sollte, daß die deutschen Klans an zahlreichen Gewalttaten beteiligt waren.

In Großbritannien scheinen Farrands Schwierigkeiten jenseits des Atlantik keine negativen Folgen für die Mitgliederwerbung zu haben. Ursprünglich nach Europa gekommen, um den Klan unter den Amerikanern, speziell in der Armee, zu organisieren, ist der Imperial Wizard bald von der Idee angetan, in Deutschland und vor allem in England »Königreiche« zu gründen, wo er vom 28. November bis zum 4. Dezember 1989 den Sänger der Skinhead-Gruppe Skrewdriver, den Nazi Stuart Donaldson, trifft. Dessen Beitritt zum Klan – er verläßt sogar vorübergehend seine Gruppe, um mit den Klansleuten eine Platte mit traditionellen Klanliedern aufzunehmen – ist ein Glücksfall. Er bringt viele Skinheads mit, die vorher Mitglieder des British Movement, der British National Party oder der League of Saint George waren.

Man kann davon ausgehen, daß der britische KKK heute nicht weniger als 500 Mitglieder hat. Sein Chef, Allan Ronald Beshella, lebte lange in Kalifornien, bevor er sich nach Wales absetzte, nachdem man ihn wegen illegalen Waffenbesitzes auf die Fahndungsliste gesetzt hatte. Seine Position an der Spitze des Klans ist ernsthaft bedroht, seitdem Zeitungen enthüllt haben, daß er früher schon wegen sexuellen Mißbrauchs von Kindern verurteilt wurde. Zu den Aktivitäten des englischen Klans gehören neben zahlreichen Gewalttaten die Organisation von paramilitärischen Ausbildungslagern, von denen eins in Hampshire von dem Grand Titan Paul Marriott geführt wird, und der Waffenhandel mit Hilfe des Netzes der Hell's Angels, einer Bewegung, der der Sicherheitschef des Klans, Ron Goat, noch vor kurzem angehörte.

Gegenwärtig arbeitet der englische KKK eng mit der British National Party zusammen, der es unter anderem gelungen ist, im September 1994 in London die Wahl eines Stadtrats durchzusetzen.

Die ehemaligen sozialistischen Länder haben ebenfalls das Interesse des Klans und der Nazis auf sich gezogen. So haben die Anführer der Ritter des KKK-Königreiches der Slowakei und die entsprechenden Leute in der tschechischen Republik zweimal offiziell die Registrierung eines »Unsichtbaren Reiches« beantragt, dessen Ziel es sei, »Ruhe und Ordnung aufrechtzuerhalten und das Eigentum der Bürger zu schützen«. Dieser Antrag wurde von den Behörden sofort abgelehnt, und das war vorläufig das Ende der Ritter des KKK.

Aber im Februar 1991 kommt es in Klatovy, Böhmen, in einem Romaviertel zu Ausschreitungen. Etwa vierzig maskierte Angreifer, die zwei Kommandos bilden und mit Knüppeln, nägelbeschlagenen Latten und Schußwaffen bewaffnet sind, verteilen sich auf den Straßen, schlagen wild um sich, zertrümmern Fensterscheiben, plündern, legen Brände. Nur das Eingreifen der Feuerwehr verhindert, daß Menschen, die sich auf Speicher oder Dächer geflüchtet haben, dort verbrennen. Die Polizei glänzt durch Abwesenheit.

Zwei Tage später das gleiche Szenario: Menschen werden durch die Straßen gejagt, in ihren Häusern verprügelt. Auch diesmal gibt es Verwundete und auch einen Toten: Emil Bendik, 21 Jahre alt, ein junger arbeitsloser Roma. Die Polizei findet Flugblätter, die dazu aufrufen, »die Stadt von diesem Gesindel zu säubern«. Sie tragen eine Unterschrift: Ku-Klux-Klan ... Nach mehreren Wochen werden fünf Personen verhaftet. Unter ihnen zwei Armeeangehörige.

Ein anderes ehemals sozialistisches Land, das von dem Phänomen erfaßt wird, ist die ehemalige UdSSR. Neben der Entwicklung einer Skinhead-Bewegung, die es in ganz Osteuropa gibt, bilden sich in Moskau und Leningrad Gangs aus Motorradfahrer, die sich auf den KKK berufen. Die Bikers Confederate Hooligans von Leningrad mit ihren tschechischen hochgezüchteten Maschinen, ihren aus der Südstaatenfahne genähten Blousons, ihren Armbinden und Tätowierungen, die das Klanzeichen zeigen, fallen über die letzten schwarzen Studenten her, denen sie vorwerfen, Aids eingeschleppt und weiße Frauen vergewaltigt zu haben. In Moskau begehen ihre Zwillingsbrüder, die Schwarzen Asse, ähnliche Taten. Diese beiden Gruppen und andere, die im ganzen Land entstehen, sind der Union der russischen Jugend angeschlossen. Diese Union wird direkt von der NSDAP-AO, der Organisation von Gary (»Gerhardt«) Lauck* finanziert, der bei der Gründung von Klan- oder Nazigruppen in Europa eine Schlüsselrolle spielt. Bis vor kurzem gab Lauck nazistische Zeitschriften in Englisch und Deutsch heraus, von denen es mittlerweile auch dänische, schwedische, holländische und ungarische Ausgaben gibt. Er berät und finanziert die Herausgabe von *Unser Marsch*, dem Organ der Union der russischen Jugend, in Rußland.

Doch damit nicht genug. Lauck wirkt darüber hinaus an der Schaffung einer »Internationalen Brigade für Kroatien« mit. Die Existenz dieser Brigade wird zwar immer wieder geleugnet, aber eine von dem Kabelsender »Rasse und Vernunft« in Florida und New York ausgestrahlte Reportage hat gezeigt, daß es sich nicht um ein Hirngespinst handelt. Außerdem verteilt Lauck Informationsmaterial, antisemitische Videospiele und Disketten, die Überlebenstechniken vorführen. Sein Netz verbreitet seit April 1993 ein »Handbuch für die Einführung in Sprengtechniken«; dieses Handbuch findet starke Verbreitung, und manche Ermittler glauben, daß es die Zunahme von Attentaten in Schweden und Österreich erklären könnte. Nach einer Serie von Briefbomben, zuerst im Dezember 1993, als der Neonaziführer Gottfried Küssel – ein Freund von Lauck – in Österreich zu zehn Jahren Gefängnis verurteilt wird, dann 1994, während seines Wiederaufnahmeverfahrens, werden bei zwei weiteren rassistisch motivierten Attentaten im Burgenland ein Müllwerker verletzt und vier Sinti getötet. Die österreichische Polizei ist davon überzeugt, daß die mit Sprengstoff gefüllten Schläuche, die in beiden Fällen verwendet wurden – im Jahr zuvor wurde auf diese Weise in Klagenfurt ein Polizist schwer ver-

---

* A.d.Ü.: Gary Lauck, geboren 1953, wurde Ende März 1995 aufgrund eines internationalen Haftbefehls wegen Volksverhetzung, Gewaltdarstellung und Verbreitung von NS-Propagandamaterial in Dänemark verhaftet und am 5. September 1995 nach Deutschland ausgeliefert. Ihm droht eine Haftstrafe von bis zu fünf Jahren.

letzt –, nach den Anweisungen dieses »Handbuches« hergestellt wurden.

Schließlich scheint Lauck der bevorzugte Gesprächspartner des französischen Ku-Klux-Klan und vielleicht sogar der geheimnisvolle Mäzen zu sein, der den Druck von dessen Mitteilungsblatt finanziert. Im Mai 1986 erklärt Ed Stephens, Grand Dragon von Georgia für das Unsichtbare Reich, dem *L'Evènement du jeudi* offiziell, daß es einen französischen Ableger seiner Organisation gebe. Kritzeleien in Paris, in den Katakomben, aber auch in Lyon oder in Jarny (Meurthe-et-Moselle) scheinen seiner Behauptung eine gewisse Glaubwürdigkeit zu verleihen, ohne sie jedoch zu bestätigen, da derartige Aktionen auch von Einzelpersonen stammen können, die organisatorisch nicht miteinander verbunden sind.

Richtig ist, daß 1985 ein Klan gegründet wird, nämlich der von Serge Ayoub, auch Batskin genannt, einem von den Medien umworbenen Skinhead. Dieser Klan zieht die allgemeine Aufmerksamkeit auf sich, als er am 21. Dezember desselben Jahres Mitglieder von SOS Rassismus überfällt. Er beschimpft am 4. November 1986 auf dem Platz der Republik Nordafrikaner und nimmt am 27. November an den Ausschreitungen von Assas teil. 1987 wandelt Ayoub seine Gruppe in die Nationalistische Revolutionäre Jugend um und schwenkt völlig auf den faschistischen Kurs, den sogenannten »Dritten Weg« von Jean-Gilles Malliarakis, ein, bevor er wieder von sich reden macht, als er in Zwischenfälle verwickelt ist, an denen auch Hooligans, Anhänger von PSG (Paris Saint-Germain), beteiligt sind.

In dem Jahr, in dem Ayoub seinen Klan auflöst, entsteht unter der Schirmherrschaft eines gewissen Patrick Hélin ein französisches Königreich der Ritter des Ku-Klux-Klan, einem der wichtigsten Klans der Vereinigten Staaten, der, von Stanley MacCollum geführt, sein Hauptquartier in Tuscumbia, Alabama, hat. Die Gründung wird in seinem Presseorgan *The Cross* von MacCollum selbst bekanntgegeben.

Dieser französische KKK gibt ein Mitteilungsblatt heraus, das extrem gewalttätige Töne anschlägt und einen fanatischen Antisemitismus predigt. Der Klan von Serge Ayoub wird hierin übrigens als »Juden-Klan« eingestuft, und Ayoub wird beschuldigt, in Wirklichkeit Elie zu heißen. In den Mitteilungsblättern werden auch Aktionen angekündigt: Teilnahme am blau-weiß-roten Fest von Le Pen, Bestrafungen von »dreckigen Arabern«, Propaganda in den Radiosendern Ici et Maintenant und Radio Aligre ...

Und dann, nachdem 1988 noch acht oder neun Mitteilungsblätter erschienen sind, Funkstille. Ist es Zufall, daß in dieser Zeit Olivier Devalez sein Französisches Königreich der Ritter des Ku-Klux-Klan (Unsichtbares Reich) aus der Taufe hebt? Devalez ist damals erst achtundzwanzig Jahre alt, aber alles andere als ein Neuling. Seine Visitenkarte im Dienst der Ultrarechten kann sich sehen lassen: mit siebzehn Jahren FANE, dann Gründung von *Cobra-Informations*, einer Zeitschrift zur Verteidigung »aller nationalistischen Häftlinge«, einundzwanzig Nummern in zwei Jahren. Und dann eine bewegte Zeit als Skinhead, in der er Verbindungen zu den Leuten von der Französischen und Europäischen Nationalistischen Partei hat, ohne ihr jedoch beizutreten. Er gehört auch zu der »föderalistischen« Gruppe Europa 2000 und leitet in der Touraine eine ihrer Sektionen mit dem Namen »Ziel: Überleben«. Man findet ihn auch in Ausbildungslagern in Großbritannien, und dort vor allem in Wales, zusammen mit den Extremisten vom British Movement. Er ist außerdem Royalist und engagiert sich eine Zeitlang bei der Chouan-Bewegung. Aber das ist noch nicht alles: Als Musiker ist er Bassist bei der Gruppe »oi« Force d'impact; als Theoretiker gründet er die Zeitschrift *Bras tendu*, die dann zu *Le Rebelle blanc* wird; an der Seite der Aktivisten des PNFE, die ihre Artikel mit »Doktor Dufour« oder »Stuart Hooligan« oder auch »Wardog« unterschreiben, versieht er seine Leitartikel mit dem Pseudonym »Tod« oder »L'Unitaryen«.

Ende 1988, nachdem er Kontakte zu den Vereinigten Staaten geknüpft hat, gründet er den französischen Klan. Jetzt unterschreibt er die Leitartikel im *Rebelle blanc* mit seinem Titel Klaigle Royal. Er untersteht nur dem Imperial Wizard Richard Bondira vom Klan von New Jersey, einem angesehenen Mitglied der Republikanischen Partei und erklärtem Bewunderer Reagans. Wenn Devalez die Organisation von New Jersey gewählt hat, dann deswegen, weil sie einer der beiden Klans ist – der andere ist das Unsichtbare Reich von James Farrands –, dessen Imperial Wizard und hohe Offiziere katholisch sind. Außerdem scheint sich Bondira für die Gründung von Sektionen in Europa zu interessieren, was das Ansehen seiner Gruppe zweifellos erhöht, während Devalez in Farrands mehr einen Eintreiber von Mitgliedsbeiträgen als einen nationalistischen Theoretiker und Führer sieht. Es dauert jedoch nicht lange, bis das Königreich Frankreich mit Bondira bricht, der in zahllose Konflikte mit rivalisierenden Gruppen verwickelt ist. Es gibt Kontakte zum härtesten Flügel der amerikanischen Ultrarechten, dessen Mentor der Pastor Robert Miles von der Kirche des Berges Jesu des Erlösers ist, die wiederum den Arischen Nationen und den Gruppen nahe steht, die sich auf 33/5 berufen und für eine Rückkehr zu den Ursprüngen eines geheimen Klans eintreten, der aus einer Elite von gewalt- und todesbereiten Kämpfern besteht. Ab der Nummer 7 wird im Mitteilungsblatt des Klans, der jetzt Unsichtbares Reich heißt, 33/5 erwähnt. Diese Veränderungen kommen auch darin zum Ausdruck, daß sich Olivier Devalez nicht mehr als Klaigle Royal, sondern als nationaler Organisator präsentiert.

Der Klan ist nach den Regeln der amerikanischen Organisation 33/5 organisiert. Frankreich ist ein Königreich, das aus sechs Provinzen besteht. Paris und seine Vororte, der Osten, der Westen, Mittelfrankreich, der Südwesten und der Südosten. Die Gebiete, in denen der Klan aktiv ist, decken sich mit denen, in denen die französische extreme Rechte fest verankert ist, wobei die Touraine einen Sonderstatus hat, da hier früher Devalez gewirkt hat. An der Spitze einer jeden Provinz steht ein Offizier. Alle Verantwortlichen, die im Mitteilungsblatt schreiben, haben leicht erkennbare Pseudonyme: Leblanc, Lefranc, Crost, Paotred Breiz, d.h. die Jungs aus der Bretagne ...

Mit diesen Vorsichtsmaßnahmen sollen Provokationen und Infiltrationen vermieden werden, die jedoch trotzdem vorgekommen sind. Der französische Klan führt Sicherheitsüberprüfungen durch, bevor er neue Mitglieder aufnimmt, und die »Einbürgerung« findet erst nach einem Jahr statt. Um eine Unterwanderung so weit wie möglich auszuschließen, haben die Führer der französischen Organisation zwei Arten von Versammlungen eingeführt: solche, die im größeren Kreis stattfinden und bei denen keine wirklich kompromittierenden Diskussionen geführt werden dürfen, und solche, die im engeren Kreis, mit absolut zuverlässigen Leuten stattfinden. Da man außerdem fürchtet, daß Agenten der Staatssicherheit oder CGT-Mitglieder, die bei der Post arbeiten, die Briefe öffnen, hat das Unsichtbare Reich eine Mailbox in einem Sado-Maso-Btx eingerichtet, was bei den ultrarechten Gruppen anscheinend zur gängigen Praxis geworden ist, ohne jedoch absolute Sicherheit zu bringen. So erhält der Klan beispielsweise Botschaften von einer neuen Gruppe, die Nationalistische Garde heißt, einen Informationsbrief mit dem Titel *Faction* herausgibt und ebenfalls über Sex-Btx kommuniziert. Aufgrund mehrerer Indizien vermuten Devalez und seine Offiziere jedoch, daß es sich in Wirklichkeit um SCALP (Section carrément anti-Le Pen) oder, noch wahrscheinlicher, um die jüdische Bewegung »Bétar« handeln könnte.

Was die Aktivitäten betrifft, so beschränken sie sich nicht darauf, daß »Tod der ZOG« oder »Der Strick für die Kommunisten« auf Wände gesprüht werden, so daß sie beispielsweise auf der vierspurigen Autobahn zwischen Avignon und Carpentras sichtbar sind, sondern umfassen auch das Verteilen von Flugblättern gegen die Arbeitslosigkeit (in der Nähe von Valence und Lyon) sowie Aufnahmerituale mit erleuchteten Kreuzen auf Privatgrundstücken oder in gemieteten Räumen. In der Touraine zum Beispiel in Weinkellern oder in irgendwelchen Sälen: So treffen sich am 11. Mai 1991 etwa hundert Klansleute und französische und ausländische Skinheads bei einer »musikalischen« Veranstaltung, die vom KKK und der Skingruppe Wotan organisiert wird und bei der man in »brüderlichem Einvernehmen« den Gruppen Ultime Assaut und Chauves-Pourris lauscht. Im Norden findet die wichtigste Zeremonie statt, bei der sich fünfzig Personen, darunter mehrere Klavaliers in schwarzer Kutte und Kapuze um ein brennendes Kreuz versammeln. Denn der französische Klan hat, ebenso wie die amerikanische Organisation 33-5, diese Farbe gewählt, die zugleich die faschistische Farbe par excellence ist. Der Klan nimmt auch an Demonstrationen im Ausland, vor allem in Belgien und Deutschland, teil, wo es Gruppen gibt, die nach ihrem Bruch mit dem Unsichtbaren Reich von James Farrands oder den K.KKK von Thom Robb der amerikanischen Organisation 33-5 nahestehen.

Devalez und seine Leute legen großen Wert auf Propaganda und bemühen sich besonders um Inhalt und Aufmachung ihres Mitteilungsblattes, von dem trotz mehrerer Prozesse mehr als dreißig Nummern erschienen sind. *L'Empire Invisible*, das lange in Frankreich gedruckt wurde, wird heute in Belgien unter der Federführung des ehemaligen SS-Mannes Léo van den Bossche gedruckt, der in Neonazi-Kreisen als der verantwortliche Herausgeber der Hetzschriften der faschistischen flämischen Gruppe VMO bekannt ist, die die Auschwitzlüge verbreitet. Neben den Leitartikeln von Devalez – oder von Patrick Crost, wenn der nationale Organisator im Gefängnis sitzt oder im Untergrund, im »Exil« in Spanien, dann in Griechenland lebt – räumt das Mitteilungsblatt Überlebenstechniken und Auslassungen über die Auschwitzlüge einen großen Raum ein, die von amerikanischen, deutschen oder kanadischen Revisionisten sowie von Michel Lajoye verbreitet werden, der wegen Anschlägen auf nordafrikanische Cafés in der Normandie zu achtzehn Jahren Gefängnis verurteilt wurde. Weitere Themen sind die Religion und die »Kriegsgefangenen« der ZOG, unter denen ultrarechte Aktivisten zu verstehen sind, die wegen ihrer Aktivitäten Haftstrafen verbüßen.

Zur Zeit ist der französische Klan in einer schwierigen Situation, da Olivier Devalez 1989 mehrmals verurteilt wurde. Im September 1989 wurde er wegen eines Leitartikels in der Nullnummer zu sechs Monaten Gefängnis ohne Bewährung, zu drei Jahren mit Bewährung und zu einer Geldstrafe von 6000 Francs verurteilt. In der Berufung im Februar 1990 hob das Berufungsgericht in Orléans die Gefängnisstrafen auf, setzte dafür aber die Geldstrafe auf 15 000 Francs herauf. Im Mai 1990 wird er von einem Gericht in Tours zu vier Monaten ohne Bewährung und zur Zahlung einer Entschädigung von 1500 Francs plus Zinsen an die LICRA verurteilt. Nachdem er in die Berufung gegangen ist, werden die Strafen am 23. August vom Berufungsgericht in Orléans bestätigt, und ab dem 4. März 1991 sitzt er in Mulhouse ein, allerdings zu erleichterten Bedingungen. Wegen anderer Delikte erneut strafrechtlich verfolgt und verurteilt, zieht Olivier Devalez es vor, Frankreich für einige Zeit zu verlassen. Das Königreich von Frankreich ist zwar nicht verschwunden, aber seines Führers beraubt. Ständig von den Gerichten verfolgt, arbeitet es heute teilweise im Untergrund.

Den neuesten Nachrichten zufolge haben Devalez und seine Gruppe die Radikalisierung ihres Klans noch weiter getrieben, indem sie sich den Wahren Texanischen Rittern von Robert Spence angeschlossen haben. Das Unsichtbare Reich hat sich, unter Berufung auf ein von der Ultrarechten sehr geschätztes deutsches Gedicht, in *Die Schweigsamen Brüder, Kampforgan der weißen Rebellion (33-5 im Exil)* umbenannt.

Trotz des neuen, echten Interesses der amerikanischen Klans an Europa dürfte der Klan in Frankreich jedoch keine große Zukunft haben. Zum einen weil er, wie Richter Parnell

Thomas, der einige Zeit mit Unterstützung von McCarthy Vorsitzender des Ausschusses für unamerikanische Umtriebe war und von dem später bekannt wurde, daß er selbst ein bekannter Klansmann war, einmal sagte, »so amerikanisch ist wie der Apple pie«. Zum anderen, weil er, indem er die Faszination ausnutzt, die die Folklore, die Exotik und das Geheimnisvolle auf eine sehr junge »Klientel« ausüben, vor allem das Ziel verfolgt, Organisationen mit Nachwuchs zu versorgen, die noch wesentlich politischer ausgerichtet sind.

Frankreich hat jedoch seine eigenen Faschisten, und im Schatten der Front national existieren zahlreiche Neonazigruppen: Vom Œuvre française über die Faisceaux nationalistes européens, die Groupe Union Droit, die Parti des forces nouvelles, die Parti nationaliste français et européen bis hin zu den Jeunesses nationales révolutionnaires verkörpern sie die Tradition des Rechtsextremismus effektiver als ein Importprodukt.

Nazi-Klan-Story
1988/89

Romantic Violence?
Chicago, Illinois

Auch die besten Dinge haben ein Ende, und sei es auch ein vorläufiges. Clark Martell, Chef der Gruppe Romantic Violence wird am 27. April 1989 wegen Vergehen, die auf den 19. Februar des Vorjahres datieren, zu einer sechsmonatigen Gefängnisstrafe verurteilt.

An diesem Tag dringen Martell und fünf andere Skinheads in die Wohnung einer ehemaligen Aktivistin ein, die ihre Gruppe »wegen ihrer extremen Gewalttätigkeit« verlassen hat. Die junge Frau wird geschlagen und gefoltert, und bevor die Skins wieder abziehen, malt Martell mit ihrem Blut ein Hakenkreuz auf die Wand.

Es ist nicht Martells erstes Vergehen. Nachdem er 1984 die Skingruppe Romantic Violence gegründet hat, wird er das erste Mal verurteilt, weil er Hakenkreuze gesprüht hat, dann erneut im folgenden Jahr, weil er bei einer von der Amerikanischen Nazipartei (ANP), deren Mitglied er ist, organisierten Demonstration Homosexuelle verletzt hat. Er ist ein rühriger und gefährlicher Typ, der durchaus talentiert ist. Als Musiker – er hat die Gruppe Solution Finale gegründet – und Zeichner – sein Name steht unter den Zeichnungen von *The Public Voice*, der Zeitschrift der ANP – verschmäht er Auftritte in den Medien keineswegs. So ist er mehrmals zusammen mit Tom und John Metzger in Fernsehsendungen aufgetreten, insbesondere bei der Oprah-Winfrey-Show am 4. Februar 1988, die in einer Schlägerei endete.

Die Gewalttätigkeit der Skinheads, die Verbindungen zu ultrarechten Klanleuten und Nazis haben, ist zweifellos das spektakulärste Phänomen der letzten Jahre, und die Liste ihrer Gewalttaten wäre lang. Erwähnen wir nur die Ermordung des farbigen Isaiah Walker am 20. Dezember 1987 in Tampa (Florida) durch die Brüder McKee; den Überfall auf drei äthiopische Einwanderer am 13. November 1988 in Portland (Oregon), der einen Toten fordert; die Ermordung von Tony Montgomery am 10. Dezember desselben Jahres in Reno (Nevada), der willkürlich im schwarzen Wohnviertel umgebracht wird; oder die von Thomas Hammerton am 28. Januar 1989 in Houston (Texas), der sich der Homosexualität schuldig gemacht hat ...

Schluß

Wenn man die Mitgliederzahlen der siebzig aktiven und gewaltbereiten ultrarechten Organisationen in den Vereinigten Staaten zusammenzählt, kommt man auf eine Gesamtzahl, die zwischen 30 000 und 70 000 Personen schwankt. Für ein Land mit über 230 Millionen Einwohnern ergibt das einen Prozentsatz von 0,013 bis 0,030 Prozent der Gesamtbevölkerung. Diese Zahl verleitet viele Leute, nicht zuletzt führende amerikanische Politiker, das Problem zu bagatellisieren.

Eine paradoxe Situation, denn trotz ihrer relativen zahlenmäßigen Schwäche nimmt die Gefährlichkeit einer Bewegung zu, die keineswegs auf ihre Aktivisten beschränkt ist, sondern bei der auf jeden Aktivisten etwa neunzig passive Sympathisanten sowie zehn Sympathisanten kommen, die bereit sind, Geld zu geben oder gelegentlich anderweitig zu helfen. Die Ultrarechte begnügt sich nicht mehr damit, ihre Opfer in den Gruppen zu suchen, die ihr gegen den Strich gehen, sondern führt mittlerweile einen offenen Krieg gegen die amerikanische Regierung selbst, in der sie die dämonische Verkörperung von Juden und Kommunisten sieht.

Zum Vergleich: Man hat in Frankreich lange Zeit die Gewalttaten der Action Directe angeprangert. Es hat mehrere Jahre gedauert, bis man die Verantwortlichen der Bewegung dingfest machen konnte. Man hat schließlich erkannt, daß sie auf dem Höhepunkt ihrer Aktivität niemals mehr als etwa fünfzig Aktivisten umfaßte, die den harten Kern bildeten, und ungefähr hundert Sympathisanten. Insgesamt kamen also die 150 Personen auf 52 Millionen Einwohner. Wenn man den Vergleich weiterführen will, kann man die 150 Aktivisten 52 Millionen Franzosen und – angenommen, die niedrigere Zahl ist zutreffend – 30 000 Aktivisten 230 Millionen Amerikanern gegenüberstellen.

Fügt man dem zwei entscheidende Punkte hinzu, nämlich die Leichtigkeit, mit der man sich in den Vereinigten Staaten häufig völlig legal – Waffen beschaffen kann, und die im Fall der Action Directe undenkbare Komplizenschaft von Militärs oder Polizisten, dann wird das ganze Ausmaß der Gefahr erkennbar, die ultrarechte Fanatiker heute für die Vereinigten Staaten darstellen.

Natürlich ist es kaum vorstellbar, daß sie die Regierung stürzen. Diese hat es bei ernsthaften, direkten Bedrohungen, ob es sich nun um die Ermordung ihrer Repräsentanten – beispielsweise von FBI-Beamten – oder um aufrührerische Verschwörungen handelte, also um Vergehen, die unter die Bundesgesetze fallen, bisher verstanden, richtig zu reagieren.

Aber wenn man bedenkt, daß die weiße suprematistische Bewegung nur die Speerspitze einer Ideologie ist, die weit über den Kreis ihrer Mitglieder oder Sympathisanten hinaus Zuspruch hat, daß die Zeitungen, Mitteilungsblätter und Kampfschriften, die sie herausgibt, in die Hunderte gehen und Millionen von Menschen erreichen, daß manche ihrer Kandidaten bei Wahlen überraschende Ergebnisse erzielen, daß sie mit den neuesten und perfektesten Propagandamitteln arbeitet, daß die Integration der Minderheiten an einem toten Punkt angelangt ist, daß sich schleichend eine neue Rassentrennung etabliert und daß es in manchen Staaten immer noch nicht ratsam ist, Schwarzer, Jude, Mexikaner, Vietnamese, ein fortschrittlich eingestellter Mensch oder ein Homosexueller zu sein, kann es einen nur schaudern.

Der Zusammenbruch der Sowjetunion, des »Reichs des Bösen«, auf das sich mehr als fünfzig Jahre lang alle Ängste eines Amerika konzentrierten, das eine krankhafte Furcht vor einem Atomkrieg oder einer Invasion der Horden der Roten Armee hatte, hat den USA den Status einer hegemonialen Supermacht zugewiesen. Paradoxerweise wird es den Vereinigten Staaten nicht mehr so leicht fallen, im Namen der Freiheit den Weltgendarmen zu spielen und die Schuld an inneren und äußeren Verwerfungen dem früheren traditionellen Feind zu geben. Es ist keineswegs von der Hand zu weisen, daß die Vereinigten Staaten nur noch ein Riese auf tönernen Füßen sind. Die Probleme, mit denen das Land zu kämpfen hat, sind beträchtlich. Die der amerikanischen Bevölkerung jahrzehntelang eingeimpfte manichäische Weltsicht – die Guten und die Bösen –, die sich tief in das Bewußtsein eingegraben hat, könnte sich bald als eine große Gefahr erweisen. Mit ebenso tiefgehenden wie neuen Problemen konfrontiert, werden die USA damit rechnen müssen, daß das, was gestern eine Randgruppe von Unbelehrbaren war, ohne energische Gegenmaßnahmen schnell zu einer aktiven, gewalttätigen, im Untergrund wirkenden und entschlossenen Minderheit werden könnte, die sich ohne Zweifel einer gewissen Unterstützung in der Bevölkerung erfreut.

Ein halbes Jahrhundert nach dem Eintritt der Vereinigten Staaten in den Krieg gegen den Nazismus organisieren und entwickeln sich auf ihrem Boden die Legionen des Neuen Ordens.

Nazi-Klan-Story
1992-95

Neapel sehen und sterben

Die Tragödie im texanischen Waco, die 1993 wegen der großen Zahl der Opfer ein gewaltiges Echo in den Medien fand, hat andere Fälle in den Hintergrund treten lassen, obwohl in den Vereinigten Staaten kaum ein Monat vergeht, ohne daß ein Fort Chabrol stattfindet.

Wenn der Zusammenstoß zwischen einem Aktivisten der Arischen Nationen namens Maynard Campbell und FBI-Beamten in Ashland, Oregon, im Oktober 1992 glimpflich verläuft, so liegt das nur daran, daß zwei Monate vorher der Fall Weaver Amerika erschüttert hat. Im Laufe des August erscheinen Bundesbeamte auf dem Hof von Weaver in Naples (Neapel), im äußersten Norden von Idaho. Sie wollen diesem Sympathisanten der Arischen Nationen wegen Verstoßes gegen das Waffengesetz eine Vorladung zustellen. Er wird beschuldigt, illegal selbstgefertigte Gewehre mit abgesägtem Lauf verkauft zu haben. Es folgt eine zehntägige Belagerung des Hofes, der sich in ein befestigtes Camp verwandelt hat und in dem sich Weaver, seine Familie und sein Freund Kevin Harris befinden.

Die beiden schwerbewaffneten Männer ergeben sich erst, nachdem Ex-Oberst »Bo« Gritz, populistischer Präsidentschaftskandidat, Aktivist der extremen Rechten und Vorbild für die Rambo-Gestalt, als Vermittler aufgetreten ist. Es gibt drei Tote. Ein Bundesbeamter, Marshall William Degan, sowie Vicki und Samuel Weaver, die Ehefrau und der Sohn von Randy Weaver. Kevin Harris wird schwer verletzt.

Auch wenn Weaver unbestreitbar ein weißer Supremacist und Anhänger der Christlichen Identität ist, der sich nachweislich wiederholt im paramilitärischen Lager der Arischen Nationen in Hayden Lake aufgehalten hat, kann nicht bestritten werden, daß die Solidaritätskampagne, die auf die Ereignisse folgt, wohl kaum so große Unterstützung in der Bevölkerung fände, wenn das Vorgehen der Polizei nicht so viele Fragen aufgeworfen hätte. Obwohl der Vorfall für genuine Vertreter der Ultrarechten wie Tom Metzger, Thom Robb, Louis Beam, Bob Miles und Pete Peters geradezu ein gefundenes Fressen ist, haben doch die meisten Angehörigen des Bürgerkomitees für Gerechtigkeit, dem Unterstützungskomitee für Randy Weaver, nichts mit den gewalttätigen Extremisten zu tun. Es stellt sich heraus, daß sie in ihrer Mehrzahl nicht wissen, daß der stellvertretende Vorsitzende ihrer Vereinigung, Christ Temple, ein bedingungsloser Anhänger Hitlers ist und daß sein Sprecher, Richard Masker, seinen Arbeitsplatz verloren hat, nachdem er anläßlich des hundertsten Geburtstags des Führers Glückwunschkarten verschickt hatte.

Die Empörung der Öffentlichkeit wird durch die vielen ungeklärten Fragen des Falls ausgelöst. Die – ausschließlich weißen – Geschworenen, die im April 1993 in Boise (Idaho) zusammentreten, stellen sich die gleichen Fragen wie die Verteidigung: Warum sind die Bundesbeamten nicht nach dem vorher ausgearbeiteten Plan vorgegangen, der die Ergreifung von Weaver ohne eine Belagerung des Hauses vorsah? Ist es richtig, daß der erste Schuß von einem Polizisten abgegeben wurde und den Hund von Weaver tötete, wie es von einem Captain der Staatspolizei von Idaho behauptet wird? Trifft es zu, daß der erste Schuß, der vom Hof aus abgegeben wurde, aus der Waffe von Kevin Harris und nicht aus der von Weaver kam und daß man in diesem Fall die gegen ihn erhobene Mordanklage automatisch fallenlassen müßte?

Die Fragen der Geschworenen führen dazu, daß am 8. Juli 1993 nach einem Mammutprozeß und der längsten Beratung in der Geschichte Idahos – zwanzig Tage – Harris in allen zehn Anklagepunkten und Weaver in acht freigesprochen wird. Gegen Weaver bleiben nur zwei bestehen, nämlich sein Nichterscheinen vor Gericht und ein Verstoß gegen die mit der Aussetzung des Haftbefehls während der Dauer des Prozesses verbundenen Auflagen. Weaver, der anfangs eine Gefängnisstrafe von bis zu vierzehn Jahren und eine Geldstrafe von 500 000 Dollar zu gewärtigen hatte, wird am 28. September 1993 lediglich zu achtzehn Monaten Gefängnis verurteilt.

Im September 1994 aus der Haft entlassen, wartet er auf die Ergebnisse eines Untersuchungsausschusses, der durchaus die Schuld mehrerer Bundesbeamter feststellen könnte, darunter Lou Horiuchi, dessen Schuß seine Frau tötete.

Bücher, Platten, Filme

Bücher

Historische Werke, Selbstzeugnisse, Aufsätze, Artikel (in englischer Sprache)

Ackridge, W. Lee, *The Ku Klux Klan*, Invisible Empire Publications, 1983.

Aho, James A., *The Politics of Righteousness: Idaho Christian Patriotism*, University of Washington Press 1990.

ders., *This Thing of Darkness: A Sociology of the Enemy*, University of Washington Press 1994.

Anti-Defamation League of B'nai B'rith, Hate Groups in America, 1982.

Braden, Anne, »The KKK mentality: a Threat in the 1980's«, *Freedomways*, Bd. 20, Nr. 1, 1980.

Council on Interracial Books for Children, *Violence, the Ku Klux Klans and the Struggle for Equality*, 1981.

Gibson, James William, *Warrior Dreams: Violence and Manhood in Post-Vietnam America*, 1994.

Institute on Southern Studies, *The 3rd of November*, Report, 1981.

Kennedy, Stetson, *Southern Exposure*, Doubleday, 1946.

La Pierre, Wayne R., *Guns, Crime, and Freedom*, 1994.

MacLean, Nancy, *Behind the Mask of Chivalry. The Making of the Second Ku Klux Klan*, 1995.

NAKN Letter, Vierteljahresschrift des National Anti-Klan Network von 1980 bis 1986, seitdem *The Monitor*, Zweimonatsblatt des Center for Democratic Renewal.

Reavis, Dick J., *The Ashes of Waco: An Investigation*, 1995.

Sherry, Michael S., *In the Shadow of War: The United States since the 1930s*, 1995.

Sim, Patsy, *The Klan*, Stein and Day, 1978.

Southern Exposure, »Mark of the Beast«, Bd. VIII, Nr. 2, Sommer 1980.
Southern Poverty Law Center, *The Ku Klux Klan: a History of Racism and Violence*, 1982.
Tabor, James D./Gallagher, Eugene V., *Why Waco? Cults and the Battle for Religious Freedom in America*, 1995.
Thompson, Jerry, »My life with the Klan«, *The Tennessean*, Dezember 1980.

Romane (in englischer Sprache)

Dixon, Thomas, *The Clansman* (1904), Invisible Empire Publications, 1981.
Huie, William Bradfort, *The Klansman* (1967), Sphere Books, 1975.
Pierce, William L., *The Turner Diaries*, National Vanguard Books, 1978.

Gedichte (in englischer Sprache)

Allen, Lewis, *Strange Fruit*, 1934.
Hughes, Langston, *Ku Klux*, 1942.

In spanischer Sprache

Guillen, Nicolas, *Lynch*

Platten

Holiday, Billie, *Strange fruit* (1938). (Text: Lewis Allen. Musik: Sonny White).
Mingus, Charlie, *Fables of Faubus*, Free Cell Block F, 'tis Nazi USA.
Mitchell, Eddy, *Ku Klux Klan* (1986). (Text: Claude Moine. Musik: Pierre Papadiamantis), RCA.
Sanctuary, *Klansmen's Songs*, 1941, Toscin Press.
Young, Neil, *Journey Through The Past*. (Musik des gleichnamigen Films von Young, in dem er Erinnerungen an seinen Lebensweg mit Bildern von Rittern mit Kapuzen vor einem brennenden Kreuz mischt ...)

Filme

Birth of a Nation (*Geburt einer Nation*, 1914).
 Regisseur: David Wark Griffith, nach *The Clansman* von Thomas Dixon.
 Darsteller: Lilian Gish, Mae Marsh, Miriam Cooper, Henry B. Walthall, Wallace Reid, Raoul Walsh.

Gone with the Wind (*Vom Winde verweht*, 1939).
 Regisseur: Victor Fleming, nach dem gleichnamigen Roman von Margret Mitchell.
 Darsteller: Vivian Leigh, Clark Gable, Leslie Howard, Olivia de Havilland, Thomas Mitchell, Hattie McDaniel.

Shock Corridor, 1963.
 Regisseur: Samuel Fuller.
 Darsteller: Peter Breck, Constance Towers.

The Klansman, 1974.
 Regisseur: Terence Young, nach dem gleichnamigen Roman von William Bradford Huie.
 Darsteller: Richard Burton, Lee Marvin, Cameron Mitchell, Lola Falana, Luciana Paluzzi.

Undercover With the KKK, 1979.
 Regisseur: Barry Shear, nach der Autobiographie von Gary Thomas Rowe.
 Darsteller: Don Meredith, Ed Lauter, Clifton James, Michele Carey.

Skokie (Fernsehfilm TVM, 125', 1981).
 Regisseur: Herbert Wise.
 Darsteller: Danny Kaye, Eli Wallach, Carl Reiner.
 (Illinois, 1977. Überlebende der Lager können die Demonstrationen der Amerikanischen Nazipartei nicht ertragen. Eine authentische Geschichte.)

Freedom Road, 1981.
 Regisseur: Jan Kadar, nach dem gleichnamigen Roman von Howard Fast.
 Darsteller: Cassius Clay, Chris Christofferson (vierteilige Fernsehserie).

White Dog, 1982.
  Regisseur: Samuel Fuller, nach dem gleichnamigen Roman von Romain Gary (dem der Film gewidmet ist).
  Darsteller: Kristy McNichol, Paul Winfield, Burl Ives, Jameson Parker.

Alamo Bay, 1985.
  Regisseur: Louis Malle
  Darsteller: Amy Madigan, Ed Harris, Ho Nguyen, Donald Moffat …

The Atlanta Child Murders, 1985.
  Regisseur: John Erman.
  Darsteller: Jason Robarts, James Earl Jones, Calvin Levals, Rip Torn, Morgan Freeman, Martin Sheen.
  (Zweiteiliger Fernsehfilm, CBS-TV, über die lange Serie von Morden, die Atlanta von 1983 bis 1985 überschattete.)

The Abduction of Kari Swenson, 1986.
  Regisseur: Stephen Gyllenhall.
  Darsteller: Tracy Pollan, Joe Don Baker, Emmet Walsh, Michael Bowen.
  (Fernsehfilm über den Fall Swenson. Die Entführung der amerikanischen Biathlonmeisterin durch Survivalists Ende 1984.)

Betrayed, 1988.
  Regisseur: Constantin Costa-Gavras.
  Darsteller: Debra Winger, Tom Beranger, John Heard, Betsy Blair.

The Murder of Mary Phagan (Fernsehfilm TVM, 250', 1988).
  Regisseur: Billy Haye.
  Darsteller: Jack Lemmon, Richard Jordan, Peter Gallagher, Rebecca Miller.
  (Atlanta, 1913. Der jüdische Fabrikdirektor Leo Frank ist des Mordes an einer seiner jungen Arbeiterinnen angeklagt. Eine heftige antisemitische Kampagne führt zu seiner Erhängung, bevor man den wahren Schuldigen findet. Eine authentische Geschichte.)

Mississippi Burning, 1989.
  Regisseur: Alan Parker.
  Darsteller: Gene Hackman, William Dafoe, Frances McDormand, Gailard Sartain.
Talk Show, 1989.
  Regisseur: Oliver Stone.
  Darsteller: Eric Bogosian, Alec Baldwin, Ellen Greene, Leslie Hope.
Dead Bang, 1989.
  Regisseur: John Frankenheimer.
  Darsteller: Don Johnson, Penelope Ann Miller, William Forsythe.
  (Ein Privatdetektiv macht Jagd auf eine Gruppe von Suprematisten. Eine erfundene Geschichte, der zwei Lokalnachrichten zugrunde liegen.)
The Twilight Murders bzw. *Manhunt in the Dakotas*, TV, 1991.
  Regisseur: Dick Lowry.
  Darsteller: Rod Steiger, Michael Gross.
  (Der Fall Gordon Kahl, nach dem Buch von James Corcoran: *Bitter Harvest*.)
Making Case for Murder, TV.
  Regisseur: Dick Lowry.
  Darsteller: Daniel J. Travanti, William Daniels.
  (Die wahre Geschichte einer Jagd auf einen Schwarzen in einem weißen Wohnviertel von New York. Von einer Gruppe von jungen Weißen verfolgt, wird Michael Griffith, 23 Jahre alt, von einem Auto überfahren, als er eine Autobahn überquert. Es kommt zu einem aufsehenerregenden, beispielhaften Prozeß.)
Cross of Fire, TV, 1991.
  Regisseur: Paul Wendkos
  Darsteller: John Heard, Mel Harris, David Morse, George Dzundza, Lyold Bridges.
  (Die wahre Geschichte von David Stephenson, Grand Dragon von Indiana und nach dem Ersten Weltkrieg Notar im Staatsdienst. Ein sehr guter Fernsehfilm.)

Win at All Costs, TV, 1991.
 Regisseur: Dick Lowry.
 Darsteller: Peter Coyote, Dermot Mulroney, Tess Harper.
 (Zeigt die Entwicklung eines jungen Sportlers, das Verhältnis seines Vaters, des Senators Flowers, zu Martin Luther King zur Zeit des Boykotts der öffentlichen Verkehrsmittel in Alabama zu Beginn der sechziger Jahre.)

Nazi-Klan-Story
1990 – ?

Der seltsame Tod des Captain Pinkard

Am 14. Juni 1990 wird die Leiche von Michael Pinkard, Captain der Feuerwehr in Carrollton, etwa sechzig Kilometer von Atlanta enfernt, in einem Sumpf gefunden. Für die Polizei ein einfacher Unfall: Pinkard, der mit seinem Boot zum Angeln gefahren ist, erlitt einen Herzinfarkt, ist ins Wasser gefallen und ertrunken.

Einziges störendes Detail: Pinkard, seit sechzehn Jahren Feuerwehrmann, ist schwarz und hat, wie die vier anderen farbigen Feuerwehrmänner seines Zuges, Morddrohungen erhalten. Nach zehn Jahren nämlich, als die fünf Männer die Schikanen ihres Zugführers, des Kommandanten L.A. Dukes, Jr., leid sind, erreichen sie seine Entlassung. Das ist freilich nur ein halber Sieg, denn Dukes, der lange vom Bürgermeister der Stadt protegiert wurde, bekommt sofort einen neuen Posten in der Stadtverwaltung.

In der farbigen Bevölkerung fehlt es nicht an Gerüchten, die durch die undurchsichtigen Aspekte des Falls, der überraschend schnell abgeschlossen wird, Nahrung erhalten. Wie kann man glauben, daß ein Feuerwehrmann, der ein Diplom für Erste Hilfe hat und völlig gesund ist, fünf Meter vom Ufer entfernt ertrinkt? Was ist von einem Polizeibericht zu halten, der weder den Zeitpunkt des Ertrinkens noch des Anrufs festhält, der das Verschwinden von Pinkard meldet? Und wie ist das mangelnde Interesse der Ermittler an den Drohbriefen zu verstehen, die die schwarzen Feuerwehrleute bekommen haben?

Angesichts der Unfähigkeit der Behörden benachrichtigen die Witwe und Pinkards Freunde den NAACP, der ein Komitee für die Wahrheit gründet. Nach einem Jahr nimmt das Komitee, schockiert über die totale Weigerung der Polizei und der Stadtverwaltung, mit ihm zusammenzuarbeiten, Kontakt zum Zentrum für demokratische Erneuerung auf. Nach monatelangen Bemühungen und einer intensiven Öffentlichkeitsarbeit erreicht das Zentrum die Exhumierung der Leiche und eine neue Autopsie, bei der Untersuchungen durchgeführt werden, die bei der ersten unterlassen wurden. Aufgrund dieser Untersuchungen kann die These vom Herzinfarkt ausgeschlossen werden. Eine andere Theorie – Pinkard sei ertrunken, weil sich seine Basketballschuhe mit Wasser gefüllt hätten – wird durch einen Bericht der Schuhfirma Nike zunichte gemacht, deren Sicherheitstests eine solche Hypothese ausschließen. Pinkards Familienangehörige sagen außerdem aus, daß er seine Schuhe nie zuband. Zudem weist Nike darauf hin, daß man diese Art von Schuhen leicht ausziehen könne, ohne die Hände zu benutzen.

Trotz der versteckten Feindseligkeit der Behörden, die nie die geringsten Rassenspannungen festgestellt und die Existenz und die Aktivität ultrarechter Gruppen nie bemerkt haben, gelingt es dem Zentrum, die Schikanen des früheren Zugführers und die rege Aktivität des Klans in der Region zu beweisen, was die Annahme eines Mordes sehr plausibel macht. So ist etwa ein Klavern des IE KKK von Farrands im Kreis Heard organisiert, und allein in Carrollton gibt es fünfundzwanzig Mitglieder des IE KKK, der Weißen Patriotischen Partei und der Weißen Südstaatenritter und nicht weniger als fünfzig andere in den umliegenden Gemeinden. Und schließlich kann das Zentrum trotz der Blindheit der offiziellen Stellen mühelos nachweisen, daß es in der Region häufig gut besuchte Aufmärsche des Klans gibt ...

Die Ermittlungen gehen weiter, während sich das Zentrum bemüht, die vielen Versuche der Ultrarechten, Aktivisten bei der Polizei und der Feuerwehr einzuschleusen, ans Licht zu bringen. Parallel zum Fall Pinkard gehen, ebenfalls in Georgia, die Untersuchungen im Fall Blakely weiter: Der Zugführer Franklin Brown und zwei seiner Mitarbeiter – alle Mitglieder des IE KKK – wurden entlassen, nachdem sie Häuser von Farbigen angezündet und dabei zwei Kinder getötet hatten.